선생님께서는
이렇게 설명해
주셨어야 했다

선생님께서는 이렇게
설명해주셨어야 했다

초판 1쇄 발행 2018년 9월 05일
초판 2쇄 발행 2020년 12월 15일

지은이   권승호

펴낸이   강기원
펴낸곳   도서출판 이비컴

디자인   이유진
조 판   김광택
마케팅   박선왜 원보국

주 소   (02635) 서울 동대문구 천호대로81길 23, 201호
전 화   02-2254-0658 팩스 02-2254-0634
등록번호 제6-0596호(2002.4.9)
전자우편 bookbee@naver.com
I S B N 978-89-6245-159-7 (43710)

「이 도서의 국립중앙도서관 출판예정도서목록(CIP)은 서지정보유통지원시스템 홈페이지
(http://seoji.nl.go.kr)와 국가자료공동목록시스템(http://www.nl.go.kr/kolisnet)에서
이용하실 수 있습니다.(CIP제어번호: CIP2018027594)」

한자 어휘 분석을 통한 국영수사과 완전 분석

★ ★ ★

선생님께서는 이렇게 설명해 주셨어야 했다

권승호 지음

이비락

바보처럼 살았다는 생각을 하곤 했었는데 언제부터인가 바보처럼 공부했었다는 생각을 더 많이 하고 있다. 책을 많이 읽지 못하였었다는 후회보다 더 큰 후회는 쉽고 재미있게 공부할 수 있었음에도 어렵고 재미없게 공부했다는 후회이다. 책을 읽지 않고 공부를 게을리 한 것은 내 잘못이지만 공부를 어렵게 하고 재미없게 한 것은 내 잘못이라기보다는 어른들, 특히 선생님들의 잘못이 더 크다는 생각을 요즘 많이 하고 있다. "모든 것이 내 탓이다."를 외치면서 아이들에게도 먼저 자신을 반성하라 가르치는 내가 선생님들을 탓하는 것은 한자를 이용하여 개념을 이해시키려는 선생님을 거의 만나지 못하였기 때문이다.

'이륙'과 '착륙'이 헷갈려 괴로웠던 기억이 있다. '국경일'과 '공휴일'의 차이를 알지 못하면서도 당당했던 부끄러운 기억도 있다. 3/4와 4/3을 놓고 무엇이 '진분수'고 무엇이 '가분수'인지 고민하다가 기억력 부족을 한탄하면서 연필을 부러뜨리기도 했고, 'to 부정사'가 무엇인지도 모르면서 '명사적 용법' '형용사적 용법'을 노트에 받아쓰기 바빴다. '방정식'과 '항등식'의 개념에 대해 알려하지도 않았고 암기한 공식에 맞추어 기계처럼 문제만 푼 다음에 동그라미나 사선 그어대기에 분주하였다. 공부는 재미없는 작업이었고, 성적은 제자리걸음이었으며, 꿈은 오그라들었다.

누군가가 '떠날 이(離)' '땅 륙(陸)' '붙을 착(着)'이라고만 말해주었어도 괴로움은 없었을 것이고, '나라 국(國)' '경사스러울 경(慶)' '날 일(日)'의 국경일(國慶日)이고, '여러 공(公)' '쉴 휴(休)' '날 일(日)'의 공휴일(公休日)인 것이라고 누군가가 귀띔해 주기만 했어도, 공부도 학교생활도 재미있었을 것이라는 생각을, 선생이 되고서도 한참이 지나서야 할 수 있었다. "분수(分數)는 '나눌 분(分)' '숫자 수(數)'로 1보다 작은 숫자를 나타내기 위해 만들었다. 그렇기 때문에 1보다 작으면 진짜 분수이고 1보다 크면 거짓 분수이다. 1보다 작으면 '참 진(眞)'의 '진분수'인 것이고 1보다 크면 '거짓 가(假)'의 '가분수'인 것이다."라고 선생님께서 설명해 주었더라면 삶도 공부도 재미있었을 것이라는 생각을 돋보기를 쓸까 말까 고민하는 지금에서야 할 수 있게 됨이 많이 안타깝다.

다산 정약용선생은 유배지에서 그의 자녀들에게 독서법(공부법)에 대해 다음과 같이 제시한 바 있다.

"내가 몇 년 전부터 독서에 대하여 자못 깨달았는데, 헛되이 그냥 읽기만 하는 것은 하루에 천 번 백 번을 읽어도 오히려 읽지 않는 것이다. 무릇 독서할 때 늘 도중에 한 글자라도 의미를 모르는 곳을 만나면 모름지기 널리 고찰(考察)하고 세밀하게 연구(研究)하여 그 근본 뿌리를 깨달아 글 전체를 이해할 수 있어야 한다. 날마다 이런 식으로 책을 읽는다면 한 가지 책을 읽더라도 수백 가지의 책을 아울러 엿보는 것이다. 이렇게 읽어야 읽은 책의 의리(義理, 뜻과 이치)를 환히 꿰뚫어 알 수 있으니 이 점을 꼭 알아야 한다."

학창 시절의 내 지적 능력이 형편없었던 것과 마찬가지로 요즘 학생들의 지적 능력 역시 무척 초라하다. 피상적으로 알고 있는 것은 많지만 정확하게 아는 것은 극히 적고 객관식 문제의 답을 찾아내는 능력은 있지만 그 내용에 대해 설명할 수 있는 능력은 많이 부족하다. 3,40년 전의 학생들은 공부하는 양이 적어서 아는 것이 없었지만 지금의 학생들은 엄청나게 많은 시간과 돈을 투자함에도 지식도 지혜도 많이 부족하다. 어른들의 잘못이고 선생님들의 잘못이다. 알려주기 이전에 이해시켜주어야 하고 이해시키기 위해서는 한자를 이용하여 개념을 분명히 알 수 있도록 도와주어야 함에도 대부분의 선생님과 부모님들은 개념 설명은 해주지 않고 무조건 열심히 하면 된다고 윽박지르고, 개념 이해할 시간도 주지 않으며, 스스로 생각하여 깨달을 여유는 주지 않고 무조건 암기하라 닦달만 하고 있다.

무슨 일에서든 기초가 중요하고 공부에서도 예외가 아닌데 공부에서는 어휘가 기초이다. 어휘력이 없으면 문장의 의미를 알지 못하고 글쓴이의 의도를 이해하지 못하여 지식도 지혜도 쌓을 수 없음은 분명한 사실이다. 그럼에도 요즘 대부분 학생들의 어휘 실력은 수준 이하이다. 사전을 가까이 하지 않기 때문이고 한자를 멀리하고 있기 때문이다. 어휘의 정확한 의미를 알기 위해서는 사전을 가까이 해야 한다. 더디 가고 시간이 걸리더라도 국어사전을 펼쳐야 하고 이어서 한자사전을 뒤적이면서 확실하게 알아야 한다. 그런데 모르는 단어가 나와도 귀찮다는 이유, 시간이 없다는 이유로 사전을 찾지 않는다. 의미도 모른 체 암기하고 문맥을 통해 대충 이해하고 넘겨버린다. 공부에 투자하는 시간이 많음에도 정확한 지식을 습득할 수 없고 재미를 느낄 수 없으며 실력을 향상시킬 수 없는 이유이다.

아날로그는 아날로그대로의 장점과 역할이 있고 디지털은 디지털대로의 장점과 역할이 있는 것처럼 한글은 한글대로의 우수성과 역할이 있고 한자는 한자대로의 우수성과 역할이 있다고 생각하면 좋겠다. 냉장고와 자동차가 서구로부터 들어왔지만 이미 우리 것이 되어 우리가 잘 활용하고 있는 것처럼 한자 역시 비록 중국으로부터 왔지만 진즉 우리 것이 되어 우리가 지극히 유용하게 사용하고 있으니 우리 글자로 인정해주어야 한다. 세상에 완벽한 사람이나 물건이 없는 것처럼 한글 역시 완벽한 글자가 아님을 인정하고 그 부족한 부분을 한자가 보충하여 바람직한 언어생활을 할 수 있게 되었고 재미있고 빠르게 지식을 습득할 수 있게 되었다고 생각해주면 좋다. 한글의 부족함을 한자를 통해 보충하는 것은 비난받을 일도 부끄러워할 일도 분명 아니다. 한자를 활용하지 않은 언어생활, 학문연구, 문화생활은 전기, 컴퓨터, 인터넷을 거부하는 일이나 마찬가지다. 한자는 누가 뭐라 해도 또 하나의 우리 글자이고, 학문에서는 물론 일상생활에서도 매우 유용한 도구인 것이다.

중학교 과정에 나오는 학습 용어를 정리하여 보았다. 중학교 과정에 나오는 학습 용어를 정리하는 동안 중학교 시절로 돌아가고 싶은 마음이 용솟음쳤다. 중학교 때, 아니 고등학교 때에라도 한자를 이용한 개념 중심의 공부를 하였더라면 많은 시간 책상 앞에 앉아있지 않고서도 훨씬 좋은 점수를 받을 수 있었을 것이라는 생각이 나를 흥분하게 만들기도 하였고 슬프게 만들기도 하였다.

　이 책은 대단한 내용을 담고 있지 않다. 학습이나 일상생활에서 쓰이는 용어를 한자로 풀어냈을 뿐이고 국어사전 한자사전을 통해 정확한 어휘의 의미를 이해하면 공부가 쉽고도 재미있음을 알려주는 책일 뿐이다. 이 책으로 만족하지 말고 이 책으로 탐구하는 자세를 갖춘 다음에 또 다른 지식 탐구를 위해 수시로 국어사전 한자사전을 펼쳐나가야 한다.
　나의 무지와 부족함 때문에 사실에 벗어난 내용이 있을 수 있고 지극히 주관적인 해석과 설명도 적지 않을 것이다. 고개가 갸우뚱해지는 내용도 있을 것인데 스스로 교정해보려는 노력을 해주면 고맙겠다. 지적해준다면 기쁜 마음으로 개정판에서 고칠 것을 약속한다.

　이 책을 읽는 모두가 독서와 공부를 즐기는 방법을 터득해주면 좋겠다. 나아가 공부에서 뿐 아니라 그 어떤 일에서도 즐기는 삶의 주인공이 된다면 참 좋겠다. 그동안 고민을 함께 하면서 "아하!"라는 추임새를 넣어준 전주영생고등학교 제자들에게 감사의 뜻을 전하고 싶다.

2018년 7월
권승호

차례

1부 국어(國語)

시, 시조 / 15
소설, 고전문학 / 29
수필, 희곡, 전기문 / 42
설명문, 논설문 / 46
언어, 문장 / 51
품사, 수사법 / 60

2부 영어(英語)

문장의 구성, 구와 절, 도치 / 75
부정사, 동명사, 분사 / 80
동사, 형용사, 부사 / 87
명사, 대명사, 관사, 전치사 / 93
시제일치, 화법, 관계대명서, 관계부사 / 99
부가의문문, 태, 가정법, 접속사, 단어와 숙어 / 105

3부 수학(數學)

집합 / 115
약수, 배수, 정수, 유리수 / 123
방정식, 부등식 / 133
함수 / 140
도형 / 143
확률, 명제, 증명 / 149
그 밖의 수학 용어 / 152

4부   사회(社會)

지역과 사회 탐구 / 161
유럽 세계의 형성 / 167
아시아 사회의 변화와 현대 세계 / 173
사회생활과 법 규범 / 179
개인의 가치와 도덕 문제 / 191

5부   국사(國史)

역사의 시작과 삼국시대 / 201
통일 신라와 발해 / 205
고려의 성립과 발전 / 207
조선의 성립과 발전 / 210
조선 사회의 변동 / 219
개화와 자주 운동 / 223
주권 수호 운동의 전개 / 230

6부   과학(科學)

지구과학 / 239
물리 / 252
생물 / 260
화학 / 275

한자어휘 색인 / 280

1부

국어(國語)

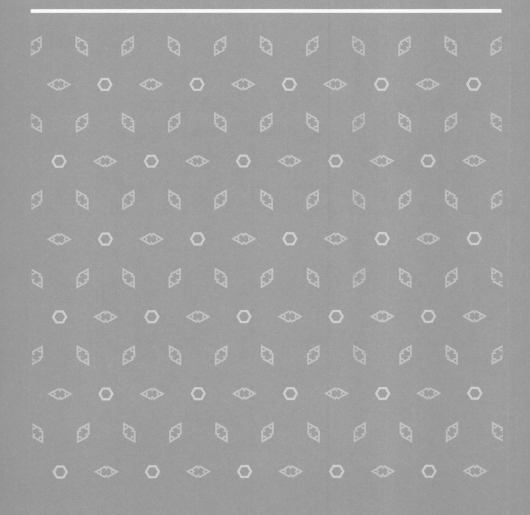

시(詩), 시조(時調)

◇

'시(詩)'란 무엇인가?

'시(詩)'란 왜 쓰는 것이고 왜 읽는 것인가?

인간에게 '시(詩)'는 왜 필요한 것인가?

인간은 감정(感情)의 동물이다.

'느낄 감(感)' '뜻(생각) 정(情)'의 감정(感情)은 내가 느낀 뜻(생각)이라는 의미이다. 어떤 일, 현상, 사물에 대하여 느낀 심정이나 기분을 일컫는다.

인간은 누구나 자신의 감정을 표현하고 싶어 하고 다른 사람의 감정에 대해 알고 싶어 한다. 자신의 감정을 표현하면서 기쁨을 느끼고 다른

감정(感情): _____ 감, _____ 정

사람의 감정을 이해하면서 자신을 성장시킨다. 자신의 감정을 표현하면서 아픔을 덜어내고 다른 사람의 감정을 살펴보면서 슬픔을 이겨낸다.

시(詩)란 인간의 감정(感情)을 표현한 문학이다.
때로는 사상(思想)을 표현하고 교훈(敎訓)을 제시하기도 하지만 대부분의 시는 감정(感情)을 표현한다. 목적 없이 그냥 표현한다. 누군가에게 전하고 싶은 목표를 가지고 감정을 표현하기도 하지만 그냥 표현하고 싶은 마음만으로 표현하는 경우가 훨씬 더 많다. 그렇다. 시(詩)란 인간의 감정(感情)과 사상(思想), 그 중에서도 주로 감정(感情)을 표현한 문학인 것이다.

그러니까 시(詩)를 감상(鑑賞)한다는 것은 시인 또는 시적 화자의 감정이나 사상을 알아내는 일이다. 그렇기 때문에 시인 또는 시적 화자가 어떤 감정, 어떤 사상을 가지고 있는 것인가를 알아내는 일이 '시(詩) 감상(鑑賞)'인 것이다. '감상'도 다른 단어와 마찬가지로 동음이의어가 많은데 마음속에 느끼어 일어나는 생각인 '느낄 감(感)' '생각 상(想)'의 감상(感想), 슬프게 느끼어 마음 아파한다는 '느낄 감(感)' '상처 상(傷)'의 감상(感傷), 예술작품을 이해하고 즐기고 평가한다는 '살필 감(鑑)' '구경할 상(賞)'의 감상(鑑賞) 등이 그것이다. 세 개의 '감상'을 가지고 다음과 같은 문장을 만들어 볼 수 있다.

감상(感想): _____ 감, _____ 상
감상(感傷): _____ 감, _____ 상
감상(鑑賞): _____ 감, _____ 상

"나는 어제 한국소리문화의전당에서 연극(演劇) 감상(鑑賞)을 했는데 그때의 감상(感想)이 매우 감상적(感傷的)이었다."가 그것이다.

시(詩)의 언어(言語)는 보통의 언어와 달리 운율적(韻律的)이고 함축적(含蓄的)이다. 노랫말처럼 리듬이 있음을 '운율적(韻律的)'이라 하고, 그 의미가 겉으로 드러나지 않고 숨어 있어서 한 번 더 생각해야만 의미가 이해되는 것을 '함축적(含蓄的)'이라 한다. '울림 운(韻)' '리듬 률(律)'로 울림의 리듬이 있는 노래처럼 말의 가락이 느껴지는 것을 운율(韻律)이라 하고, '머금을 함(含)' '쌓을 축(蓄)'으로 내용을 겉으로 드러내지 않고 머금고 있으며 여러 의미가 쌓여 있음을 함축(含蓄)이라 하는 것이다.

시(詩)에는 '주제'가 있고 '심상'도 있는데 시인이 나타내고자 하는 중심 생각을 주제(主題)라 하고 시어에 의해 마음속에 떠오르는 감각적인 느낌이나 모습을 심상(心象)이라 한다. '중심 주(主)' '제목·적을 제(題)'의 주제(主題)는 중심 제목, 중심 내용을 적은 것이라는 의미이고, '마음 심(心)' '모양 상(象)'의 심상(心象)은 마음에 그려진 모양(그림)이라는 의미이다.

대부분의 시는 서정시(抒情詩)인데 '펼칠 서(抒)' '감정 정(情)'으로 희로애락(喜怒哀樂) 등의 감정을 펼쳐놓은 시(詩), 기쁘고 성나고 슬프고

운율(韻律)	_____ 운, _____ 율
함축(含蓄)	_____ 함, _____ 축
주제(主題)	_____ 주, _____ 제
심상(心象)	_____ 심, _____ 상
서정(抒情)	_____ 서, _____ 정

즐거운 감정을 드러낸 시(詩)라는 의미이다. 희로애락(喜怒哀樂)은 '기쁠 희(喜)' '성낼 로(怒)' '슬플 애(哀)' '즐거울 락(樂)'으로 사람이 살아가면서 느끼는 기쁨, 노여움, 슬픔, 즐거움을 아울러 일컫는 말이다. 서사시(敍事詩)도 있는데 '펼칠 서(敍)' '사건 사(事)'의 서사(敍事)가 사건을 차례대로 펼쳐놓았다는 의미이기에 일어난 사건(일)을 차례대로 적어놓은 시(詩)를 일컫는다.

시어(詩語)에 의해 머릿속에 떠오르는 느낌이나 모습을 심상(心象)이라 하였는데 심상(心象)에는 시각적, 청각적, 미각적, 후각적, 촉각적, 공감각적 심상이 있다.

'볼 시(視)' '감각 각(覺)'의 시각(視覺)은 "뜰 아래 반짝이는 금모래빛"과 같이 눈으로 보는 감각이고, '들을 청(聽)'의 청각(聽覺)은 "시냇물이 졸졸졸 흘러가고"과 같이 귀로 듣는 감각이며, '맛 미(味)'의 미각(味覺)은 "간간하고 짭조름한 미역"과 같이 맛(혀)으로 느끼는 감각이다. '냄새 후(嗅)'의 후각(嗅覺)은 "매화 향기 홀로 아득하니"와 같이 냄새(코)로 느끼는 감각이고, '감촉 촉(觸)'의 촉각(觸覺)은 "아버지의 서늘한 옷자락"과 같이 감촉(피부)으로 느끼는 감각이다. 공감각(共感覺)도 있는데 '함께 공(共)'으로 두 개의 감각이 함께 섞인 감각이다.

'빨간 목소리'처럼 청각을 시각으로, '향기로운 님의 말소리'처럼 청각을 후각으로, '쪽빛 바람'과 같이 촉각을 시각으로 표현한 감각을 공감각

서사(敍事): _____서, _____사
시각(視覺): _____시, _____각
청각(聽覺): _____청, _____각
미각(味覺): _____미, _____각
공감각(共感覺): _____공, _____감, _____각

확인
학습

(共感覺)이라 하는 것이다.

표현하려는 대상을 그와 유사한 다른 대상에 빗대어 표현하는 방법, 원관념을 보조관념으로 표현하는 방법을 '비유할 비(譬)' '말할 유(喩)'를 써서 비유(譬喩)라 하는데 '빗대어 말함' '비유하여 말함'이라는 의미이다.

"내 마음은 호수요."는 '내 마음'을 '호수'에 빗대어 표현한 문장이다. '내 마음'과 '호수'의 공통된 속성이 있음을 이용한 표현으로

내 마음은 호수처럼 넓다,

내 마음은 호수처럼 크다,

내 마음은 호수처럼 깊다,

내 마음은 호수처럼 잔잔하다 등으로 이해할 수 있어야 한다. 물론 정확한 의미는 앞뒤의 문맥을 통해 이해할 수 있어야 할 것이다.

이 때, '내 마음'을 원래 나타내려는 생각이라 해서 '근본 원(元)'의 원관념(元觀念)이라 하는데 근본적으로 표현하고자 했던 생각이라는 의미이다. '호수'는 원관념의 의미나 분위기가 잘 나타나도록 보충해주고 도와주는 생각이라 해서 '도울 보(補)' '도울 조(助)'의 보조관념(補助觀念)이라 한다. 원관념의 표현을 도와주기 위해 끌어들인 생각이라는 의미이다.

국어(國語)

확인 학습

비유(譬喩): _____비, _____유
원관념(元觀念): _____원, _____관, _____념
보조관념(補助觀念): _____보, _____조, _____관, _____념

비유(譬喩)의 방법 중에 "내 누님같이 생긴 꽃이여"와 같이 '~처럼' '~같이' '~듯이' 등의 연결어를 쓴 표현 방법은 직접 비유하였다고 해서 '직접 직(直)' '비유할 유(喩)'의 직유(直喩)이고, "나는 나룻배 당신은 행인"과 같이 'A는 B이다'와 같은 형식으로, 그러니까 두 사물의 유사성을 연결어 없이 표현하는 방법은, 숨겨서 표시나지 않게 비유하였다 해서 '숨길 은(隱)' '비유할 유(喩)'의 은유(隱喩)이다.

상징(象徵)은 '모양 상(象)' '나타낼 징(徵)'으로 어떤 개념이나 추상적인 것을 구체적인 모양으로 나타내는 방법이다. "조국의 하늘에 날아온 비둘기"에서 '비둘기'가 평화를 의미하기 때문에 "조국에 평화가 왔다"로 해석할 수 있는데 이와 같이 어떤 사물이 그 자체의 의미를 유지하면서도 다른 의미를 가지는 표현법을 상징(象徵)이라 하는 것이다.

은유(隱喩)와 상징(象徵)을 헷갈려하는 학생이 많은 편인데 은유(隱喩)는 문장 자체로는 의미가 형성되지 않지만 원관념과 보조관념의 공통점을 찾으면 의미가 드러나는 표현이고, 상징(象徵)은 그 문장 자체로도 의미 형성이 되고 깊게 생각하면 또 다른 글쓴이의 진짜 의도를 알 수 있는 표현이다.

'빗대어 말할 풍(諷)' '찌를 자(刺)'의 풍자(諷刺)는 빗대어 말하면서 잘못된 점을 찔러 교훈을 주는 표현이고, '희롱할 해(諧)' '희롱할 학(謔)'의 해학(諧謔)은 익살스럽고 품위 있게 희롱하면서 말하는 표현이며, '차

직유(直喩):	_____ 직,	_____ 유		
은유(隱喩):	_____ 은,	_____ 유		
상징(象徵):	_____ 상,	_____ 징		
풍자(諷刺):	_____ 풍,	_____ 자		
해학(諧謔):	_____ 해,	_____ 학		

가울 냉(冷)' '웃을 소(笑)'의 냉소(冷笑)는 차가운(쌀쌀한) 태도로 비웃는 표현이다.

"태산이 높다하되 하늘아래 뫼이로다 오르고 또오르면 못오를리 없건만은 사람이 제아니오르고 뫼만높다 하더라."는 문학 갈래 상 시조(時調)이다. 시조는 고려 말기에서 조선 초기에 창작되기 시작하여 현재까지 지속적으로 창작되고 있는 우리 고유의 정형시(定型詩)이다.

　시조는 정형시(定型詩)이기 때문에 3,4,3(4),4 // 3,4,3(4),4 // 3,5,4,3자의 형식, 즉 초장 중장 종장의 3장 6구 45자 내외의 형식을 지켜야 한다. 이렇게 평범하고도 일반적인 시조를 '평범할 평(平)'을 써서 평시조(平時調)라 하고, 어느 한 구(句)가 원칙에 어긋나서 길게 된 시조를 평범함에서 약간 엇나갔다는 의미로 엇시조(時調)라 하며, 말하는 것과 같은 시조, 리듬에 신경 쓰지 않는 시조, 말하는 것처럼 기본적인 음수율을 지키지 않는 시조를 '말 사(辭)' '말씀 설(說)'을 써서 사설시조(辭說時調)라 한다. 두 수 이상의 시조가 이어진 시조는 '이을 연(連)'을 써서 연시조(連詩調)라 한다.

　감각적(感覺的)은 '느낄 감(感)' '깨달을 각(覺)' '어조사 적(的)'으로 느끼어 깨닫게 된 것이라는 의미인데 시각(視覺), 청각(聽覺), 미각(味覺), 후각(嗅覺), 촉각(觸覺) 등의 감각(感覺)에 의한 느낌을 나타낸 표

확인
학습

냉소(冷笑): _____냉, _____소
평시조(平時調): _____평, _____시, _____조
연시조(連時調): _____연, _____시, _____조
감각적(感覺的): _____감, _____각, _____적

현을 일컫는다. 감상적(感傷的)은 '느낄 감(感)' '상처 상(傷)'으로 (마음에)상처를 느꼈다는 의미인데 하찮은 일에도 쓸쓸하고 슬퍼져서 마음이 상한 상태를 일컫는다.

객관적(客觀的)은 '나그네 객(客)' '볼 관(觀)'으로 나그네, 그러니까 제 3자가 (공통적으로) 보고 생각한 것, 글쓴이 자신의 의견이나 느낌은 집어넣지 않고 사실 또는 대부분의 사람들이 생각하는 것들에 대해 서술한 것을 일컫는다. 고백적(告白的)은 '알릴 고(告)' '말할 백(白)'으로 마음속에 숨기고 있던 것을 거짓 없이 알리고 말함(털어 놓음)을 일컫는다.

관조적(觀照的)은 '볼 관(觀)' '비칠 조(照)'로 비추어진 것만을 바라본다, 대상의 본질을 주관을 떠나서 냉정하게 응시한다, 대상을 객관적인 입장에서 냉정하게 관찰한다는 의미이다. 교훈적(教訓的)은 '가르칠 교(教)' '인도할 훈(訓)'으로 가르치고 타이르고 올바른 길로 인도하면서 행동이나 생활에 지침을 주거나 잔잔한 깨달음을 준다는 의미이다.

낭만은 한자로 '물결 낭(浪)' '질펀할 만(漫)'을 쓰지만 '물결'이나 '질펀함'과는 관계 없는 단어이다. 이유는 한자의 훈(의미)과는 관계 없이 'roman'이라는 라틴어의 음(音)만을 빌려 한자로 표기한 단어이기 때문이다. 그렇기 때문에 '낭만(浪漫)'은 한자의 뜻으로 이해하려 하지 말고

감상(感傷):	_____감, _____상
객관(客觀):	_____객, _____관
고백(告白):	_____고, _____백
관조(觀照):	_____관, _____조
낭만(浪漫):	_____낭, _____만

'비현실적 이상 추구' '현실적이지 않고 신비적이며 공상적임'으로 암기
해야 할 단어이다.

　　논리적(論理的)은 '사리 밝힐 논(論)' '다스릴 리(理)'로 사리를 밝히
고 사람들의 마음을 다스릴 수 있을 만큼 이치(理致)에 맞고 분별하는 능
력이 있다는 의미이다. 논증적(論證的)은 '사리 밝힐 논(論)' '증명할 증
(證)'으로 사리를 밝히고 논리적으로 증명한다는 의미로 판단이나 추리
를 거듭하여 결론을 이끌어냄을 일컫는다.

　　목가적(牧歌的)은 '(말이나 소를)다스릴 목(牧)'에 '노래 가(歌)'로 말
이나 소를 다스리는(기르는) 목동(牧童)의 노래처럼 한가롭고 소박하며
시골의 맛이 느껴진다는 의미이다. 묘사적(描寫的)은 '그릴 묘(描)' '베낄
사(寫)'로 그림을 그리거나 사물을 있는 그대로 베낀다는 의미로, 그림으
로 그리거나 베낀 것처럼 자세하게 보여준다는 말이다.

　　비판적(批判的)은 '비평할 비(批)' '판단할 판(判)'으로 다른 사람의 의
견을 따르지 않고 스스로 비평하여 판단한다는 의미로, 좋고 나쁨이나
옳고 그름 따위를 스스로 따지는 태도를 일컫는다. '생각 사(思)' '찾을 색
(索)'의 사색적(思索的)은 생각함으로써 무엇인가를 찾아낸다는 의미로
어떤 대상에 대하여 깊이 생각함을 일컫는다.

논리(論理):	_____논,	_____리
논증(論證):	_____논,	_____증
목가(牧歌):	_____목,	_____가
묘사(描寫):	_____묘,	_____사
비판(批判):	_____비,	_____판

사실적(事實的)은 '사건 사(事)' '실제 실(實)'로 사건이나 실제로 일어난 일을 그대로 기록함을 일컫고, 서민적(庶民的)은 '여러 서(庶)' '백성 민(民)'으로 여러(일반적인, 평범한) 백성들의 모습, 귀족이나 상류 계급이 아닌 보통 사람의 생각이나 행동을 일컫는다.

서정적(抒情的)은 '펼칠 서(抒)' '감정 정(情)'으로 감정을 펼쳐 놓았다는, 감정의 흐름과 정서에 깊이 젖어들어 간다는 의미이고, 서사적(敍事的)은 '펼 서(敍)' '일(사건) 사(事)'로 벌어진 일(사건)을 일어난 순서대로 펼쳐놓는다는 의미인데 일(사건)에는 역사적 사건까지도 포함된다.

설득적(說得的)은 '말씀 설(說)' '얻을 득(得)'으로 말을 하여서 상대방의 마음을 얻으려 한다는, 의견을 주장하여 상대방의 행동 변화를 유도하고자 한다는 의미이다. 설명적(說明的)은 '말씀 설(說)' '밝힐 명(明)'으로 말로써 분명하게 밝혀서 내용을 상대방이 이해하기 쉽도록 알려준다는 의미이다.

신변잡기적(身邊雜記的)은 '몸 신(身)' '가장자리 변(邊)' '섞을 잡(雜)' '기록할 기(記)'로 몸 가장자리(주변)에서 일어나는 일이나 사건들을 순서 없이 아무렇게나 섞어서 기록하는 것을 일컫고, 애상적(哀傷的)은 '슬플 애(哀)' '상처 상(傷)'으로 몹시 슬퍼하고 가슴에 상처가 생길만큼 아

사색(思索):	____사,	____색
사실(事實):	____사,	____실
서민(庶民):	____서,	____민
서정(抒情):	____서,	____정
서사(敍事):	____서,	____사

24

프게 된다는 의미로 슬프거나 쓸쓸한 느낌이 드러나는 것을 일컫는다.

역동적(力動的)은 '힘 력(力)' '움직일 동(動)'으로 힘차고 활발하게 움직인다는 의미로 활기찬 움직임이나 생기발랄한 모습을 일컫고, 예시적(例示的)은 '보기 예(例)' '보일 시(示)'로 구체적인 보기를 보여줌으로써 쉽게 이해할 수 있도록 도와주는 것을 일컫는다.

예찬적(禮讚的)은 '예절 예(禮)' '찬양할 찬(讚)'으로 예절을 지키며 찬양한다는 의미로 대상을 좋게 생각하여 찬양하고 감탄함을 일컫고, '뜻하지 아니할 우(偶)' '그럴 연(然)'의 우연적(偶然的)은 사건이 인과관계(因果關係) 없이 뜻하지 않게 그렇게 되는, 저절로 멋대로 전개되는 것을 일컫는다.

우의적(寓意的)은 '빗댈 우(寓)' '뜻 의(意)'로 다른 사물에 빗대어 의도한 뜻을 드러내거나 풍자한다는 의미로 직접 말하는 것이 아니라 동물이나 다른 사물에 빗대어서 말함을 일컫는다. '빗댈 우(寓)' '말씀 화(話)'의 우화적(寓話的)은 교훈적이고 풍자적인 내용을 동물이나 다른 사물 등에 빗대어 이야기함을 일컫는다.

'뜻 의(意)' '뜻 지(志)'의 의지적(意志的)은 뜻을 이루고 싶어 하는 마

확인 학습

신변잡기(身邊雜記的): _____신 _____변, _____잡, _____기
애상(哀傷的): _____애, _____상
역동(力動的): _____역, _____동
예시(例示的): _____예, _____시
예찬(禮讚的): _____예, _____찬

음이 강함, 상황에 굴복하거나 순응하지 않고 꿋꿋이 맞서려는 굳센 뜻이 있음, 어떤 일을 이루려는 적극적인 마음가짐이나 태도를 일컫고, '밭 전(田)' '동산 원(園)'의 전원적(田園的)은 밭이나 동산에서의 삶을 즐긴다는 의미로 도회지에서 떨어진 시골이나 농촌의 분위기를 일컫는다.

전통적(傳統的)은 '전할 전(傳)' '혈통 통(統)'으로 전해져 내려와 혈통을 이룬 것이라는 의미로 오래도록 지속되어 온 것의 규범적 힘을 굳게 지켜나감을 일컫고, '자신(주체) 주(主)' '볼 관(觀)'의 주관적(主觀的)은 자신의 눈(시각)으로만 본다는 의미로 개인적인 견해나 관점 또는 글쓴이 자신의 의견, 생각, 느낌을 주로 나타내는 것을 일컫는다.

주정적(主情的)은 '중심 주(主)' '감정 정(情)'으로 감정을 중심으로 나타낸다는, 이성이나 지성보다 감정이나 정서를 더 중요하게 여긴다는 의미이다. '중심 주(主)' '지식 지(知)'의 주지적(主知的)은 지식적인 것이 중심이 되어 나타난다는 의미로 감정에 치우치지 않고 지성에 따라 행동하는 것을 일컫는다. 감정을 억제하고 이미지를 통해 생각을 드러낸다는 의미로 쓰이기도 한다.

참여적(參與的)은 '간여할 참(參)' '더불 여(與)'로 무슨 일에 간여하고 더불어(함께) 하고 싶다는 의미로 정치문제와 사회문제에 의도적으로

우화(寓話):	_____우,	_____화	
의지(意志):	_____의,	_____지	
전원(田園):	_____전,	_____원	
전통(傳統):	_____전,	_____통	
주관(主觀):	_____주,	_____관	

참여하려는 생각을 일컫고, '격식 체(體)' '이을 계(系)'의 체계적(體系的)은 격식이 잘 짜이고 부드럽게 이어져 있다는 의미로 일정한 원리에 따라 결합되고 조직됨을 일컫는다.

체험적(體驗的)은 '몸 체(體)' '경험할 험(驗)'으로 몸으로 경험한 일을 표현함을 일컫고, '뽑을 추(抽)' '모양 상(象)'의 추상적(抽象的)은 여러 가지 것(모양)에서 공통적인 것을 뽑아냈다는 의미로 일정한 형태와 성질을 갖추고 있지 않은, 현실과 동떨어져 막연한 것을 일컫는다.

'즐길 탐(耽)' '아름다울 미(美)'의 탐미적(耽美的)은 아름다움을 즐긴다는 의미로 아름다움에 깊이 빠져서 도취되는 경향을 일컫고, '빗대어 말할 풍(諷)' '찌를 자(刺)'의 풍자적(諷刺的)은 빗대어 말함으로써 어리석음을 찌른다는 의미로 사건이나 상황을 빗대어 재치 있게 비판함을 일컫는다.

'반드시 필(必)' '그러할 연(然)'의 필연적(必然的)은 반드시 그러하다는 의미로 사건이 인과관계(因果關係)에 따라 반드시 그렇게 전개됨을 일컫는다. 함축적(含蓄的)은 '머금을 함(含)' '쌓을 축(蓄)'으로 여러 의미를 머금어 쌓아놓았다는 의미로 어떤 의미를 직접 설명하지 않고 말이나 글 속에 감추어서 넌지시 드러냄을 일컫는다.

참여(參與): _____참, _____여
체계(體系): _____체, _____계
체험(體驗): _____체, _____험
추상(抽象): _____추, _____상
탐미(耽美): _____탐, _____미

'풀 해(解)' '말할(설명할) 설(說)'의 해설적(解說的)은 알기 쉽게 풀어서 말한다(설명한다)는 의미이며, '희롱할 해(諧)' '희롱할 학(謔)'의 해학적(諧謔的)은 익살스럽게 희롱하면서 재미있게 말한다는 의미이다.

'시골 향(鄕)' '흙 토(土)'의 향토적(鄕土的)은 시골의 흙냄새라는 의미로 시골의 습성이나 관습적 특징이 짙게 배어있다는 농촌, 시골, 지방의 분위기가 나타난다는 의미이다.

'빌 허(虛)' '엮을 구(構)'의 허구적(虛構的)은 사실이 아닌 비어있는 (헛된) 것을 사실처럼 엮어 만들었다는 의미로 실제로 없는 이야기를 상상력으로 엮어냄(창작함)을 일컫는다. '돌 회(回)' '돌아볼 고(顧)'의 회고적(回顧的)은 돌이켜보고 돌아본다는 의미로 지난 일을 돌이켜 돌아보면서 생각함을 일컫는다. '그림 회(繪)' '그림 화(畵)'의 회화(繪畵)는 선이나 색채로 평면상에 형상을 그려 내는 조형미술이지만 회화적(繪畵的)은 그림과 같은 느낌이 일어난다는 의미로, 시각적 심상을 많이 사용한 표현, 그림을 그리듯 대상을 시각적으로 잘 표현하는 것을 일컫는다.

함축(含蓄):	____함,	____축	확인학습
해설(解說):	____해,	____설	
해학(諧謔):	____해,	____학	
향토(鄕土):	____향,	____토	
허구(虛構):	____허,	____구	

소설(小說), 고전문학(古典文學)

소설(小說)은 '작을 소(小)' '이야기 설(說)'로 '작은 이야기'라는 의미이다. 보통은 책 한 권 분량이고, 대하소설은 10권이 넘기도 한데 작은 이야기라니? 왜 '작을 소(小)'를 써서 작은 이야기라 하였을까?

옳았다. 올바르게 붙여진 이름이었다. 작은 이야기였다. 작아도 아주 작은 이야기였다. 하루 동안의 일만 기록하려해도 책 100권으로도 부족하다. 시내버스를 타고 가면서 만난 사람만 해도 몇 십 명이고, 그 한 사람 한 사람의 외양만 묘사해도 책 다섯 권으로도 부족하며, 그 사람들의 심리를 서술할라치면 10권의 책으로도 부족하다. 차창 밖에 펼쳐진 풍경에 대한 묘사만 하려해도 엄청난데 그 풍경에 대한 작가의 생각이 어찌 책 몇 권으로 가능하겠는가? 신문을 읽으면서 스쳐간 생각들은 또 얼마

소설(小說): _____소, _____설

확인
학습

나 많은가? 그런데 최소 몇 개월 동안 벌어진 일들을, 엄청나게 많은 인물들의 대화나 심리 등을 한 권의 책으로 표현하였으니 소설 속 이야기는 작아도 아주 작은 이야기임이 분명하다고 할 수 있다. 그렇기 때문에 대설(大說)이 아니라 소설(小說)이라 표현한 것으로 이해할 수 있어야 한다.

소설(小說)을 개연성(蓋然性) 있는 허구(虛構)라 한다. 개연성(蓋然性)은 '대개(아마도) 개(蓋)' '그럴 연(然)' '성질 성(性)'으로 대개(아마) 그러할 것이라고 생각되는 성질, 절대적으로 확실하지는 않으나 아마 그럴 것이라고 생각되는 성질, 어떤 일이 일어날 수 있는 가능성이라는 의미로 해석할 수 있다.

'없을 허(虛)' '얽을 구(構)'의 허구(虛構)는 없었던 일을 얽어놓았다, 거짓으로 짜 놓았다는 의미이다. 그렇기 때문에 소설(小說)은 그럴 것이라고 생각해서 거짓으로 엮어 놓은 것, 있을 수 있는 거짓말이라는 의미인 것이다. 정리하자. 소설(小說)은 현실에서 있음직한 일을 상상력을 가지고 꾸며낸 이야기이다.

소설(小說)의 특징을 이야기할 때 허구성(虛構性)과 진실성(眞實性)을 빼놓을 수 없다. 일어난 그대로가 아니라 상상력을 동원하여 현실에

개연성(蓋然性): _____개, _____연, _____성
허구(虛構): _____허, _____구

서 있음직한 일을 거짓으로 꾸며낸 것이 허구성(虛構性)이고, 삶의 진실을 추구하고 바람직한 인간상을 찾으려는 노력은 진실성(眞實性)이다. 그렇다. 소설은 실제로 일어난 일을 이야기한 것은 아니지만 우리는 소설을 통해 인간들의 다양한 삶의 모습과 삶의 진실을 알아낼 수 있고 현실에서 만나는 다양한 인간들을 경험하면서 사람들에 대한 이해의 폭을 넓힐 수 있게 된다. 또한 누구나 고통과 슬픔과 아픔을 가지고 있으며 그 고통과 슬픔과 아픔을 혼자서 견뎌야 한다는 삶의 진실도 알아내고 어떻게 사는 것이 현명하고 바람직한 삶인지에 대해서도 생각할 수 있도록 도와주는 역할을 한다.

주제, 구성, 문체를 소설의 3요소라 한다. 요소(要素)는 '중요할 요(要)' '바탕 소(素)'로 중요한 바탕이 되는 것, 꼭 있어야 할 성분이나 조건이라는 의미이다. 주제(主題)는 '중심 주(主)' '맨 앞머리 제(題)'로 이해하여 내용의 중심이 되어 맨 앞머리에 내세울 수 있는 것이라 해석할 수도 있고, '중심 주(主)' '적을 제(題)'로 이해하여 중심이 되는 내용을 적은 것이라는 의미로 해석할 수도 있는데 문학 작품에서는, 지은이가 나타내고자 하는 기본적이고 중심적인 사상이라는 의미이다.

'얽을 구(構)' '이룰 성(成)'의 구성(構成)은 얽어서 이루어진 것이라는 의미로 몇 개의 부분이나 요소를 얽어서 하나로 만드는 일, 작품을 이루

요소(要素):	요,	소
주제(主題):	주,	제
구성(構成):	구,	성

는 여러 요소를 결합하여 전체적 통일을 꾀하는 일을 일컫는다.

'글월 문(文)' '모양 체(體)'의 문체(文體)는 글의 모양이다. 집, 자동차, 신발만 모양이 있는 것이 아니라 글에도 모양이 있는데 문장의 양식, 문장 속에 나타난 작가의 언어적 특성도 문체(文體)이고 지은이의 개성이나 사상이 나타나 있는 문장의 특색도 문체(文體)이다.

소설(小說)은 인간에게 무슨 의미를 지니는가? 우리는 왜 소설을 읽어야 하는가? 알고 이해하기 위해서이다. 인간의 마음을 알고 이해하기 위해서, 다른 사람의 기쁨과 고통을 이해하기 위해서, 다른 사람은 어떻게 생각하고 행동하는 것인가를 알기 위해서, 다른 사람의 삶의 고통과 기쁨을 이해할 수 있기 위해서, 자신만 아는 정서적 불구자가 되지 않기 위해서 우리는 소설을 읽는다. 아니 읽어야만 한다.

소설(小說)이 성립되기 위해서는 인물, 사건, 배경이 있어야 하는데 이를 '소설 구성의 3요소'라 한다.

'사람 인(人)' '사물 물(物)'의 인물(人物)이지만 '사람과 물건'이라 해석하지 말고 '사람' '뛰어난 사람' '사람의 생김새' '사람의 됨됨이'로 이해해야 한다. 다른 예술과 마찬가지로 소설 역시 사람을 다룬다. 생활이 인간 중심이듯 예술 역시 인간 중심이고 소설 역시 인간세계를 떠나서는 존재할 수 없다. 이솝우화는 동물을 이야기하고 있지 않느냐고 말하는 사람이 있는데 곰이나 여우를 이야기한 것이 아니라 곰과 같은 인간, 여우와 같은 인간을 이야기한 것으로 보아야 옳다. 인물(人物)이 없는 소설은 없다. 소설이 궁극적으로 다루고자 하는 것이 인물(人物)이기 때문이고 사건을 일으키고 사건을 전개하는 주체가 '인물(人物)'이기 때문이다.

'일 사(事)' '사건 건(件)'의 사건(事件)은 사회적으로 문제를 일으키거나 주목을 받을 만한 뜻밖의 일, 문제가 되거나 관심을 끌만한 일을 가리킨다. 등장인물들이 일으키고 겪는 행동과 갈등이 사건(事件)인 것이다.

'등 배(背)' '풍경 경(景)'의 배경(背景)은 글자 그대로는 '뒤쪽의 경치'라는 의미이지만, 소설에서는 인물이나 사건 뒤에 있는 그 무엇, 작품의 시대적, 역사적 환경을 가리킨다. 이야기가 성립되고 진실성을 갖기 위해서는 소설에 등장하는 인물들이 처한 공간과 시간이 있어야 한다. 소설에서의 배경(背景)은 단순히 배경으로만 존재하지 않고 인물의 심리(心理)와 사건 전개를 암시(暗示)하고 인물과 사건에 구체성과 사실성을 부여(賦與)하는 역할도 한다.

일반적인 소설의 구성 단계는 발단, 전개, 위기, 절정, 결말이다. '일어날 발(發)' '실마리 단(端)'의 발단(發端)은 일어나서 실마리가 된다, 사

사건(事件):	_____사,	_____건
배경(背景):	_____배,	_____경
발단(發端):	_____발,	_____단
전개(展開):	_____전,	_____개

건의 실마리가 일어난다는 의미이고, '펼칠 전(展)' '열 개(開)'의 전개(展開)는 사건이 펼쳐져서 열려간다는 의미이며, '위태로울 위(危)' '기미 기(機)'의 위기(危機)는 위태로운 기미가 보이고 심화되기 시작한다는 의미이다. '으뜸 절(絶)' '꼭대기 정(頂)'의 절정(絶頂)은 긴장과 갈등이 최고의 꼭대기에 다다랐다는 의미이고, '맺을 결(結)' '끝 말(末)'의 결말(結末)은 끝을 맺었다, 갈등이 끝나고 이야기도 끝난다는 의미이다.

현실의 삶에서 사람이 변할 수도 있고 변하지 않을 수도 있는 것처럼 소설 속 인물도, 변할 수도 변하지 않을 수도 있는데 소설이 시작될 때부터 끝날 때까지 성격이 변하지 않은 인물을 평면적(平面的)이라 하고, 시간의 흐름, 환경, 상황에 따라 성격이 변하는 인물을 입체적(立體的)이라 한다. 평면(平面)에서는 단순하고 변함이 어렵지만 입체(立體)에서는 복잡하고 변함이 쉽기 때문에 그렇게 이름 붙였을 것이라 생각해본다.

전형적 인물과 개성적 인물로 나누기도 하는데 '법(기준) 전(典)' '본보기 형(型)'의 전형적(典型的)은 기준으로 삼고 본보기가 될 만한 특성을 많이 지녔다는 의미이고, '낱 개(個)' '성질 성(性)'을 쓴 개성적(個性的)은 '낱' 그러니까 오직 그 한 사람만 가지는 성질이라는 의미이다. 그러니까, 특정 직업이나 상황에 맞는 본보기가 될 만한 인물을 전형적(典

위기(危機):	_____위,	_____기
절정(絶頂):	_____절,	_____정
결말(結末):	_____결,	_____말
평면(平面):	_____평,	_____면
입체(立體):	_____입,	_____체

型的)이라 하고 개인만의 독특한 성질을 지닌, 독자적 성격을 지닌 개성 뚜렷한 인물을 개성적(個性的)이라 하는 것이다.

'중심 주(主)' '행동할 동(動)'의 주동(主動)은 '중심적인 행동'이라는 의미이고, '반발할 반(反)' '행동할 동(動)'의 반동(反動)은 '주인공에 반 발하는, 주인공과 대립하고 갈등하는 행동'이라는 의미이다. 주동(主動) 인물은 주인공을 가리키고 반동(反動)인물은 주인공과 대립하면서 갈등 을 일으키는 인물을 가리킨다.

소설(小說)에서 화자(話者)를 누구로 삼을 것인가 하는 작가의 서술 각도를 시점(視點)이라 하는데 '볼 시(視)' '관점 점(點)'의 시점(視點)은 어떤 대상을 볼 때에 시력의 중심이 가 닿는 점, 이야기를 서술하여 나가 는 방식이나 관점이라는 의미이다.

서술자가 '나'일 때를 1인칭이라 하고, 서술자가 '나'도 '너'도 아닐 때 를 3인칭이라 한다. 1인칭 시점은 다시 1인칭 주인공 시점과 1인칭 관찰 자 시점으로 나뉘고 3인칭 시점은 다시 작가 관찰자 시점과 전지적 작가 시점으로 나뉜다. 주인공이 자기 자신의 일을 직접 이야기하는 것은 1인 칭 주인공 시점이고, 주인공 아닌 내가 주인공을 묘사하고 설명하는 것 은 1인칭 관찰자 시점이다. 작품 속의 '나'가 주인공이자 서술자이면 1인

확인
학습

전형(典型):	_____전,	_____형
개성(個性):	_____개,	_____성
주동(主動):	_____주,	_____동
반동(反動):	_____반,	_____동
시점(視點):	_____시,	_____점

칭 주인공 시점이고, '나'는 관찰자이며 인물의 초점이 주인공에게 있으면 1인칭 관찰자 시점인 것이다. 작가가 눈으로 관찰한 것만을 서술한 시점은 작가 관찰자(作家 觀察者) 시점이고, 온전히(심리까지) 알고서 서술한 시점은 전지적 작가(全知的 作家) 시점이다. '온전 전(全)' '알 지(知)'의 '전지(全知)'는 온전히 안다는 의미로, 서술자가 신(神)과 같은 위치에 서서 겉으로 드러난 행동은 물론 심리까지 알아서 서술하는 것을 일컫는다. 서술자가 인물의 심리까지 묘사한 것이 '전지적 작가 시점'인 것이다.

소설의 인물 제시 방법에 '직접적 방법'과 '간접적 방법'이 있다. 설명하여 알려주는, 말로써 알려주는, 인물의 성격이나 특성을 직접 설명하는 것은 직접적(直接的) 방법이고, 묘사적(描寫的) 방법, 보여주기 방법, 그러니까 서술자가 인물의 행동, 대화, 외양을 묘사함으로써 독자가 알 수 있도록 하는 것은 간접적(間接的) 방법이다. '철수는 나쁘다'는 직접적 방법이고, '철수는 똥 싸고 있는 꼬마 아이를 밀어버렸다'는 간접적 방법인 것이다.

'엎드릴 복(伏)' '줄 선(線)'의 복선(伏線)은 엎드려 있어서 보일 듯 보이지 않는 선이라는 의미로 앞으로 전개될 사건을 미리 암시하는 기법을 일컫는데 뒷일의 준비로써 미리 암암리에 만들어 둔 장치라는 의미이다.

전지적(全知的): _____전, _____지, _____적
복선(伏線): _____복, _____선

작가가 의도적으로 만들어놓은 장치로 사건 전개에 필연성과 논리성을 부여하는 역할을 한다.

사람이 산다는 것 자체가 갈등한다는 것이다. 살아가면서 어느 하루 갈등하지 않은 날이 있었던가? 때로는 하루에 1,000번도 갈등하며 살아가는 것이 인생 아닌가? 사람과 사람 사이의 갈등만이 갈등의 전부 아니다. 짜장면을 먹을까? 짬뽕을 먹을까? 오른쪽으로 갈까? 왼쪽으로 갈까? 와 같은 자기 자신과의 갈등도 있고, 사회 제도와의 갈등도 있으며, 운명과의 갈등도 있다.

갈등 없는 삶을 살아가는 사람이 없는 것처럼 갈등 없는 소설도 있을 수 없고, 갈등이 적은 삶이 좋은 삶일 수는 있어도 재미없는 삶인 것처럼 갈등이 적은 소설 역시 재미가 적을 수밖에 없다.

'칡덩굴 갈(葛)' '등나무덩굴 등(藤)'의 갈등(葛藤)을 보자. 칡덩굴이나 등나무덩굴은 매우 복잡하게 얽혀있어 풀기 어렵다. 사람과 사람 사이, 한 사람의 마음이 요렇게 저렇게 복잡하게 얽혀있는 상태가 갈등(葛藤)이고, 견해(見解) 주장(主張) 이해(利害) 등이 뒤엉킨 복잡한 관계가 갈등(葛藤)이다. 갈등(葛藤)을 내적 갈등과 외적 갈등으로 나누기도 하는데 한 개인의 심리적 갈등, 즉 선한 마음과 악한 마음, 참된 마음과 거짓된 마음이 대립하는 갈등은 내적갈등(內的葛藤)이고, 인물과 또 다른 인

갈등(葛藤): _____갈, _____등

물, 개인과 사회, 개인과 운명, 인물과 외부환경 사이에서의 갈등은 외적 갈등(外的葛藤)이다.

갈등이 있기에 사건이 전개된다. 갈등은 사건을 전개시키며 긴장감을 주어 흥미를 고조시킨다. 갈등을 통해 인물의 성격이 드러난다. 갈등을 해결해 가는 과정에서 주제가 드러난다. 소설의 핵심은 갈등(葛藤)이다. 갈등이 없다면 소설이 아니다.

갑오경장(甲午更張 1894년) 이전에 나온 소설을 고전(古典)소설 또는 고대(古代)소설이라 하는데, '옛 고(古)' '책 전(典)' '시대 대(代)'이다. 고전소설(古典小說)에는 권선징악(勸善懲惡)이 많이 나오며, '권할 권(勸)' '착할 선(善)' '나무랄 징(懲)' '악할 악(惡)'의 권선징악(勸善懲惡)은 착함을 권하고 악함을 나무란다는 의미이다. 일대기적 구성을 취하는 경우도 많은데 '하나 일(一)' '시대 대(代)' '기록할 기(記)'의 일대기(一代記)는 한 시대의 기록이라는 의미로 출생에서 죽음에 이르기까지 시간의 흐름에 따라 사건이 전개되는 기록(記錄)을 일컫는다.

글로써 기록되어 전해오는 문학이기에 '적을 기(記)' '베낄 록(錄)'의 기록문학(記錄文學)이고, 입에서 입으로 전해 내려오는 문학이기에 '입 구(口)' '전할 전(傳)'의 구전문학(口傳文學)이다. 입에서 나온 말이 비석

고전(古典): _____고, _____전				
고대(古代): _____고, _____대				
권선징악(勸善懲惡): _____권, _____선, _____징, _____악				
기록문학(記錄文學): _____기, _____록, _____문, _____학				
구전문학(口傳文學): _____구, _____전, _____문, _____학				

에 기록된 것처럼 굳어졌기 때문에 '입 구(口)' '비석 비(碑)'를 써서 구비문학(口碑文學)이라고도 한다.

'말씀 설(說)' '말씀 화(話)'의 설화(說話)는 말과 말이라는 의미로 한 민족 사이에 전승되어 온 이야기를 통틀어 일컫는다. 설화(說話)는 다시 신화(神話) 전설(傳說) 민담(民譚)으로 나뉘는데 '신 신(神)' '이야기 화(話)'의 신화(神話)는 신(神)적인 존재에 대한 이야기(話)이고, '전할 전(傳)' '말씀 설(說)'의 전설(傳說)은 비범(非凡)한 인간을 주인공으로 전해져(傳) 오는 이야기(說)이며, '백성 민(民)' '이야기 담(譚)'의 민담(民譚)은 평범한 백성을 주인공으로 민간(民)에 전해져오는 이야기(譚)이다. 신화(神話)는 신적 존재의 탄생과 활동에 대한 이야기, 전설(傳說)은 구체적인 장소와 인물에 대한 이야기, 민담(民譚)은 흥미 위주의 옛 이야기로 이해해도 괜찮다.

국어사전에 수록된 '전기'의 동음이의어(同音異議語)는 10개가 넘는데 그 중 소설(小說)을 이야기할 때 많이 쓰이는 '전기'는 '전기(傳記)'와 '전기(傳奇)'이다. '전할 전(傳)' '기록할 기(記)'의 전기(傳記)는 전해져 온 것을 기록한다, 또는 전하기 위해서 기록한다는 의미로 한 개인의 일생을 출생부터 죽음까지 기록한 글이고, '전할 전(傳)' '기이할 기(奇)'의 전기(傳奇)는 현실에서 있을 수 없는 기이한 일을 전하는 이야기이다.

설화(說話): _____설, _____화		
전설(傳說): _____전, _____설		
민담(民譚): _____민, _____담		
전기(傳記): _____전, _____기		
전기(傳奇): _____전, _____기		

확인
학습

고대소설(古代小說)의 특징 중 하나가 '전기적 요소'인데 이때의 '전기'는 '기록할 기(記)'가 아닌 '기이할 기(奇)'의 전기(傳奇)로 비현실적(非現實的)이며 기이(奇異)한 내용이라는 의미이다.

'추보식(追步式) 구성'이 있다. '쫓을 추(追)' '걸음 보(步)'로 '걸음을 쫓아서'로 해석할 수 있는데 여행의 경로나 일정을 쫓아 걸음을 옮기는 구성이라는 의미로 시간이나 공간의 이동에 따른 구성을 일컫는다.

'극적(劇的)이다' '극적(劇的)인 반전(反轉)이다'는 말을 듣는다. '연극(劇)'의 극적(劇的)은 '연극적이다'는 의미이다. 연극(演劇)에서는 비현실적인 일이 많이 벌어지고 우연도 많다. 그렇기 때문에 극적(劇的)이라는 말은 연극처럼 비현실적(非現實的)이고 우연적(偶然的)이라는 의미이다. 연극은 재미를 위하여 꾸며낸 이야기이기 때문에 '극적(劇的)'이라는 말이 때로는 일부러 꾸민 상황이라는 의미로 쓰이기도 한다. 또, 연극에는 감격적이고 인상적인 장면이 많이 나오기 때문에 '극적(劇的)'이 감동적이고 인상적이라는 의미로 사용되기도 한다.

전후소설(戰後小說)은 '전쟁 전(戰)' '뒤 후(後)'로, 전쟁이 일어난 뒤의 이야기를 다룬 소설로써 전쟁으로 인해 겪어야 했던 아픔과 비극을 그린 소설을 일컫는다.

추보식(追步式): _____추, _____보, _____식
극적(劇的): _____극, _____적
전후소설(戰後小說): _____전, _____후, _____소, _____설

‘토끼전’ ‘장끼전’ 등을 우화소설(寓話小說)이라 한다. ‘빗댈(의탁할) 우(寓)’ ‘말씀 화(話)’로 ‘다른 것(동물, 식물, 사물)에 빗대어(의탁하여) 하는 이야기’라는 의미다. 교훈적(教訓的)이고 풍자적(諷刺的)인 이야기를 직접 말하지 않고 동물이나 식물 등에 빗대어 엮은 이야기인 것이다.

　판소리계 소설은 판소리 계통의 소설, 판소리에서 나온 소설, 판소리로부터 시작된 소설이라는 의미로 판소리를 소설의 형식으로 바꾼 소설을 일컫는데 춘향전, 심청전, 흥부전, 별주부전, 장끼전 등이 이에 속한다.

우화소설(寓話小說): ＿＿＿＿우, ＿＿＿＿화, ＿＿＿＿소, ＿＿＿＿설

수필(隨筆), 희곡(戲曲), 전기문(傳記文)

일상생활에서 보고 듣고 느끼고 체험한 것을 형식이나 내용에 제한을 받지 않고 비교적 자유롭게 쓴 글을 수필(隨筆)이라 하는데 '따를 수(隨)' '붓 필(筆)'로 붓을 따라서 쓴 글, 붓 가는 대로 자유롭게 쓴 글이라는 의미이다.

수필(隨筆)은 자기표현의 글이다. 수필에는 인생관(人生觀), 사상(思想), 감정(感情) 등이 솔직하게 표현되어 있고 사물이나 인생에 대한 깊이 있는 사색(思索)과 통찰(洞察)이 담겨 있으며 삶의 지혜(智慧)가 담겨 있기에 독자에게 적지 않은 교훈과 감동을 준다.

글에 쓰이는 글쓴이의 개성적인 문장 표현을 문체(文體)라 하는데 우유체, 강건체, 간결체, 만연체, 건조체, 화려체가 있다. '얌전할 우(優)' '부

수필(隨筆): _____수, _____필
문체(文體): _____문, _____체
우유체(優柔體): _____우, _____유, _____체
강건체(剛健體): _____강, _____건, _____체
간결체(簡潔體): _____간, _____결, _____체

드러울 유(柔)'의 우유체(優柔體)는 얌전하고 부드럽고 매끄러워 맺힌 데가 없는 여성적 문체이다. '굳셀 강(剛)' '튼튼할 건(健)'의 강건체(剛健體)는 굳세고 튼튼하고 무겁고 강직함을 특징으로 하는 남성적 문체이다. '간단할 간(簡)' '깨끗할 결(潔)'의 간결체(簡潔體)는 문장의 길이가 간단하고 (짧으며) 흐름이 깨끗한(빠른) 문체이고, '덩굴 만(蔓)' '넘칠 연(衍)'의 만연체(蔓衍體)는 많은 어구를 사용하여 덩굴처럼 길고 수식어가 넘쳐나는 문체이다.

'마를 건(乾)' '마를 조(燥)'의 건조체(乾燥體)는 말라 있는, 꼭 필요한 것, 있는 내용만을 전달하는 문체이고, '꽃 화(華)' '고울 려(麗)'의 화려체(華麗體)는 꽃처럼 곱고 예쁘게 표현한 문체이다.

수필(隨筆)을 경수필과 중수필로 나누기도 하는데 가벼운 내용, 누구나 쉽게 쓰고 읽을 수 있는 개인의 감정과 정서가 중심이 된 수필은 가벼운 내용을 쓴 수필이라는 의미로 '가벼울 경(輕)'을 써서 경수필(輕隨筆)이라 하고, 깊이 생각해서 쓴 수필, 논리와 설명이 중심이 된 수필은 무거운 내용을 쓴 수필이라는 의미로 '무거울 중(重)'을 써서 중수필(重隨筆)이라 한다. 문학적 성격이 강한 수필은 경수필(輕隨筆)이고, 논설문 성격이 들어간 수필은 중수필(重隨筆)로 이해해도 된다. 가벼운 일상, 일기, 편지, 기행문은 경수필(輕隨筆)이고, 칼럼, 평론(評論), 사설(社說) 등은 중수필(重隨筆)인 것이다. '평가할 평(評)' '말할 론(論)'의 평론(評論)은

만연체(蔓衍體): _____만, _____연, _____체
건조체(乾燥體): _____건, _____조, _____체
화려체(華麗體): _____화, _____려, _____체
경수필(輕隨筆): _____경, _____수, _____필
평론(評論): _____평, _____론

평가하여 말한 글이고, '신문사 사(社)' '말씀 설(說)'의 사설(社說)은 신문사의 말(주장)이다.

공연(公演)을 목적으로 하는 연극(演劇)의 대본(臺本)으로 등장인물의 행동이나 대화를 기본 수단으로 표현하는 예술 작품을 '연극 희(戲)' '가락 곡(曲)'을 써서 희곡(戲曲)이라 하는데 '가락 곡(曲)'을 쓴 이유는 판소리나 창극 등 과거에 연극이라 할 수 있는 것들이 노래를 통해 대사(臺詞)를 전달하였기 때문이다.

사건 전개의 바탕이 되는 등장인물의 말을 대사(臺詞)라고 한다. '무대 대(臺)' '말 사(詞)'로 무대에서 등장인물이 하는 말이라는 의미이다.

대사(臺詞)는 다시 대화 독백 방백으로 나뉘는데 '대할 대(對)' '말할 화(話)'의 대화(對話)는 등장인물끼리 서로 마주 대한 상태로 주고받는 말을 일컫고, '홀로 독(獨)' '말할 백(白)'의 독백(獨白)은 혼자서 말하는 방법을 일컬으며, '곁 방(傍)' '말할 백(白)'의 방백(傍白)은 곁에 사람이 없는 것으로 간주하고 말한다는 의미로 등장인물이 말은 하지만, 무대 위의 다른 인물에게는 들리지 않고 관객만 들을 수 있는 것으로 약속되어 있는 말하기 방법이다.

사설(社說):	_____ 사,	_____ 설
희곡(戲曲):	_____ 희,	_____ 곡
대사(臺詞):	_____ 대,	_____ 사
대화(對話):	_____ 대,	_____ 화
독백(獨白):	_____ 독,	_____ 백

어떤 인물의 생애와 업적 등을 기록한 글, 역사상 업적을 남기거나 사회나 사람들에게 영향을 준 인물의 생애, 업적, 언행 등을 사실적으로 기록한 글을 전기문(傳記文)이라 하는데 '전할 전(傳)' '기록할 기(記)'로 전하기 위해 기록한 글이라는 의미이다. 전기문은 전기, 자서전, 회고록, 평전, 열전으로 나누어지는데 '전할 전(傳)' '기록할 기(記)'의 전기(傳記)는 제 3자가 어떤 인물의 일생을 쓴 글을 일컫고, '스스로 자(自)' '펼 서(敍)' '전기문 전(傳)'의 자서전(自敍傳)은 스스로 펼쳐놓은 전기문이라는 의미로 자신의 일생을 자기 자신이 기록한 글을 일컫는다. '돌 회(回)' '돌아볼 고(顧)' '기록할 록(錄)'의 회고록(回顧錄)은 돌아보고 돌아보면서 기록했다는 의미로 생애 중에서 특히 중요한 사회적 활동 부분만을 다룬 전기문이고, '평가할 평(評)' '전기문 전(傳)'의 평전(評傳)은 평가를 중심으로 한 전기문이라는 의미로 인물에 대한 평가에 중점을 둔 전기문이며, '나열할 열(列)' '전기문 전(傳)'의 열전(列傳)은 여러 사람의 전기를 차례로 나열한 전기문이다.

'일화가 전해진다' '일화를 소개한다'는 말을 종종 듣곤 하는데 '숨을 일(逸)' '이야기 화(話)'의 일화(逸話)는 숨겨진 이야기, 세상에 널리 알려지지 않은 흥미로운 이야기를 가리킨다. 백범 김구(金九)의 자서전이 백범일지(白凡逸志)인데 백범(白凡)은 김구선생의 호(號)이고, 일지(逸志)는 '숨을 일(逸)' '뜻 지(志)'로 '숨은 뜻'이라는 의미이다.

전기문(傳記文): _____전, _____기, _____문
자서전(自敍傳): _____자, _____서, _____전
회고록(回顧錄): _____회, _____고, _____록
평전(評傳): _____평, _____전
열전(列傳): _____열, _____전

설명문(說明文), 논설문(論說文)

◇

어떤 대상에 대하여 글쓴이가 알고 있는 바를 독자들이 정확하게 이해할 수 있도록 쉽게 풀어 쓴 글을 '말씀 설(說)' '밝힐 명(明)'을 써서 설명문(說明文)이라 한다. 이는 어떤 사실을 말로써 분명하게 밝혀내는 글이라는 의미이다. 자기의 생각이나 주장을 논리적 체계적으로 쓴 글은 논설문(論說文)인데 '사리 밝힐 논(論)' '말할 설(說)'로 주장이나 생각을 밝혀 논리적으로 말한다는 의미이다.

설명문의 특징은 객관성, 사실성, 명료성, 평이성, 체계성이다. 여기서 '나그네 객(客)' '볼 관(觀)'의 객관성(客觀性)은 여러 나그네들이 함께 보는 관점이라는 의미로 주관적인 생각이나 느낌을 배제하고 사실 그대로를 전달한다는 의미이고, '분명할 명(明)' '밝을 료(瞭)'의 명료성(明瞭

설명문(說明文): _____설, _____명, _____문
논설문(論說文): _____논, _____설, _____문
객관성(客觀性): _____객, _____관, _____성
명료성(明瞭性): _____명, _____료, _____성
평이성(平易性): _____평, _____이, _____성

확인
학습

性)은 명확한 의미 전달을 위해 분명하게 밝힌다는 의미이다. '평범할 평
(平)' '쉬울 이(易)'의 평이성(平易性)은 독자들이 이해하기 쉽도록 평범하
하고 쉽게 표현했다는 의미이고, '격식 체(體)' '이을 계(系)'의 체계성(體
系性)은 각각의 것들을 격식에 맞게 이었다는 의미로 일정한 원리에 따
라 지식을 통일되게 연결하였다는 의미이다.

설명문(說明文)의 내용 전개 방법에 서사, 과정, 인과, 묘사가 있는데
'펼칠 서(敍)' '사건 사(事)'의 서사(敍事)는 사건을 차례대로 펼친다는 의
미로 사건이나 행동의 변화를 시간의 흐름에 따라 서술하는 방법을 일컫
고, '지날 과(過)' '길 정(程)'의 과정(過程)은 지나가는 길이라는 의미로
일이 되어가는 경로, 어떤 일의 절차와 순서를 밝히는 방법을 일컫는다.

어떤 일이 일어나게 된 원인과 결과를 밝히는 방법을 '원인 인(因)' '결
과 과(果)'를 써서 인과(因果)라 하고, 어떤 대상을 그림 그리듯이 사진
찍듯이 말로써 표현하는 방법, 눈에 보이는 그대로 표현하는 방법을 '그
림 그릴 묘(描)' '사진 찍을 사(寫)'를 써서 묘사(描寫)라 한다.

주장이나 생각을 사리를 밝혀 논리적으로 쓴 글을 논설문이라 하였는
데 논설문은 다시 논문, 평론, 사설, 칼럼, 연설문으로 나눌 수 있다. 특수
한 분야를 연구한 학술적인 글은 '사리 밝힐 논(論)' '글 문(文)'을 써서 논

| 체계성(體系性): _____체, _____계, _____성 |
| 서사(敍事): _____서, _____사 |
| 과정(過程): _____과, _____정 |
| 인과(因果): _____인, _____과 |
| 묘사(描寫): _____묘, _____사 |

문(論文)이라 하고, 남의 이론이나 사상에 대해 평가하는 글은 '평가할 평(評)' '사리 밝힐 논(論)'을 써서 평론(評論)이라 하며, 신문, 잡지 등에서 펴낸이의 주장을 실어 펼치는 논설은 '신문사 사(社)' '주장 설(說)'을 써서 사설(社說)이라 한다. 칼럼은 시사적(時事的) 내용을 가지고 짧고 재치 있게 주장하는 글이다.

논설문은 논증적 논설문과 설득적 논설문으로 나눌 수 있는데 객관적인 증거를 제시하여 주장을 드러내는 논설문은 논리적으로 증명하는 논설문이라는 의미로 '논리 논(論)' '증명할 증(證)'을 써서 논증적(論證的) 논설문이라 하고, 자기의 뜻을 따르도록 여러모로 설명하거나 타이르는 논설문은 설득적으로 말하여 상대방의 찬성을 얻으려는 논설문이라는 의미로 '말할 설(說)' '얻을 득(得)'을 써서 설득적(說得的) 논설문이라 한다.

논설문(論說文)의 논증 요소에 명제, 논거, 추론이 있다. '이름 지을 명(命)' '제목 제(題)'의 명제(命題)는 이름을 지어 제목을 만들었다는 의미로 어떤 문제에 대한 논리적 판단 내용과 주장을 문장으로 표현한 것이고, '논리 논(論)' '근거 거(據)'의 논거(論據)는 이론, 논리, 논설 등의 논리적 근거(根據)를 일컫는다. 논거(論據)에는 객관적 사실을 근거로 한 사실논거(事實論據)와 그 방면 권위자의 의견을 근거로 한 의견논거(意見論據)가 있다.

시사적(時事的):	_____시,	_____사,	_____적
논증적(論證的):	_____논,	_____증,	_____적
설득적(說得的):	_____설,	_____득,	_____적
명제(命題):	_____명,	_____제	
논거(論據):	_____논,	_____거	

확인
학습

논설문의 논지 전개방식에 논증, 예증, 반증, 인용이 있는데 '사리를 밝힐 론(論)' '증명할 증(證)'의 논증(論證)은 논리적으로 사리를 밝혀 증명하는 방법이고, '보기 예(例)' '증명할 증(證)'의 예증(例證)은 보기나 객관적 자료를 들어 증명하는 방법이다. '반대 반(反)' '증명할 증(證)'의 반증(反證)은 어떤 주장에 대하여 그것을 반박(反駁)할 증거를 들어 증명하는 방법이고, '끌어당길 인(引)' '사용할 용(用)'의 인용(引用)은 다른 사람의 글, 격언, 속담 등을 끌어당겨 자신의 주장을 뒷받침하는데 사용하는 방법이다.

　　'추리할 추(推)' '말할 론(論)'의 추론(推論)은 논거(論據)를 바탕으로 추리(推理)하여 결론을 만들어내는 방법이다. 이에는 귀납법(歸納法), 연역법(演繹法), 변증법(辨證法)이 있다. '돌아갈 귀(歸)' '받을 납(納)'의 귀납(歸納)은 구체적 사실을 가지고 일반적 내용으로 돌아가서 결론을 받아낸다는 의미이고, '통할 연(演)' '캐낼 역(繹)'의 연역(演繹)은 일반적인 원리를 통해 구체적이고 새로운 사실을 캐낸다는 의미이며, '분별할 변(辨)' '증명할 증(證)'의 변증(辨證)은 제시된 것을 따지고 분별하여 진리를 증명해 낸다는 의미이다.

　　"엄마는 죽는다. 아빠도 죽는다. 동생도 죽는다. 엄마 아빠 동생은 사람이다. 그러므로 모든 사람은 죽는다."는 구체적인 네 개의 문장을 통해

논증(論證): _____논, _____증		
예증(例證): _____예, _____증		
반증(反證): _____반, _____증		
인용(引用): _____인, _____용		
추론(推論): _____추, _____론		

마지막 문장 '그러므로~'라는 일반적 사실을 결론으로 이끌어냈기에 귀납법(歸納法)이고, "모든 동물은 죽는다. 사람은 동물이다. 그러므로 사람은 죽는다."는 '모든~'과 '사람은~'이라는 일반적 원리를 통해서 '그러므로~'라는 구체적인 새로운 사실을 결론으로 이끌어 냈기에 연역법(演繹法)이다.

"철수는 나쁜 사람이다. 철수는 좋은 사람이다. 그러므로 철수는 나쁜 점도 있고 좋은 점도 있는 보통 사람이다."는 '나쁜 사람'이라는 전제(정(正))와 '좋은 사람'이라는 반대의 전제(반(反))를 적당히 합하여 새로운 결론(합(合))을 이끌어 냈기에 이를 변증법(辨證法)이라 한다. '분별할 변(辨)' '증명할 증(證)'의 변증법(辨證法)을 제시된 것을 따지고 분별하여 진리를 증명해 내는 방법이라 하였는데 전제를 무조건 받아들이는 것이 아니라 따지고 분별하고 조금씩 양보케 하고 합하여서 결론을 이끌어 내는 방법이다.

설명문(說明文)은 지식이나 정보를 전달하여 이해시킬 목적으로 객관적(客觀的)으로 쓴 글이고, 논설문(論說文)은 자신의 주장을 논리적으로 펼쳐 독자들을 설득시키기 위하여 주관적(主觀的)으로 쓴 글이다.

확인
학습

귀납법(歸納法):	_____귀,	_____납,	_____법
연역법(演繹法):	_____연,	_____역,	_____법
변증법(辨證法):	_____변,	_____증,	_____법
설명문(說明文):	_____설,	_____명,	_____문
논설문(論說文):	_____논,	_____설,	_____문

◇ 언어(言語), 문장(文章)

　　언어의 특성을 설명할 때에 사회성, 역사성, 자의성을 이야기한다. 언어는 사회적(社會的) 약속이기 때문에 어느 한 개인이 마음대로 바꿀 수 없음을 사회성(社會性)이라 하고 시간의 흐름에 따라 언어가 새로 만들어지기도 하고 없어지기도 하며, 의미가 변하기도 함을 역사처럼 변하는 성질이라 해서 역사성(歷史性)이라 한다.

　　자의성(恣意性)의 '자'는 '스스로 자(自)'가 아닌 '제멋대로 자(恣)'이다. '제멋대로 자(恣)' '뜻 의(意)'로 음성과 뜻 사이의 결합이 필연적(必然的)이지 않고 제멋대로, 이유 없이 이루어졌다는 의미이다. '밥'이라 이름 붙여야만 할 이유가 있어서 '밥'이라 이름 붙인 것이 아니라 그냥 마음 내키는 대로, 제멋대로 이름 붙였다는 이야기이다. '종이'를 '종이'라 이름 붙인 것은 이름 붙인 사람의 마음대로였다는, 멋대로, 이유 없이 이름 붙

국어(國語)

사회성(社會性):	사,	회,	성
역사성(歷史性):	역,	사,	성
자의성(恣意性):	자,	의,	성

확인
학습

였다는 것이 자의성(恣意性)인 것이다. '자의적 판단' '자의적 해석'이라는 표현을 만나기도 하는데 이때의 '자의'도 '스스로 자(自)'가 아닌 '제멋대로 자(恣)'이고 원칙이나 질서를 무시하고 제멋대로 판단하고 해석한다는 의미이다.

말의 뜻을 구별해 주는 소리의 가장 작은 단위를 '소리 음(音)' '울림 운(韻)'을 써서 음운(音韻)이라 하는데 소리의 울림이라는 의미이다.

국어에는 자음 19개, 모음 21개. 모두 40개의 음운(音韻)이 있다. 혼자서 소리를 낼 수 없는 음운을 '자식 자(子)'를 써서 자음(子音)이라 하고, 혼자서 소리를 낼 수 있는 음운을 '어미 모(母)'를 써서 모음(母音)이라 한다. 자식은 혼자서는 뭔가를 해내기 어렵기 때문에 혼자서 소리를 낼 수 없는 음운을 자음(子音)이라 하고, 엄마는 혼자서도 무엇이라도 할 수 있기 때문에 혼자서 소리를 낼 수 있는 음운을 모음(母音)이라 하지 않았을까?

모음을 전설모음(前舌母音)과 후설모음(後舌母音)으로 구분하는데 '앞 전(前)' '혀 설(舌)' '뒤 후(後)'이다. ㅣ, ㅔ, ㅐ, ㅟ, ㅚ는 혀 앞쪽에서 나오기 때문에 전설모음(前舌母音)이고, ㅡ, ㅓ, ㅏ, ㅜ, ㅗ는 혀 뒤쪽에서 나오기 때문에 후설모음(後舌母音)이다.

음운(音韻):	음,	운		
자음(子音):	자,	음		
모음(母音):	모,	음		
전설모음(前舌母音):	전,	설,	모,	음
후설모음(後舌母音):	후,	설,	모,	음

ㅣ, ㅔ, ㅐ, ㅡ, ㅓ, ㅏ는 평평한 입술 모양에서 나오기 때문에 '평평할 평(平)' '입술 순(脣)'의 평순모음(平脣母音)이고, ㅜ, ㅗ, ㅟ, ㅚ는 둥근 입술 모양에서 나오기 때문에 '둥글 원(圓)' '입술 순(脣)'의 원순모음(圓脣母音)이다. ㅁ, ㄴ, ㅇ는 코로 나오는 소리이기 때문에 '코 비(鼻)'의 비음(鼻音)이고, ㄹ은 흘러나오는 소리이기에 '흐를 유(流)'의 유음(流音)이다.

어떤 소리('ㄹ'이나 'ㄴ')가 단어의 첫 음절에 오는 것을 꺼리는 현상을 두음법칙(頭音法則)이라 하는데 두음법칙(頭音法則)보다 두음회피법칙(頭音回避法則)이라 해야 옳다. '머리 두(頭)' '소리 음(音)' '돌 회(回)' '피할 피(避)'로 단어의 머리(처음)에 특정음(ㄹ, ㄴ)이 오는 것을 꺼리는 법칙이기 때문이다. '력사(歷史)'라 하지 않고 '역사', '량심(良心)'이라 하지 않고 '양심', '년세(年歲)'라 하지 않고 '연세', '녀자(女子)'라 하지 않고 '여자'라 하는 것이 그 예이다.

음절 끝소리 규칙이 있다. '음절 끝소리 제한의 규칙'을 줄여서 붙인 이름인데 끝소리 발음은 자음 19개 모두가 발음되는 것이 아니라 ㄱ, ㄴ, ㄷ, ㄹ, ㅁ, ㅂ, ㅇ의 7개 자음만이 제한적으로 발음된다는 규칙이다. 끝소리 즉, 받침에서 ㄱ, ㄲ, ㅋ은 'ㄱ'으로, ㄷ, ㄸ, ㅅ, ㅆ, ㅈ, ㅉ, ㅊ, ㅌ, ㅎ은 'ㄷ'으로, ㅂ, ㅃ, ㅍ, 은 'ㅂ'으로 발음되는 것이 '음절 끝소리 규칙'인 것이다.

평순모음(平脣母音):	____ 평,	____ 순,	____ 모,	____ 음
원순모음(圓脣母音):	____ 원,	____ 순,	____ 모,	____ 음
비음(鼻音): ____ 비,	____ 음			
유음(流音): ____ 유,	____ 음			
두음법칙(頭音法則):	____ 두,	____ 음,	____ 법,	____ 칙

확인학습

'낟' '낫' '낮' '낯' '낱'이 모두 '낟'으로 발음되는 것, '몫'이 '목'으로, '삶'이 '삼'으로, '값'이 '갑'으로 발음되는 것, '밖'이 '박'으로, '부엌'이 '부억'으로 발음되는 것 모두 음절 끝소리 규칙이다.

자음과 자음이 만나게 되었을 때에 두 자음이 같거나 같은 계열의 자음으로 발음되는 현상을 '같게 된다.'는 의미로 '같을 동(同)' '될 화(化)'를 써서 자음동화(子音同化)라 한다. 달랐던 자음이 같은 자음, 또는 같은 계통의 자음으로 변화된다는 의미이다.

자음동화는 순행동화 역행동화 상호동화, 완전동화 불완전동화로 나뉜다. '순할 순(順)' '갈 행(行)'의 순행동화(順行同化)는 순하게(순조롭게) 가서 같은(또는 같은 계열) 자음으로 변화된다는 의미다. '칼날'의 '날'이 '칼'의 받침 'ㄹ'의 영향을 받아 '랄'로 변해 '칼랄'로 발음되는 것처럼 앞 자음의 영향을 받아서 뒤에 오는 자음이 앞에 있는 자음과 같은 (계열의) 자음으로 발음되는 것을 일컫는다.

'거스를 역(逆)' '갈 행(行)'의 역행동화(逆行同化)는 거슬러(뒤로) 가서 같은 (계열의) 자음으로 변화된다는 의미이다. '학문'의 '학'이 '문'의 'ㅁ' 영향을 받아 같은 비음(鼻音)인 'ㅇ'으로 발음되어 '항문'으로 발음되는 것처럼 뒤에 있는 자음의 영향으로 앞에 있는 자음이 변하는 것을 일

자음동화(子音同化):	_____자,	_____음,	_____동,	_____화
순행동화(順行同化):	_____순,	_____행,	_____동,	_____화
역행동화(逆行同化):	_____역,	_____행,	_____동,	_____화

컫는다.

'서로 상(相)' '서로 호(互)'의 상호동화(相互同化)는 서로의 영향으로 함께 같은 것으로 변한다는 의미다. '십리'가 '심니'로 발음되는 것이 그 예인데 '십'의 'ㅂ'과 '리'의 'ㄹ'이 서로 영향을 주고받아 둘 다 변화됨을 일컫는다. 물론 변화의 결과는 같은 음운, 또는 같은 계열의 음운이어야 한다.

완전동화(完全同化)는 '신라'가 '실라'로 발음될 때 'ㄹ' 'ㄹ'로 발음되는 것처럼 완전히 같게 된다는 의미이고, 불완전동화(不完全同化)는 '백로'가 '뱅노'로 발음될 때의 'ㅇ'과 'ㄴ'처럼 완전하게가 아니라 불완전하게, 같은 비음 계열로 변화되었다는 의미이다.(자음을 분류할 때 ㅁ,ㄴ, ㅇ을 콧소리, 즉 비음(鼻音)이라 한다)

'진리'가 '질리'로 발음되는 것은 뒤 음절 '리'의 'ㄹ' 영향으로 앞 음절 '진'의 'ㄴ'이 'ㄹ'로 변한 것이니까 역행동화(逆行同化)이고, 동시에 'ㄹ' 'ㄹ'로 똑같게 되었기에 완전동화(完全同化)이다.

'종로'가 '종노'로 발음되는 것은 앞음절 '종'의 'ㅇ' 영향으로 뒷음절 '로'의 'ㄹ'이 'ㄴ'으로 변한 것이니까 순행동화(順行同化)이고, 동시에 똑

상호동화(相互同化): _____ 상, _____ 호, _____ 동, _____ 화
완전동화(完全同化): _____ 완, _____ 전, _____ 동, _____ 화
불완전동화(不完全同化): _____ 불, _____ 완, _____ 전, _____ 동, _____ 화

같이는 아니고 비슷하게 변하였기에 불완전동화이다.

구개음화(口蓋音化)는 구개음(口蓋音) 아닌 것이 구개음(口蓋音)으로 변하는 것을 일컫는다. 구개음(口蓋音)은 '입 구(口)' '덮을 개(蓋)'로 입덮개(천장)에서 나오는 소리라는 의미인데 'ㅈ' 'ㅊ'이 그것이다. 그러니까, 구개음 아닌 'ㄷ' 'ㅌ'이 'ㅣ' 모음의 영향을 받아 구개음인 'ㅈ' 'ㅊ'으로 발음되는 현상이 구개음화(口蓋音化)인 것이다.

'화(化)'는 '되다' '변하다'는 의미로 쓰이기 때문에 'A화(化)'는 A가 아닌 것이 A가 되었다는 의미로 이해해야 옳다. 같지 않았던 것이 같게 되는 것이 '같을 동(同)' '될 화(化)'의 동화(同化)이고, 구개음 아닌 것이 구개음 되는 것은 구개음화(口蓋音化)이며, 자유가 없었는데 자유가 주어지면 자유화(自由化), 여성 아니었는데 여성처럼 되면 여성화(女性化)인 것이다.

축약(縮約)은 '오그라들 축(縮)' '간략할 약(約)'이다. 오그라들게 만들고 간략하게 만든다는 의미이다. 두 개의 음운을 오그라들게 하거나 간략하게 해서 하나의 음운으로 만드는 일이 축약(縮約)인 것이다. 'ㅂ, ㄷ, ㄱ, ㅈ'과 'ㅎ'이 만나면 이 두 자음은 하나로 줄어들어 각각 'ㅍ, ㅌ, ㅋ, ㅊ'이 되는데 이를 자음축약(子音縮約)이라 하고, 'ㅏ + ㅣ'가 'ㅐ'가 되고,

---

구개음화(口蓋音化): _____구, _____개, _____음, _____화
동화(同化): _____동, _____화
자유화(自由化): _____자, _____유, _____화
축약(縮約): _____축, _____약

'ㅗ + ㅣ'가 'ㅚ'가 되는 것처럼 두 개의 모음이 하나의 모음으로 되는 것을 모음축약(母音縮約)이라 한다.

　한 번에 소리 낼 수 있는 소리의 마디, 그러니까 '초성+중성' '중성+종성' '초성+중성+종성'으로 된 낱글자를 음절(音節)이라 하고, 끊어 읽는 대로 나누어진 도막도막의 마디 즉, 띄어쓰기의 단위를 어절(語節)이라 한다. 의미적으로 홀로 설 수 있는 말 문법상 의미와 기능을 가진 언어의 최소 단위를 낱말이라 하고, 뜻을 가진 가장 작은 말의 단위를 형태소(形態素)라 한다.

　음절(音節)은 '소리 음(音)' '마디 절(節)'로 소리가 나는 마디이고, 어절(語節)은 '말씀 어(語)' '마디 절(節)'로 말이 되는 마디, 한 번에 읽혀지는 말의 마디, 띄어쓰기의 단위이다. 낱개의 말, 낱개(1개)의 의미를 가진 말이기에 낱말이고, 형태를 이루는 바탕이 되는 말이기에 '바탕 소(素)'의 형태소(形態素)이다.

　하나의 어근(語根)으로만 이루어진 말은 단일어(單一語)이고, 어근(語根)에 또 하나의 어근이 더해진 말은 합성어(合成語)이며, 어근에 접두사(接頭辭)나 접미사(接尾辭)가 더해진 말은 파생어(派生語)이다.

음절(音節): _____음, _____절
어절(語節): _____어, _____절
형태소(形態素): _____형, _____태, _____소
음절(音節): _____음, _____절
어근(語根): _____음, _____절

낱말에서 실질적인 뜻을 나타내는 중요한 부분을 어근(語根)이라 하는데 '말씀 어(語)' '뿌리 근(根)'으로 말의 뿌리, 말의 핵심, 말에서 가장 중요한 뜻을 지닌 부분이라는 의미이다.

'합할 합(合)' '이룰 성(成)'의 합성어(合成語)를 어근(語根)에 또 하나의 어근(語根)이 더해진 말이라 하였는데 합해져서 이루어진 말이라는 의미이고, 두 개 이상의 말이 더해져 새로운 의미를 지니게 된 낱말을 가리킨다.

'갈래 파(派)' '생길 생(生)'의 파생어(派生語)는 하나의 본체에서 갈라져 나와 생긴 말이라는 의미로 하나의 말에 접두사나 접미사가 붙어서 원래의 말과 약간만 다른 새로운 의미를 나타내는 낱말을 가리킨다.

'붙을 접(接)' '말 사(辭)'의 접사(接辭)는 어근(語根)에 붙어 그 뜻을 제한하는 말이다. '붙을 접(接)' '머리 두(頭)' '말 사(辭)'의 접두사(接頭辭)는 말의 머리(앞)에 붙은 접사(接辭)이고, '붙을 접(接)' '꼬리 미(尾)' '말 사(辭)'의 접미사(接尾辭)는 말의 꼬리(뒤)에 붙은 접사(接辭)이다.

'같을 동(同)' '소리 음(音)' '다를 이(異)' '뜻 의(意)'의 동음이의어(同音異意語)는 소리는 같지만 뜻은 다른 낱말을 가리키고, '많을 다(多)' '뜻 의(意)'의 다의어(多意語)는 하나의 말에 많은 의미가 결합되어 있는

합성어(合成語): ____ 합, ____ 성, ____ 어				
파생어(派生語): ____ 파, ____ 생, ____ 어				
접두사(接頭辭): ____ 접, ____ 두, ____ 사				
접미사(接尾辭): ____ 접, ____ 미, ____ 사				
동음이의어(同音異意語): ____ 동, ____ 음, ____ 이, ____ 의, ____ 어				

낱말을 가리킨다.

'습관 관(慣)' '사용할 용(用)'의 관용어(慣用語)는 습관적으로 사용하는 말이라는 의미이다. 둘 이상의 단어가 결합하여 각 단어의 의미와는 다른 특정한 뜻을 나타내는 언어 형태를 관용어라 하는 것이다. 관용어(慣用語)를 '익을 숙(熟)'을 써서 숙어(熟語)라고도 하는데 '익은 말' '익숙하게 사용하는 말'이라는 의미이다.

세상 사람들의 오랜 생활 체험에서 얻어진 생각이나 교훈을 간결하게 나타낸 문장이나 글귀를 속담(俗談)이라 한다. 즉 '인간세상 속(俗)' '말씀 담(談)'으로 인간 세상에 떠돌아다니는 말이라는 의미다. 또, 사리에 꼭 맞아 인생의 교훈이 될 만한 짧은 말을 격언(格言)이라 하는데 '이를 격(格)' '말씀 언(言)'으로 '진리에 이른 말'이라 해석할 수도 있고 '바로잡을 격(格)'으로 보아 '우리의 삶을 바로잡아주는 말'이라 해석할 수도 있다.

확인
학습

다의어(多意語): _____다, _____의, _____어
관용어(慣用語): _____관, _____용, _____어
숙어(熟語): _____숙, _____어
속담(俗談): _____속, _____담
격언(格言): _____격, _____언

◇ 품사(品詞), 수사법(修辭法)

'등급 품(品)' '말 사(詞)'의 품사(品詞)는 같은 등급끼리 묶어놓은 말이라는 의미로 공통된 성질을 지닌 단어들을 모아 분류한 갈래를 일컫는다.

'이름 명(名)'의 명사(名詞)는 사람이나 사물의 이름을 나타내고 '대신 대(代)'의 대명사(代名詞)는 명사를 대신하여 나타내며 '숫자 수(數)'의 수사(數詞)는 사물의 수량이나 순서를 가리킨다. 명사(名詞) 대명사(代名詞) 수사(數詞)를 묶어 체언(體言)이라 하는데 '몸 체(體)' 문장의 몸통이 된다는 의미이다.

움직임을 나타내는 말은 '움직일 동(動)'의 동사(動詞)이고, 사람이나 사물의 모양, 얼굴, 성질, 상태 등을 나타내는 말은 '모양 형(形)' '얼굴 용

품사(品詞): _____품, _____사
명사(名詞): _____명, _____사
대명사(代名詞): _____대, _____명, _____사
수사(數詞): _____수, _____사
체언(體言): _____체, _____언

확인
학습

(容)'의 형용사(形容詞)이다.

동사(動詞)와 형용사(形容詞)는 문장에서 중요하게 사용되는 말인데 주체의 사용됨에 관한 말이기 때문에 '사용할 용(用)'을 써서 용언(用言)이라 한다.

용언(用言)인 동사(動詞)나 형용사(形容詞)는 어간(語幹)과 어미(語尾)로 결합되어 이루어져 있는데 말의 줄기이며 핵심은 '말씀 어(語)' '줄기 간(幹)'의 어간(語幹)이고, 말의 꼬리, 끝부분은 '말씀 어(語)' '꼬리 미(尾)'의 어미(語尾)이다. 어미(語尾)는 다시 어말어미와 선어말어미로 나눈다. 말의 끝에 오기 때문에 '끝 말(末)'의 어말어미(語末語尾)이고, 어말어미 앞에 오기 때문에 '앞 선(先)'의 선어말어미(先語末語尾)이다.

어말어미는 종결어미, 연결어미, 전성어미로 나뉜다. '마칠 종(終)' '맺을 결(結)'의 종결어미(終結語尾)는 문장을 마무리하는 어미이고, '이을 연(連)' '맺을 결(結)'의 연결어미(連結語尾)는 다음 문장과 이어주는 어미이며, '구를 전(轉)' '만들 성(成)'의 전성어미(轉成語尾)는 (용언의 서술) 기능을 굴려 다른 기능으로 만들어주는 어미이다.

선어말어미는 시제, 높임, 공손의 선어말어미(先語末語尾)로 나뉘는데 '는'은 현재 시제, '었'은 과거 시제, '겠'은 미래 시제 선어말어미이다.

확인 학습

형용사(形容詞): _____형, _____용, _____사
용언(用言): _____용, _____언
어간(語幹): _____어, _____간
어미(語尾): _____어, _____미
어말어미(語末語尾): _____어, _____말, _____어, _____미

'시'는 주체 높임 선어말어미, '습니'는 상대 높임 선어말어미, '옵'은 공손 선어말어미이다. '주체 높임'은 행동의 주체를 높인다는 의미이고, '상대 높임'은 말 듣는 상대방을 높인다는 의미이며, '섬길 공(恭)' '겸손할 손(遜)'의 공손(恭遜)은 섬기고 겸손하다는 의미이다.

'어머님께서 말씀하셨습니다.'라는 문장의 '말씀하셨습니다.'에서 '말씀하'는 가장 핵심이 되기에 어간(語幹)이고, '셨'은 '시었'의 축약인데 '시'는 말하는 주체인 어머니를 높이기 때문에 주체높임선어말어미이고, '습니'는 말 듣는 사람을 높이기 때문에 상대높임선어말어미이며, '다'는 어말어미 중에서도 문장을 마무리하기에 종결어미이다.

동사와 형용사는 형태가 변하는 가변어(可變語)로서 어미가 변화(활용)하여 다양한 성분으로 쓰인다는 공통점도 있지만, 동사는 명령형, 청유형, 현재형 어미와 결합이 가능하나 형용사는 명령형, 청유형, 현재형 어미와 결합이 불가능하다는 차이점도 있다.

체언 앞에 쓰여 그 체언이 어떠한 것이라고 꾸며 주는 말을 '머리 관(冠)' '모양 형(形)'을 써서 관형사(冠形詞)라 한다. 즉 머리(앞)에서 체언의 모양을 좀 더 구체적으로 나타낸다는 의미이다. '동생은 헌 책은 싫어하고 새 책은 좋아한다.'에서 '새'와 '헌'이 관형사이다.

동사나 형용사, 다른 부사 앞에서 그 뜻을 한정하는 말을 '도울 부(副)'를 써서 부사(副詞)라 한다. 이는 용언의 의미를 도와주는 말이라는 의미이다. '합격 소식을 듣고 매우 기분이 좋았다.'에서의 '매우'가 부사이다. 관형사(冠形詞)와 부사(副詞)는 각각 체언과 용언을 수식해주기 때문에 수식언(修飾言)이라 한다.

체언 뒤에 붙어서 다른 말과의 문법적인 관계를 나타내거나 뜻을 더해주는 말을 '도울 조(助)'를 써서 조사(助詞)라 한다. 이는 특별한 뜻 없이 문장에서의 의미 표현을 도와준다는 의미이다. 단어와 단어를 관계 맺어주는 역할을 하기에 관계언(關係言)이라 한다.

조사(助辭)는 격조사, 보조사, 접속조사로 나뉜다. 앞에 오는 체언이 문장 안에서 일정한 자격을 갖게 하는 조사는 자리 잡아주는 역할을 하기 때문에 '자리 격(格)'을 써서 격조사(格助詞)라 하고, 앞에 특별한 의미를 더해 문장의 의미를 도와주는 조사는 의미가 분명하게 드러나도록 도와주는 역할을 하기 때문에 '도울 보(補)'를 써서 보조사(補助詞)라 하며, 두 단어를 같은 자격으로 이어주는 조사는 이어주는 역할을 하기 때문에 '이을 접(接)' '이을 속(續)'을 써서 접속조사(接續助詞)라 한다. 놀람이나 느낌, 부름이나 대답 등을 나타내는 단어를 '느낄 감(感)' '감탄할 탄(歎)'을 써서 감탄사(感歎詞)라 하는데 독립하여 쓰이면서 다른 말에

| 부사(副詞): _____부, _____사 |
| 수식언(修飾言): _____수, _____식, _____언 |
| 조사(助詞): _____조, _____사 |
| 관계언(關係言): _____관, _____계, _____언 |
| 격조사(格助詞): _____격, _____조, _____사 |

영향을 주지도 받지도 않기에 독립언(獨立言)이라 한다.

주체가 스스로 움직이는 동작은 '주인 주(主)' '움직일 동(動)'을 써서 주인이 되어 스스로 알아서 움직인다는 의미로 주동(主動)이라 하고, 주체가 스스로 행하지 않고 남에게 그 행동이나 동작을 하게 만드는 일은 '시킬 사(使)' '움직일 동(動)'을 써서 시켜서 움직이게 한다는 의미로 사동(使動)이라 한다.

'능히 할 능(能)' '움직일 동(動)'의 능동(能動)은 능히 스스로 움직이거나 작용한다는 의미이고, '당할 피(被)' '움직일 동(動)'의 피동(被動)은 남의 힘에 의해 움직임을 당한다는 의미이다.

중의적(重意的) 표현은 '겹칠 중(重)' '뜻 의(義)'로 뜻을 겹쳐놓은 표현이라는 의미이다. 하나의 문장이 여러 가지 의미로 해석될 수 있는 표현을 중의적(重意的) 표현이라 하는 것이다.

'바깥 외(外)' '나라 국(國)'의 외국어(外國語)는 바깥 나라의 말이고, '외국 외(外)' '올 래(來)'의 외래어(外來語)는 외국에서 들여온 말이다. 즉, 외국어(外國語)는 우리나라 밖의 말, 외국인들이 사용하는 말이고, 외래어(外來語)는 밖에서 들여온 말, 밖에서 들여와 우리말처럼 사용하

주동(主動): _____주, _____동
사동(使動): _____사, _____동
능동(能動): _____능, _____동
피동(被動): _____피, _____동
중의적(重意的): _____중, _____의, _____적

확인학습

고 있는 말, 이미 우리말이 되어버린 외국어를 일컫는다. 스쿨(school), 카(car), 러브(love)처럼 우리말로 대체 가능한 말이 있는 단어는 외국어이고, 텔레비전, 컴퓨터, 마이크, 인터넷처럼 우리말로 대체 가능한 말이 딱히 없는 단어는 외래어로 취급한다.

특정 집단, 사회, 계층에서 다른 사람들이 알지 못하도록 만들어서 사용하는 말은 숨어서 비밀스럽게 사용하는 말이라는 의미로 '숨을 은(隱)'을 써서 은어(隱語)라 하고, 격(格)이 낮고 속된 말은 '낮을 비(卑)' '속될 속(俗)'을 써서 비속어(卑俗語)라 한다.

어느 한 시기에 널리 쓰이다가 사라지는 말을 유행어(流行語)라 하는데 '흐를 유(流)' '갈 행(行)' '말씀 어(語)'로 흘러서 지나가는 말이라는 의미다. 컴퓨터 통신이나 스마트폰에서 사용하는 말을 통신어(通信語)라 하는데 '통할 통(通)' '신호 신(信)' '말씀 어(語)'로 공간적으로 멀리 있는 사람과 소통할 때 쓰는 신호의 말이라는 의미다.

말이나 글을 아름답고 정연하게 꾸미고 다듬는 일을 말을 꾸민다, 말을 닦는다는 의미로 '꾸밀(닦을) 수(修)' '말 사(辭)'를 써서 수사(修辭)라 하고, 수사(修辭) 방법이나 기교를 '방법 법(法)'을 써서 수사법(修辭法)이라 한다. 뜻을 보다 효과적으로 전달하기 위한 문장 표현 기교(技巧)인

은어(隱語):	_____은,	_____어	
비속어(卑俗語):	_____비,	_____속,	_____어
유행어(流行語):	_____융,	_____행,	_____어
통신어(通信語):	_____통,	_____신,	_____어
수사법(修辭法):	_____수,	_____사,	_____법

것이다. 수사법에는 크게 비유법, 변화법, 강조법이 있다.

'비유할 비(譬)' '비유할 유(喩)'의 비유법(譬喩法)은 비유를 통하여 전달하는 방법이다. 표현하려는 대상을 다른 대상에 빗대어 나타내는 표현 방법인데 이해를 빨리 하게 하고 표현에 멋을 내기 위하여 다른 사물이나 현상을 끌어다가 그 성격 형태 의미 등을 쉽고 분명하고 재미있게 나타내는 표현 기법이다. 직유, 은유, 풍유, 대유, 활유, 의인, 중의, 의성, 의태 등이 비유법이다.

'직접 직(直)' '비유할 유(喩)'의 직유(直喩)는 A사물을 나타내기 위해 B사물의 비슷한 성질을 직접 끌어다 견주는 방법으로 '마치', '~듯이', '~처럼' 등의 말을 활용한다. '호박 같은 내 얼굴'은 자기의 못생긴 얼굴을 못생긴 호박에 빗대어 표현한 직유법이다.

'숨을 은(隱)' '비유할 유(喩)'의 은유(隱喩)는 'A는 B이다' 식으로 비유 아닌 것처럼 숨어서 비유한다는 의미이다. '내 동생은 돼지다'는 동생의 못생김, 뚱뚱함, 잘 먹음. 멍청함을 돼지에 빗대어 말한 은유법이다.

'빗대어 말할 풍(諷)' '비유할 유(喩)'의 풍유(諷諭)는 다른 일에 빗대어 말한다는 의미로 어떤 개념이나 사실을 직접 표현하지 않고 다른 대

비유법(譬喩法): _____비, _____유, _____법
직유(直喩): _____직, _____유
은유(隱喩): _____은, _____유
풍유(諷諭): _____풍, _____유

상에 빗대어 풍자적이고 암시적으로 표현하는 방법이다. 독립된 문장이나 이야기 형태를 취하는 기법으로 우화, 교훈담, 속담, 격언 등을 많이 사용한다.

'대신할 대(代)' '비유할 유(喩)'의 대유법(代喩法)은 사물의 한 부분이나 어느 한 특징을 보임으로써 전체를 대신하는 기법인데 일부로써 전체를 표현하는 방법은 일부로써 전체를 끌어온다는 '끌 제(提)'의 제유법(提喩法)이고, 특징으로 전체를 표현하는 방법은 전체를 특징으로 바꾸어 표현한다는 '바꿀 환(換)'의 환유법(換喩法)이다. '인간은 빵만으로 살 수 없다'에서의 빵은 빵만이 아니라 먹는 것 전체를 가리키기에 제유법(提喩法)이고, '펜은 칼보다 강하다'에서의 펜과 칼은 각각 글쓰기와 싸움의 특징을 표현한 것이기에 환유법(換喩法)인 것이다.

'산들이 달려간다.'처럼 무생물을 살아있는 물체로 비유하여 표현하는 방법은 '살 활(活)' '비유할 유(喩)'의 활유법(活喩法)이고, '바람이 미소 지으며 노래한다.'처럼 사람이 아닌데 사람이 한 것처럼 나타내는 방법은 '흉내 낼 의(擬)' '사람 인(人)'의 의인법(擬人法)이며, '명월(明月)이 만공산하니'처럼 하나의 말로 둘 이상의 뜻을 나타내게 하는 기법은 '겹칠 중(重)' '뜻 의(義)'의 중의법(重義法)이다. 명월은 '밝은 달'과 '화자' 모두를 가리킨다.

67

국어(國語)

대유법(代喩法):	대,	유,	법
제유법(提喩法):	제,	유,	법
환유법(換喩法):	환,	유,	법
활유법(活喩法):	활,	유,	법
의인법(擬人法):	의,	인,	법

말이나 글의 표현을 보다 생생하고 진실하게 표현하기 위하여 글이나 말에 힘을 주어 강하게 조절하여 나타내는 방법을 '굳셀 강(强)' '조절할 조(調)'를 써서 강조법(强調法)이라 한다. 과장법, 영탄법, 반복법, 점층법, 대조법, 미화법, 열거법, 억양법, 연쇄법 등이 그것이다.

'자랑할 과(誇)' '넓힐 장(張)'의 과장법(誇張法)은 부풀려 자랑하고 실제보다 넓혀서(크게 하여) 표현한다는 의미로 사물을 실제보다 부풀려서 훨씬 크거나 작게 표현하는 방법이다. 희로애락애오욕(喜怒哀樂愛惡欲)의 감정을 억누르지 않고 자연스럽게 밖으로 드러나도록 하는 표현기법은 '읊을 영(詠)' '탄식할 탄(嘆)'의 영탄법(詠嘆法)인데 감정을 숨기지 않고 읊으면서 탄식한다는 의미이다. '삼백예순날 하냥 섭섭해 우옵내다'는 과장법이고 '님은 갔습니다. 아아, 사랑하는 나의 님은 갔습니다.'는 영탄법이다.

같거나 비슷한 낱말, 구, 절, 문장 등을 반복하여 강조하는 기법은 '되풀이할 반(反)' '겹칠 복(復)'의 반복법(反復法)인데 되풀이하고 겹쳐서 표현한다는 의미이다. 점점 힘 있는 말이나 중요성이 큰 말을 써서 글의 힘을 강하게, 높게, 크게, 깊게 고조시키는 기법은 '점점 점(漸)' '층 층(層)'의 점층법(漸層法)인데 한 층 한 층 점점 올라가는 기법이라는 의미이다. '살어리 살어리랏다, 청산에 살어리랏다'는 반복법이고 '신록은 면

강조법(强調法): _____ 강, _____ 조, _____ 법
과장법(誇張法): _____ 과, _____ 장, _____ 법
영탄법(詠嘆法): _____ 영, _____ 탄, _____ 법
반복법(反復法): _____ 반, _____ 복, _____ 법
점층법(漸層法): _____ 점, _____ 층, _____ 법

저 나의 눈을 씻고 머리를 씻고 가슴을 씻는다'는 점층법이다.

상대되는 어구, 사물, 현상을 맞세워 그 형식이나 내용의 다름을 두드러지게 드러내 보이는 기법은 '대비할 대(對)' '비출 조(照)'의 대조법(對照法)인데 둘 이상을 서로 대비시켜 비추어 차이를 나타내는 방법이다. 보통의 것 또는 좋지 못한 것을 아름다운 말로 표현하는 기법을 '아름다울 미(美)' '될 화(化)'를 써서 미화법(美化法)이라 하는데 아름답게 되도록 표현하는 방법이라는 의미이다. '보름달은 여왕 같지만 그믐달은 쫓겨난 공주와 같다'는 대조법이고, 변소(便所)를 '화장실'로, 간호사를 '백의의 천사'로 표현함은 미화법이다.

'별 하나에 추억과, 사랑과, 쓸쓸함과 동경과, 시와'처럼 비슷한 내용의 어구를 여러 개 늘어놓아 전체적인 내용을 강조하는 수사법을 열거법(列擧法)이라 한다. '늘어놓을 열(列)' '낱낱이 들 거(擧)'로 늘어놓고 낱낱이 들어가면서 보여주는 방법이라는 의미이다. '얼굴은 못생겼지만 마음은 예쁘다'처럼 치켜 올렸다가 다음에 낮추거나, 낮추었다가 나중에 치켜 올리는 기법은 눌렀다 올렸다 하는 방법이라는 의미로 '누를 억(抑)' '올릴 양(揚)'을 써서 억양법(抑揚法)이라 한다.

'원숭이 엉덩이는 빨개, 빨가면 사과, 사과는 맛있어, 맛있는 건 바나

대조법(對照法):	_____ 대,	_____ 조,	_____ 법
미화법(美化法):	_____ 미,	_____ 화,	_____ 법
열거법(列擧法):	_____ 열,	_____ 거,	_____ 법
억양법(抑揚法):	_____ 억,	_____ 양,	_____ 법

나'처럼 앞 구절의 끝말을 다시 뒤 구절의 머리에 놓아 그 뜻을 연상 깊게 만드는 기법을 '이을 연(連)' '쇠사슬 쇄(鎖)'를 써서 연쇄법(連鎖法)이라 하는데 앞말과 뒷말을 잇고 쇠사슬로 엮어놓았다는 의미이다. 문장이 단조롭거나 지루한 경우에 말에 변화를 주어서 새로운 관심을 불러일으키기도 하는데, 이를 변화를 주는 방법이라는 의미로 변화법(變化法)이라 한다. 설의, 인용, 도치, 대구, 반어, 문답법이 변화법(變化法)이다.

'세울 설(設)' '의심할 의(疑)'의 설의법(設疑法)은 의심을 세워서 말하는 방법이라는 의미로 분명하게 알고 있으면서도 모르는 척 물어보는 방법이다. '정말로 우리는 이대로 주저앉아야 하는가?'가 그 예이다. '끌 인(引)' '사용할 용(用)'의 인용법(引用法)은 남의 말이나 글을 끌어다가 사용하는 방법이라는 의미로 자기의 이야기 안에 남의 말이나 글을 따와서 사용하는 방법이다. 문장에 무게를 주고 내용을 풍부하게 하거나 변화를 주는 기법이다.

'뒤집을 도(倒)' '위치 치(置)'의 도치법(倒置法)은 말의 위치(순서)를 뒤집어서 표현한다는 의미로 문장 가운데 특별히 어떤 부분을 강조하거나 감정이 격화된 상태를 보이려는 경우에 사용하는 표현방법이고, '짝 대(對)' '글귀 구(句)'의 대구법(對句法)은 가락이 비슷한 글귀를 짝이 되게 배열하여 문장에 변화를 주는 표현방법이다. 대구법(對句法)은 내용

연쇄법(連鎖法): _____연, _____쇄, _____법
변화법(變化法): _____변, _____화, _____법
설의법(設疑法): _____설, _____의, _____법
인용법(引用法): _____인, _____용, _____법
도치법(倒置法): _____도, _____치, _____법

과는 관계가 없다. 비슷한 내용일 수도 반대의 내용일 수도 있다는 말이다. 내용과 관계없이 리듬이나 어순이 같으면 대구법(對句法)이다. '안 먹었다니, 너 같은 돼지가'는 도치법이고, '범은 죽어서 가죽을 남기고, 사람은 죽어서 이름을 남긴다.'는 대구법이다.

'반대 반(反)' '말씀 어(語)'의 반어법(反語法)은 반대로 말하는 방법이라는 의미로 전하고자 하는 내용과 반대되는 말을 함으로써 관심을 끄는 방법이다. 얼핏 보기에는 이치에 어긋나 모순되는 것처럼 보이지만 그 속에 진실을 담는 표현법은 역설법(逆說法)이다. '거스릴 역(逆)' '말씀 설(說)'로 거스르는 말하기 방법이라는 의미이다. "동생을 때렸다고, 정말 잘했군, 잘했어."와 예뻐하면서 "미워 죽겠다"고 표현하는 것은 반어법(反語法)이고, '이것은 소리 없는 아우성'이나 '찬란한 슬픔의 봄'은 역설법(逆說法)인 것이다.

'아희야, 무릉이 어드뇨, 나는 여기인가 하노라'를 '물을 문(問)' '대답할 답(答)'을 써서 문답법(問答法)이라 하는데 스스로 물어보고 스스로 대답하는 방법이라는 의미이다. 글쓴이가 직접 주장을 펴지 않고, 묻고 대답함으로써 글의 단조로움을 이겨내면서 변화를 주는 표현법이다.

대구법(對句法): _____대, _____구, _____법
반어법(反語法): _____반, _____어, _____법
역설법(逆說法): _____역, _____설, _____법
문답법(問答法): _____문, _____답, _____법

2부

영어(英語)

◇ 문장(文章)의 구성(構成), 구(句)와 절(節), 도치(倒置)

　　문장의 기본적 구성 요소는 주어, 서술어, 목적어, 보어이다. '주인 주(主)'의 주어(主語)는 주인이 되는 말, 즉 중심이 되는 말이고, '펼칠 서(敍)' '만들 술(述)'의 서술어(敍述語)는 주어가 하는 일을 펼쳐서 의미를 만들어 주는 말이다. '눈 목(目)' '과녁 적(的)'의 목적(目的)이 눈을 바로 뜨고 과녁을 바라본다는, 이루거나 도달하고자 하는 목표나 방향이라는 의미이기에 목적어(目的語)는 서술어가 이루거나 도달하고 싶은 목표가 되는 말이다. 타동사에 의해 동작이나 작용이 미치는 대상이 되는 말이 목적어인 것이다. "나는 밥을 먹었다."에서 '나는'은 주어, '밥을'은 목적어, '먹었다'는 서술어이고, "우리들은 그 선생님을 호랑이라고 불렀다."라는 문장에서 '우리들은'은 주어, '불렀다'는 서술어, '그 선생님을'은 목

| 주어(主語): _____주, _____어 |
| 서술어(敍述語): _____서, _____술, _____어 |
| 목적어(目的語): _____목, _____적, _____어 |

적어인 것이다. '보충할 보(補)'의 보어(補語)는 보충해 주는 말이라는 의미로 주어와 서술어 또는 목적어만으로 의사 표현이 부족할 경우에 부족한 의미를 보충해 주는 말이다. "나는 선생이 아니다."에서 '선생이'는 무엇일까? '나'가 주체이지 '선생'이 주체가 아니기에 주어가 아니다. "나는 아니다."라는 불완전한 이야기를 보충해주는 말인데, 이와 같이 불완전한 의미를 보충해주는 말을 '보충할 보(補)'를 써서 보어라 한다.

주어, 서술어, 목적어의 개념은 국어와 영어가 같지만 보어의 개념은 국어와 영어가 다르다. 앞에서 이야기한 바와 같이 영어에서는 문장에서 부족한 의미를 보충해주는 말 모두를 보어(補語)라 하지만, 국어문법에서는 '~되다' '~아니다'라는 서술어 앞에 오는 말만 보어이다. 국어문법에서는 '그는 선생님이 되었다'에서 '선생님이'와 '그는 학생이 아니다'에서 '학생이'가 보어(補語)인 것이다.

영어문법에서의 '보어'는 국어문법에서의 '보어'와 다르다고 하였다. "우리들은 그 선생님을 불렀다."라는 문장은 비문(非文)인데 '아닐 비(非)' '문장 문(文)'의 비문(非文)은 문장으로 성립되지 아니한다는 의미로, 잘못된 문장을 일컫는다. '우리들은 그 선생님을 불렀다.'라는 문장을 보고 고개를 끄덕일 수 없는 이유는 의미가 성립되지 않기 때문이고, 반드시 있어야 할 무엇인가가 빠져있기 때문이다. '불렀다'라는 동사는 주

보어(補語): _____보, _____어
비문(非文): _____비, _____문

어와 목적어만으로 만족할 수 없고 또 하나의 성분을 필요로 하는 동사다. '호랑이라고'를 '불렀다'라는 서술어 앞에 넣으면 '우리들은 그 선생님을 호랑이라고 불렀다.'가 되고, '호랑이라고'는 문장에서 부족한 그 무엇을 보충해 주는 역할을 하기에 '보충할 보(補)'를 써서 '보어(補語)'라 하는 것이다.

give, lend, offer, send, bring, show, sell 등을 수여동사(授與動詞)라 하는데 '줄 수(授)' '줄 여(與)'로 '준다'는 의미를 지니는 동사라는 의미이다.

동사가 수여동사(授與動詞)일 때 목적어를 두 개 필요로 하는데 '무엇을'과 '누구에게'가 그것이다. '무엇을'에 해당하는 것을 직접목적어라 하고, '누구에게'에 해당하는 것을 간접목적어라 한다. 그렇기 때문에 '나는 어머니에게 선물을 보냈다.'라는 문장에서 '나는'은 주어이고, '보냈다'는 서술어이며, '선물을'은 직접목적어이고 '어머니에게'는 간접목적어인 것이다.

하나의 의미를 가진, 띄어쓰기의 단위를 '홑(하나) 단(單)' '말 어(語)'를 써서 단어(單語)라 하는데 이는 '하나의 말'이라는 의미이다.

두 개 이상의 단어로 이루어져 문장에서 하나의 성분이 되는 덩어리

영어(英語)

보어(補語): _____보, _____어
수여동사(授與動詞): _____수, _____여, _____동, _____사
단어(單語): _____단, _____어

말을 '구(句)' 또는 '절(節)'이라 하는데, 주어와 서술어의 형식을 갖추지 않은 덩어리는 '구(句)'라 하고, 주어와 서술어의 형식을 갖춘 덩어리는 '절(節)'이라 한다.

명사구(名詞句) 명사절(名詞節)은 명사처럼 주어 목적어 보어로 쓰이고, 형용사구(形容詞句) 형용사절(形容詞節)은 형용사처럼 보어로 쓰이거나 명사를 수식한다. 부사구(副詞句) 부사절(副詞節)은 부사처럼 서술어를 수식하거나 또 다른 부사를 수식하고 때로는 문장 전체를 수식(修飾)하기도 한다.

'절(節)'은 '마디' '예절' '절개' '절약하다' '경사스러운 날' 등의 의미로 쓰인다. 여러 개의 마디로 이루어진 동물을 절지동물(節肢動物)이라 하고, 예의에 관한 모든 것을 예절(禮節)이라 하며, 응당 지켜야 할 신념 등을 지키는 태도를 절개(節槪)라 한다. 아껴 쓰는 것을 절약(節約)이라 하고, 빛을 회복한 날을 광복절(光復節)이라 한다.

'뒤집을 도(倒)' '위치 치(置)'의 도치(倒置)는 위치를 뒤집어놓았다는 의미이다. '주어+서술어'가 정상 순서인데 '서술어+주어'로 어순이 뒤바뀌었다는 것이다.

'뒤집을 도(倒)'라 하였는데 '넘어지다'라는 의미로도 많이 쓰인다. 생

구(句): _____구
절(節): _____절
도치(倒置): _____도, _____치

육 중인 작물이 비바람에 의해 쓰러지는 일을 '엎드릴 복(伏)'을 써 도복(倒伏)이라 하고, 재산을 모두 잃고 망하거나 사업에 실패하여 가업(家業)이 쓰러짐을 '재산 산(産)'을 써서 도산(倒産)이라 한다. 앞뒤의 차례가 뒤바뀜을 주객전도(主客顚倒)라 하는데, '주인 주(主)' '손님 객(客)' '넘어질 전(顚)' '뒤집을 도(倒)'로 주인과 손님이, 또는 중요한 것과 중요하지 않은 것이 넘어지고 뒤집어졌다는 의미이다.

'위치 치(置)'라 하였는데 '두다'는 의미로 더 많이 쓰인다. 어떠한 것을 특히 중요하게 생각함을 '중요할 중(重)'을 써서 치중(置重), 그대로 놓아서 내버려 두는 것을 '놓을 방(放)'을 써서 방치(放置), 갖추어 마련하여 두는 것을 '갖출 비(備)'를 써서 비치(備置)라 한다. 머물러 두게 하거나 사람이나 물건을 일정한 지배 아래 두는 일을 '머무를 유(留)'를 써서 유치(留置)라 하고, 무엇을 다른 것으로 바꾸어 놓거나 어떤 대상으로 향해 있던 욕구가 다른 것으로 바뀌어 나타나는 심리적 태도를 '바꿀 환(換)'을 써서 치환(置換)이라 한다. in, on, of, behind, about 처럼 그 자체로는 단독으로 뜻을 가질 수 없고 명사나 대명사 앞에 놓여 다른 명사나 대명사와의 관계를 나타내는 말을 전치사(前置詞)라 하는데 '앞 전(前)' '놓을 치(置)' '말 사(詞)'로 명사나 대명사 앞에 놓인 말이라는 의미이다. 우리말의 조사(助詞)와 같은 역할을 하는데 조사(助詞)는 명사 대명사 뒤에 붙지만 전치사는 앞에 붙는다는 차이점이 있다.

확인
학습

도산(倒産): _____도, _____산
주객전도(主客顚倒): _____주, _____객, _____전, _____도
방치(放置): _____방, _____치
비치(備置): _____비, _____치
전치사(前置詞): _____전, _____치, _____사

◇ 부정사(不定詞), 동명사(動名詞), 분사(分詞)

부정사(不定詞), 동명사(動名詞), 분사(分詞)를 통틀어 준동사(準動詞)라 하는데, '버금 준(準)'으로 동사에 버금가는, 동사와 엇비슷한 말이라는 의미이다.

to부정사(不定詞)란 'to가 들어있는 부정사'라는 의미이고, 'to+동사의 원형'의 형태를 지닌다. to 부정사(不定詞)라고 이름 붙인 것은 'to'가 들어갔기 때문이기도 하지만 'to' 없이 동사만으로 된 '원형부정사'와 구별하기 위한 이름이다. 부정사(不定詞)란 '아니 부(不)' '정할 정(定)' '품사 사(詞)'로 품사가 정하여지지 않은 말(품사)이라는 의미이고, 원형부정사(原形不定詞)란 '근원 원(原)' '모양 형(形)'으로 동사의 원형으로 이

준동사(準動詞): _____준, _____동, _____사
부정사(不定詞): _____부, _____정, _____사

루어진 부정사(不定詞)라는 의미이다.

'to부정사(不定詞)의 명사적 용법'이라는 말을 듣는다. '용법(用法)'은 '사용할 용(用)' '방법 법(法)'으로 사용하는 방법이라는 의미이기 때문에 'to부정사의 명사적 용법'이란 동사에 to가 덧붙여진 'to+동사'가 명사처럼 사용된다는 의미이다. '~하는 것'이라는 의미로 쓰이며 주어, 보어, 목적어 자리에 쓸 수 있다.

to는 원래 전치사(前置詞)인데 이 to와 동사의 원형이 묶여져서 하나의 단어처럼 사용되고 이것을 'to부정사'라 하는 것이다. 'to+동사의 원형' 묶음은 명사가 아니지만 이 묶음을 명사처럼 사용하는 경우가 있고, 이것을 'to부정사의 명사적 용법'이라 하는 것이다.

to부정사는 명사적 용법으로만 쓰이는 것이 아니다. 'to+동사의 원형'이 형용사의 역할을 하면 'to부정사의 형용사적 용법'이 되는 것이고 'to+동사의 원형'이 부사로 쓰이면 'to부정사의 부사적 용법'이 되는 것이다.

'이름 명(名)' '품사 사(詞)'의 명사(名詞)는 사물의 이름을 일컫고, '모양 형(形)' '얼굴 용(容)'의 형용사(形容詞)는 모양이나 얼굴, 성질(性質)이나 상태(狀態)를 나타내는 말이며, '꾸밀 부(副)'의 부사(副詞)는 동사

용법(用法): _____ 용, _____ 법
명사(名詞): _____ 명, _____ 사
형용사(形容詞): _____ 형, _____ 용, _____ 사
부사(副詞): _____ 부, _____ 사

나 형용사를 꾸며주는 말이다. '움직일 동(動)'의 동사(動詞)는 움직임을 나타내는 말이다.

'부정'은 동음이의어(同音異議語)가 많다. '바르지 않다'는 '아니 부(不)' '바를 정(正)'의 부정(不正), '정해지지 않았다'는 '아니 부(不)' '정할 정(定)'의 부정(不定), '정조를 지키지 않았다'는 '아니 부(不)' '정조 정(貞)'의 부정(不貞), '깨끗하지 못하다'는 '아니 부(不)' '깨끗할 정(淨)'의 부정(不淨), '정밀하지 못하다'는 '아니 부(不)' '정밀할 정(精)'의 부정(不精), '그렇지 않다' '인정하지 않는다'는 '아닐 부(否)' '인정할 정(定)'의 부정(否定)이 그것이다.

동사의 원형(原型)에 '~ing'를 붙인 형태를 동명사(動名詞)라 하는데 동사(動詞)이면서 동시에 명사(名詞)라는 의미, 동사이긴 하지만 명사처럼 사용하는 단어, 동사가 변하여(ing) 명사 역할을 하는 것이라는 의미이다. 의미는 동사이지만 명사 역할을 하는 단어가 동명사인 것이다. 그렇기 때문에 동명사(動名詞)는 동사의 성격을 가지면서 명사의 역할을 하여 문장에서 주어, 목적어, 보어로 쓰인다.

동명사(動名詞)를 만들어 사용하는 이유는 무엇일까? 동사와 동사를 함께 사용할 수 없기 때문이고 전치사 뒤에는 명사가 와야 하기 때문이며 동사를 주어 자리에 두어야만 하는 경우가 있기 때문이다.

'I stopped to eat'과 'I stopped eating'은 어떻게 다를까? 'to eat'은 to 부정사이고 'eating'은 동명사라는 사실도 중요하지만 보다 중요한 것은 어떻게 해석하는 것이 옳은 해석이냐는 것이다.

I stopped to eat은 '나는 먹기 위해 멈췄다'이고, I stopped eating은 '나는 먹는 것(일)을 멈췄다'이다. 'to eat'이 to부정사의 명사적 용법이 아닌 이유는 명사가 문장의 마지막에 올 수는 없기 때문이다. 형용사적 용법도 아닌데 보어로 쓰이지 않고 명사를 수식하지도 않기 때문이다. 부사적 용법인 이유는 동사인 'stopped'를 수식하고 있기 때문이다. 그렇기 때문에 '나는 멈췄다, 먹기 위해서'로 해석해야 옳은 것이다.

I stopped eating에서 eating은 동명사(動名詞)이다. 동명사는 동사이지만 명사 역할을 한다고 하였다. 그래서 eating은 '먹는 일(것)'인 것이고 I stopped eating을 '나는 먹는 일(것)을 멈췄다'로 해석해야 옳은 것이다.

'cannot help ~ing'는 '~하지 않을 수 없다'라는 의미인데 이렇게 두 개 이상의 단어가 모여서 각각의 단어 의미와는 관계없이 새로운 의미가 형성되어 쓰이는 것을 '버릇 관(慣)' '쓸 용(用)'을 써서 <u>관용(慣用)</u> 표현

관용(慣用): _____관, _____용
숙어(熟語): _____숙, _____어

(表現)'이라 한다. 버릇처럼 쓰는 말, 습관적으로 사용하는 말이라는 의미이다. 관용 표현을 숙어(熟語)라고 하는데, '익을 숙(熟)'으로 '익은 말' '사람들에 의해 약속된 말'이라는 의미이다. 동음이의어(同音異議語)에 '너그러울 관(寬)' '용서할 용(容)'을 쓴 관용(寬容)이 있는데 이는 너그럽게 받아들이거나 용서한다는 의미이다.

'나눌 분(分)'에 '품사 사(詞)'를 쓴 분사(分詞)는 '나누어져서(분리되어) 나온 품사(品詞)'라는 의미로 동사에서 분리되어 형용사 역할을 하는 단어를 일컫는다. 원래 동사였기 때문에 동사의 의미를 가지지만 실제로는 형용사 역할을 한다. 분사의 형태에는 현재분사와 과거분사가 있는데 '동사의 원형'에 'ing'가 더해진 형태를 현재분사(現在分詞)라 하고, '동사 원형'에 '(e)d'가 더해지거나 '불규칙 변화형으로 이루어진 것을 과거분사(過去分詞)라 한다. 현재분사는 능동(能動)과 진행(進行)의 의미를 지니고, 과거분사는 수동(受動)과 완료(完了)의 의미를 지닌다.

앞에서, 동사의 원형에 ~ing를 붙인 것을 동명사라고 한 바 있다. 형태는 같지만 동명사(動名詞)는 명사의 역할을 하고 분사(分詞)는 형용사 역할을 한다는 차이가 있다.

분사의 용법에 한정 용법과 서술 용법이 있는데 한정(限定)이란, '한

관용(寬用): _____관, _____용
분사(分詞): _____분, _____사
현재분사(現在分詞): _____현, _____재, _____분, _____사
과거분사(過去分詞): _____과, _____거, _____분, _____사

계 한(限)' '정할 정(定)'으로 한계를 정하였다는 의미이다. '엄마는 공부하고 있는 동생의 사진을 찍었다.(My mom took a picture of her younger brother studying.)'에서 '공부하고 있는(studying).'을 한정(限定)이라 하는데 동생의 모습 중에서 공부하고 있는 모습만으로 한계를 정하였다는 의미이다. 서술(敍述)이란 '차례 서(敍)' '설명할 술(述)'로 사건이나 생각 등을 차례대로 설명하거나 적는다는 의미이다. 나는 그가 다리를 건너는 것을 보았다.(I saw him crossing the bridge.)에서 건너는(crossing)이 서술어 기능을 하기 때문에 붙여진 이름인 것이다.

분사가 접속사 역할을 하여 주절을 이끄는 문장, 그러니까 종속절(從屬節)의 접속사(接續詞)와 주어(主語)를 생략하고 동사를 '동사원형+ing'로 바꾼 형태를 분사구문(分詞構文)이라 한다. '얽을 구(構)' '문장 문(文)'을 쓴 분사구문(分詞構文)은 두 개의 문장을 분사로 얽어서 하나의 문장으로 만들었다는 의미이다. 'As she was poor'와 'she couldn't buy a book' 이라는 두 개의 문장을 'Being poor, she couldn't buy a book' 이라는 하나의 문장으로 바꾼 문장을 분사구문이라 하는 것이다.

분사구문(分詞構文) 용법에 시간, 원인, 이유, 조건, 양보, 부대상황 등이 있다. 양보(讓步)는 '물러날 양(讓)' '걸음 보(步)'로 물러나 걷는다는 의미로 자기의 생각이나 의견을 굽혀 남의 의견 좇음을 일컫는다. '~라

한정(限定): _____한, _____정
서술(敍述): _____서, _____술
분사구문(分詞構文): _____분, _____사, _____구, _____문
양보(讓步): _____양, _____보

할지라도'로 해석되는 것이 일반적이다.

 '붙을 부(附)' '이을 대(帶)'의 '부대(附帶)'가 주된 일에 곁달아서 붙이고 잇는다는 의미이기에 부대상황(附帶狀況)은 어떤 일을 하면서, 그 일에 붙여서 동시에 또 다른 일을 한다는 의미이다. '~하면서 동시에'로 해석되는 문장이 '부대상황'인 것이다. '부대상황'이 일본식 표현이라는 이유로 요즘은 '동시동작' '연속동작'으로 일컫기도 한다.

부대상황(附帶狀況): _____부, _____대, _____상, _____황

◇ **동사(動詞), 형용사(形容詞), 부사(副詞)**

    '움직일 동(動)'의 동사(動詞)는 움직임을 나타내는 품사고, '모양 형(形)' '얼굴 용(容)'의 형용사(形容詞)는 모양, 성질, 상태 등을 나타내는 품사라고 설명한 바 있음에도 동사와 형용사를 구별하지 못해 헷갈리는 경우가 있는데 동사와 형용사를 쉽게 구별하는 방법이 있다. 진행, 즉 '~하고 있다'를 붙여서 의미가 성립되면 동사(動詞)이고, 의미가 성립되지 않으면 형용사(形容詞)로 구별하는 방법이 그것이다. '가고 있다' '먹고 있다'는 표현은 어색함이 없기에 동사인 것이고, '아름답고 있다' '깨끗하고 있다'는 표현은 말이 되지 않고 어색하기 때문에 형용사인 것이다.

    can, may, must 등을 조동사(助動詞)라 하는데 '도울 조(助)'로 다른

영어(英語)

동사(動詞): _____동, _____사
형용사(形容詞): _____형, _____용, _____사
조동사(助動詞): _____조, _____동, _____사

동사를 도와주는 동사라는 의미이다. 자립성이 없고 다른 동사를 도와서 완전한 서술어를 만드는, 독립된 동사로서의 뜻은 약화된 동사가 조동사 (助動詞)인 것이다. 본동사에 없는 의미를 더하기 위하여 본동사 앞에서 본동사를 돕는 동사라고 할 수 있다.

'The birds fly'와 'The birds can fly'를 비교해 보자. 'The birds fly'는 '새들이 날아간다.'인데 'The birds can fly'는 '새들이 날아갈 수 있다.'이다. '날아간다.'와 '~ 수 있다.' 모두 동사인데 '날아간다.'는 문장에서 핵심을 이루기 때문에 동사 또는 본동사라 하고, '~ 수 있다'는 핵심이 되는 단어는 아니고 '날아간다.'라는 동사를 도와주는 역할을 하기에 '도울 조(助)'를 써서 조동사(助動詞)라 하는 것이다.

'유성음'과 '무성음'은 영문법에서 매우 중요한 개념이다. '성(聲)'은 '소리'뿐 아니라 '풍류소리' '노래'라는 의미도 있지만 유성음(有聲音) 무성음(無聲音)에서는 '울림소리'로 해석하는 것이 좋다. 그렇기 때문에 유성음(有聲音)은 '울림이 있는 소리'라는 의미로, 무성음(無聲音)은 '울림이 없는 소리'라는 의미로 이해해야 옳다. '울림'은 소리를 낼 때 목청이 울린다는 의미이고, '안울림'은 소리를 낼 때 목청이 울리지 않는다는 의미인 것이다.

유성음(有聲音): _____유, _____성, _____음
무성음(無聲音): _____무, _____성, _____음

국어에서는 모음 전부와 자음 중에 ㄴ, ㄹ, ㅁ, ㅇ이 울림소리이고, ㄴ, ㄹ, ㅁ, ㅇ을 제외한 자음 모두가 안울림소리지만, 영어에서는 모음 전부와(영어에서의 모음은 a, e, i, o, u이다) 자음 중에서 b, d, g, j, l, m, n, r, v, w, y, z이 유성음(有聲音)이고, c, f, h, k, p, q, s, t 는 무성음(無聲音)이다.

'시킬 사(使)' '부릴 역(役)'의 사역(使役)이 남에게 어떤 동작을 시키고 부려서 하게 하다는 의미이기 때문에 '~하게 하다'로 해석되는 동사가 사역동사(使役動詞)이다. make, have, let 등과 같이 문장의 주어인 주체가 남으로 하여금 어떤 동작을 하도록 하는 동사가 그것이다.

'알 지(知)' '깨달을 각(覺)'의 지각(知覺)은 알아서 깨달음, 감각기관을 통하여 외부의 사물을 인식한다는 의미이다. 그렇기 때문에 fell, taste, see, sound, look 처럼 감각기관(感覺器官)을 통하여 알아낸 것이나, 보고, 듣고, 냄새 맡고, 맛보는 과정을 통하여 알게 된 것을 지각동사(知覺動詞)라 한다.

'스스로 자(自)'의 자동사(自動詞)는 스스로 동사 역할을 할 수 있는 품사라는 의미로 남의 도움 없이 스스로의 힘만으로 문장을 만들 수 있는 동사를 가리킨다. 스스로의 힘만으로 문장을 만든다는 것은 목적어 없이도 문장을 만들 수 있다는 말이다. '다른 타(他)'의 타동사(他動詞)는

89

영어(英語)

확인학습

사역동사(使役動詞): _____사, _____역, _____동, _____사
지각동사(知覺動詞): _____지, _____각, _____동, _____사
자동사(自動詞): _____자, _____동, _____사
타동사(他動詞): _____타, _____동, _____사

다른 무엇인가의 도움을 받아야만 동사의 역할을 한다는 의미로 주어 이외에 다른 것(목적어)을 필요로 하는 동사를 가리킨다.

'새가 날아간다.'는 부족함이 없는 문장이다. 목적어가 없어도 문제될 것이 없는 문장인데 '날아간다'처럼 목적어 없이도 문장이 성립되는 동사를 자동사(自動詞)라 한다. '나는 보았다'라는 문장을 보자. 부족하거나, 무엇인가 빠져있다는 느낌을 지울 수 없다. '~을(를)'이라는 목적어가 있어야 완전한 문장이 될 수 있는데 이처럼 목적어를 필요로 하는 '보았다'와 같은 동사를 타동사(他動詞)라 한다.

국어문법과 영어문법에서 형용사의 개념이 다른데 국어문법에서 형용사는 모양, 꾸밈새, 성질, 상태, 존재를 나타내면서 서술어 역할을 하지만, 영어문법에서 형용사는 명사를 수식하는 역할과 보어 역할을 한다. 명사를 수식하는 역할을 한정적 용법이라 하고, 보어 역할을 서술적 용법이라 한다.(국어문법에서 명사를 수식하는 것은 관형사(冠形詞)이다.) 명사나 대명사를 앞이나 뒤에서 수식하면서 꾸며주는 용법은 한정적 용법이고, 주어나 목적어가 어떠하다고 설명하는 용법은 서술적 용법인데, 한정(限定)이란 '한계 한(限)' '정할 정(定)'으로 의미의 한계를 정한다는, 의미를 구체화하여 가리키는 대상의 범주를 분명하게 제한한다는 뜻이다.

한정(限定): _____한, _____정
서술(敍述): _____서, _____술

'He is an honest man'에서 'honest'는 'man'이 어떠한가에 대해 한계를 정하여 구체적으로 설명하고 있기에 한정적 용법이다. 'man'은 'man'인데 모든 'man'이 아니라 'honest'한 'man'만 가리키기 때문이다. 서술(敍述)이란 '차례 서(敍)' '설명할 술(述)'로 주어의 동작, 상태, 성질 등을 차례대로 설명하는 것을 일컫는다. 서술적 용법이란 서술어가 된다는 말이다. 'You seem pleasant'(너는 즐거워 보인다)에서 'pleasant'는 형용사인데 문장에서 서술어로 쓰였기에 서술적 용법이라 부르는 것이다.

주로 용언(用言) 앞에서 그 용언의 뜻을 분명히 한정하는 말, 그러니까 동사, 형용사, 다른 부사, 또는 문장 전체를 수식하는 말이 부사(副詞)인데 '부(副)'를 '꾸미다'는 의미로 해석하여 '꾸며주는 역할을 하는 말'로 이해할 수 있어야 한다. 동사나 형용사, 또 다른 부사를 수식하면서 동사, 형용사, 또 다른 부사나 문장 전체의 의미를 더 자세하게 설명해 주는 말이 부사(副詞)인 것이다.

부사는 크게 단순부사(이런 용어는 물론 없다), 의문부사, 관계부사로 나뉜다. 단순부사는 다시 now, then, before, ago, just, later, still, soon, yet, early 등의 시간부사, here, there, upstairs, away, far, down, up, back 등의 장소부사, very, much, completely, enough 등과 같은 정도부사, well, slowly, politely, safely 등과 같은 양태부사, often, sometimes,

영어(英語)

부사(副詞): _____부, _____사

always, usually, seldom 등과 같은 빈도부사로 나뉜다.

well, slowly, politely, safely 등이 양태부사(樣態副詞)인데 양태(樣態)는 '모양 양(樣)' '태도 태(態)'로 사물이나 현상이 존재하는 모양이나 태도를 나타내는 부사를 일컫는다. always, usually, sometimes, often, never 등이 빈도부사(頻度副詞)인데 '자주 빈(頻)' '정도 도(度)'의 '빈도(頻度)'는 '자주의 정도' '어떤 일이 되풀이되어 일어나는 정도'라는 의미이다. 그렇기 때문에 어떤 행동을 얼마나 자주하는 것인가에 대해 설명하기 위해 쓰이는 부사가 빈도부사(頻度副詞)인 것이다.

'부사(副詞)'에서 '부(副)'를 '꾸밀 부'라고 하는데 일상생활에서는 '버금'이라는 의미로 더 많이 쓰인다. '버금'은 '두 번째'라는 의미다. 중심 되는 작용이 아니라 덧붙여 일어나는 작용, 가령 어떤 일에 부수적으로 일어나는 바람직하지 못한 작용인 부작용(副作用), 회장을 돕고 회장이 없을 때 그를 대리하는 직위인 부회장(副會長), 본업 말고 틈틈이 시간이 날 때 하는 일인 부업(副業), 보조적(補助的)으로 쓰는 교재(敎材)인 부교재(副敎材), 주식에 딸려 먹게 되는 음식물(飮食物)인 부식(副食), 주요 물품을 만드는 데에 더불어 생기는 물건(物件)인 부산물(副産物), 서적, 논문, 문예작품 등에서 제목 밑에 덧붙이는 두 번째 제목인 부제(副題), 상장을 준 다음 덧붙여 주는 상(賞)인 부상(副賞) 등이 그 예이다.

양태부사(樣態副詞):	_____양,	_____태,	_____부,	_____사
빈도부사(頻度副詞):	_____빈,	_____도,	_____부,	_____사
부작용(副作用):	_____부,	_____작,	_____용	
부식(副食):	_____부,	_____식		
부산물(副産物):	_____부,	_____산,	_____물	

◇ 명사(名詞), 대명사(代名詞), 관사(冠詞), 전치사(前置詞)

'이름 명(名)' '품사 사(詞)'의 명사(名詞)는 사물의 이름을 나타내는 품사인데 보통명사, 집합명사, 물질명사, 고유명사, 추상명사로 나뉜다.

'넓을 보(普)' '두루 미칠 통(通)'의 보통명사(普通名詞)는 널리 두루 미치는 보통의, 일반적인 물건을 나타내는 같거나 비슷한 종류의 사물에 두루 쓰이는 물건을 가리키고, '모을 집(集)' '합할 합(合)'의 집합명사(集合名詞)는 모여 있고 합하여져 있는 사람들이나 물건 사람 또는 사물의 집합체를 가리키며, '사물 물(物)' '바탕 질(質)'의 물질명사(物質名詞)는 일정한 형태를 갖추고 공간의 일부를 차지하면서 질량을 갖는, 나누어 셀 수 없는, 형태가 일정하지 않은 물질을 가리킨다.

명사(名詞):	_____명,	_____사		
보통명사(普通名詞):	_____보,	_____통,	_____명,	_____사
집합명사(集合名詞):	_____집,	_____합,	_____명,	_____사
물질명사(物質名詞):	_____물,	_____질,	_____명,	_____사
고유명사(固有名詞):	_____고,	_____유,	_____명,	_____사

'굳을 고(固)' '있을 유(有)'의 고유(固有)가 '굳어 있는' '변하지 않는'
이라는 의미이기에 고유명사(固有名詞)는 변하지 않는 어떤 특정한 사
람이나 사물의 이름을 나타내는 명사이다.

추상(抽象)은 '뽑을 추(抽)' '모양 상(象)'으로 '여러 모양에서 공통적
인 것을 뽑아낸 것'이라는 의미이지만, 추상명사(抽象名詞)는 이와는
조금 다르게 구체적인 형태가 없이 미루어 생각하는 개념을 나타내는
명사이다. 실제로 뚜렷한 모양이나 형태를 갖추고 있으면서 눈에 보이
는 것을 나타내는 '갖출 구(具)' '모양 체(體)'의 '구체(具體)'와 상대되는
개념이다. 사랑, 정의, 평화, 기쁨, 정의, 용기 등이 추상명사(抽象名詞)
인 것이다.

'대신할 대(代)' '명사 명(名)'의 대명사(代名詞)는 명사(名詞)를 대
신한 말이다. 대명사(代名詞)는 다시 사람을 일컫는 '사람 인(人)' '일컬
을 칭(稱)'의 인칭대명사(人稱代名詞), 사람이나 사물을 가리켜 보여주
는 '가리킬 지(指)' '보일 시(示)'의 지시대명사(指示代名詞), 가리키는 대
상이 정해지지 않는 '아니 부(不)' '정할 정(定)'의 부정대명사(不定代名
詞)로 나뉜다. I, you, he, she, we, they 등은 인칭대명사, this, that, these,
those 등은 지시대명사, one, some, any 등은 부정대명사인 것이다.

추상명사(抽象名詞): _____추, _____상, _____명, _____사
대명사(代名詞): _____대, _____명, _____사
인칭대명사(人稱代名詞): _____인, _____칭, _____대, _____명, _____사
지시대명사(指示代名詞): _____지, _____시, _____대, _____명, _____사
부정대명사(不定代名詞): _____부, _____정, _____대, _____명, _____사

재귀대명사(再歸代名詞)도 있다. '다시 재(再)' '돌아올 귀(歸)'로 앞에 나온 단어로 다시 돌아온다는 의미이다. myself, himself, herself, yourself, ourselves, yourselves 처럼 인칭대명사의 소유격이나 목적격에 self나 selves를 붙이면 '~자신'이라는 뜻의 재귀대명사가 된다.

재귀대명사의 용법에는 재귀용법, 강조용법, 관용용법이 있다. 문장의 주어와 목적어가 같을 때 목적어 자리에 재귀대명사를 쓰는 것이 재귀용법(再歸用法)이고, 주어, 목적어, 보어의 행위나 상태를 강조하기 위해 재귀대명사를 쓰는 것은 강조용법(强調用法)이다. 그러니까 주어와 동일한 사람이나 사물이 목적어가 되는 경우는 재귀용법이고, 생략해도 문장이 성립되고 뜻 전달에 지장이 없는 것은 강조용법인 것이다. 앞의 단어가 다시 돌아와 쓰인다 해서 재귀(再歸)용법이고 없어도 괜찮지만 강조하기 위해 쓴다고 해서 강조(强調)용법이다.

재귀대명사 앞에 전치사가 나오면 관용용법(慣用用法)이라 하는데 by oneself(홀로), for oneself(스스로), of itself(저절로), in itself(본래)가 그 예이다. 관용(慣用)은 '버릇, 습관 관(慣)' '사용할 용(用)'으로 사람들이 습관적, 전통적으로 숙어(熟語)처럼 사용하고 있다는 의미이다. 그러니까 그 누군가가 'by oneself'가 왜 '홀로'라는 의미인 것이고, 'for oneself'가 왜 '스스로'라는 의미인 것이냐고 묻는다면 이유를 설명할 방법이 없

재귀대명사(再歸代名詞):	_____재,	_____귀,	_____대,	_____명,	_____사
재귀용법(再歸用法):	_____재,	_____귀,	_____용,	_____법	
강조용법(强調用法):	_____강,	_____조,	_____용,	_____법	
관용용법(慣用用法):	_____관,	_____용,	_____용,	_____법	

다. 사람들이 그냥 그렇게 약속하였으니까.

　명사 앞에서 그 명사의 뜻을 한정(限定)하는 품사가 관사(冠詞)인데 '머리 관(冠)'을 쓴 이유는 머리에, 그러니까 명사의 앞에 놓이기 때문이다. 관사(冠詞)에는 정관사와 부정관사가 있는데 '정할 정(定)'의 정관사(定冠詞)는 정해진 것을 가리킬 때 쓴다. 앞에 나온 명사가 반복될 때, 또는 오직 하나인 것을 나타낼 때, 또는 서로 알고 있는 것을 나타낼 때 'the'를 쓰고 이를 정관사라 하는 것이다. '아니 부(不)' '정할 정(定)'의 '부정(不定)'은 정해지지 않았다는 의미이다. 부정관사(不定冠詞) 'a'나 'an'은 정해지지 않은 그 어떤 대표 단수를 나타낼 때 사용한다. 부정관사 a, an은 명사를 구체화하고는 있지만 특정 짓지는 않는다. 정관사(定冠詞) 'the'는 이미 알고 있는 사물을 가리키지만 부정관사(不定冠詞) 'a' 'an'은 알지 못하는, 정해지지 않은 그 어떤 무엇인가를 가리키는 것이라고 이해할 수 있어야 한다.

　관례(冠禮) 혼례(婚禮) 상례(喪禮) 제례(祭禮)의 사례(四禮)를 관혼상제(冠婚喪祭)라 하는데 '갓, 머리 관(冠)'의 관례(冠禮)는 아이가 어른이 될 때 올리던 예식으로 남자는 머리에 갓을 쓰고 여자는 머리에 쪽을 찐 예식을 가리켰다. '옷 의(衣)' '갓 관(冠)'의 '의관(衣冠)을 차리다'는 옷을 갖추어 입고 갓을 갖추어 쓴다는 의미이다. 신문기자(新聞記者)를 '무

확인
학습

관사(冠詞): _____관, _____사
정관사(定冠詞): _____정, _____관, _____사
부정관사(不定冠詞): _____부, _____정, _____관, _____사
의관(衣冠): _____의, _____관

관(無冠)의 제왕(帝王)'이라 하였는데 비록 갓을 쓰지는 않았지만(벼슬은 없지만) 왕만큼의 권력을 지녔기 때문에 붙여진 별명(別名)이다.

명사(名詞)나 대명사(代名詞) 앞에 놓여 다른 품사와의 관계를 나타내는 말을 전치사(前置詞)라 하는데 '앞 전(前)' '둘 치(置)' '말 사(詞)'로 단어의 앞에 둔(위치한) 말이라는 의미이다. 시간(時間)을 나타내는 전치사도 있고 장소(場所)를 나타내는 전치사도 있으며 수단(手段)을 나타내는 전치사도 있다.

at (특정 시간, 시각), on (요일, 날짜, 특정한 날), in (월, 계절, 연도, 세기), for (시간이나 기간을 나타내는 숫자 앞, 이유를 나타내는 말 앞), during (특정한 기간, 사건 앞), by(~까지:완료, 수단), until(~까지: 계속), since(~이래로,부터)는 시간의 전치사이다. at(좁은 장소), in(넓은 장소), on(접촉, 거리 명), over(위), under(아래)는 장소의 전치사이고, by(~으로), with(~을 가지고)는 수단의 전치사이다. because of(~ 때문에), by the way(~을 경유하여) in addition to(~에 더하여), in case of(~의 경우에는)는 두 개 이상의 단어가 모여 있기에 전치사구(前置詞句)이다.

'앞 전(前)'에서, 이미 있었던 사례(事例)나 이전부터 하여 내려오는 일 처리의 관습을 전례(前例)라 하고, 어떤 직무나 임무를 앞서 맡아보던

전치사(前置詞): _____전, _____치, _____사
전례(前例): _____전, _____례
전임자(前任者): _____전, _____임, _____자
전야제(前夜祭): _____전, _____야, _____제

사람을 전임자(前任者)라 하며, 어떤 축제일 등의 전날 밤에 행하는 축제를 전야제(前夜祭)라 한다.

　대문 앞이 저자(시장)를 이룬다는 뜻으로 세도가나 부잣집 문 앞이 방문객으로 저자를 이루다시피 함을 문전성시(門前成市)라 하고, 바람 앞의 등불이란 뜻으로 사물이 오래 견디지 못하고 매우 위급한 자리에 놓여 있음을 바람 앞에 있는 등불이라는 의미로 '바람 풍(風)' '등잔 등(燈)'을 써서 풍전등화(風前燈火)라 한다. 전에도 없었고 앞으로도 있을 수 없음을 전무후무(前無後無)라 하고, 이전에 사람이 밟지 않았다는 뜻으로 사람의 발길이 아직 거친 적이 없음 아무도 손대거나 다다라 본 적이 없음을 '아닐 미(未)' '밟을 답(踏)'을 써서 전인미답(前人未踏)이라 한다.

문전성시(門前成市): _____문, _____전, _____성, _____시
풍전등화(風前燈火): _____풍, _____전, _____등, _____화
전무후무(前無後無): _____전, _____무, _____후, _____무
전인미답(前人未踏): _____전, _____인, _____미, _____답

시제일치(時制一致), 화법(話法)
관계대명사(關係代名詞)
관계부사(關係副詞)

　"나는 어제 밥을 먹는다."가 잘못된 문장인 이유는 '어제'라는 과거형
과 '먹는다'라는 현재형이 일치하지 않기 때문이다. "철수는 배가 아팠
기 때문에 화장실에 갈 것이다."가 잘못된 문장인 이유 역시 '아팠기'라
는 과거형이 이유가 되어서 '갈 것이다'라는 미래의 결과가 나올 수 없
기 때문이다.

　우리말에서 뿐 아니라 영어(英語)에서도 주절(主節)의 시제가 현재,
현재완료, 미래일 때에는 종속절(從屬節)에 어느 시제(時制)가 와도 괜
찮지만 주절의 시제가 과거일 때에 종속절의 시제(時制)는 과거(過去)나
과거완료(過去完了)만 가능하다.

주절(主節): ＿＿＿＿주, ＿＿＿＿절
종속절(從屬節): ＿＿＿＿종, ＿＿＿＿속, ＿＿＿＿절

확인
학습

‘시간 시(時)’ ‘정할 제(制)’를 쓴 시제(時制)는 시간을 정한다는 의미로, 말하는 시간을 기준으로 사건이 일어난 시간의 앞뒤를 표시하는 문법 범주를 가리킨다. 말하는 사람이 말하는 시간을 기준으로 하여 사건이나 동작이 일어난 시간의 앞뒤를 정하는 것이 시제인 것이다. ‘하나 일(一)’ ‘이를 치(致)’의 일치(一致)는 비교 대상들이 서로 어긋나지 않고 하나로 맞게 된다는 의미이다. 그러므로 시제의 일치는 주절과 종속절로 이루어진 복문(複文)에서, 주절의 시제와 종속절의 시제를 맞도록 하는 것이다.

중심(主)이 되기 때문에 ‘중심 주(主)’의 주절(主節)이고, 주절(主節)에 따라붙어 다니기에 ‘따를 종(從)’ ‘붙을 속(屬)’의 종속절(從屬節)이다. “선물을 받았기 때문에 기분이 좋았다.”라는 문장은 ‘선물을 받았다’와 ‘기분이 좋았다’라는 두 개의 문장으로 되어 있는데, 두 문장 중에 중심이 되고 핵심이 되는 문장은 ‘기분이 좋았다’이고, ‘선물을 받았다’는 ‘기분이 좋았다’는 말의 원인을 설명해주는 말로 ‘기분이 좋았다’에 따라붙은 문장이다. 그렇기 때문에 ‘기분이 좋았다’는 중심이 되는 말 즉, 주절(主節)이고 ‘선물을 받았다’는 ‘기분이 좋았다’의 원인을 설명해 주는 종속절(從屬節)인 것이다. 주종(主從)은, 주인과 종(신하)을 아울러 이르는 말이기도 하고 주장이 되는 사물과 그에 딸린 사물을 일컫는 말이기도 하다.

시제(時制): _____시, _____제
일치(一致): _____일, _____치
주종(主從): _____주, _____종

'제(制)'는 '억제하다' '법도' '정하다'는 의미로 많이 쓰인다. '누를 억(抑)'의 억제(抑制)는 내리 눌러서 제어한다는 의미이고, '법도 도(度)'의 제도(制度)는 사회생활에 필요한 법도(법칙)라는 의미이며, '정할 정(定)'의 제정(制定)은 제도나 문물 등을 정한다는 의미이다.

'말씀 화(話)' '방법 법(法)'의 화법(話法)은 '말하기 방법'이다. 다른 사람의 말을 전달하는 표현 방법인데 다른 사람이 말한 내용을 그대로 전달하는 표현방법은 직접화법(直接話法)이고, 남이 말한 내용을 전달하는 사람의 입장에서 그 내용만을 전달하는 방법은 간접화법(間接話法)이다. '바로 직(直)' '이을 접(接)'의 직접(直接)은 바로 잇는다는 의미로 다른 사람이나 사물을 통하지 않고 바로 연결되는 관계를 일컫고, '사이 간(間)' '이을 접(接)'의 간접(間接)은 사이를 두고 잇는다는 의미로 사람이나 사물을 통하여 연락되거나 영향이 미치는 관계를 일컫는다. 인용부호를 사용하여 말한 그대로 전달하는 방법은 직접화법이고, 인용부호를 사용하지 않고 말한 내용을 전달하는 사람의 입장에서 바꾸어 변형시켜 전달하는 방법은 간접화법이다. 『어머니께서 "오늘 밤은 달이 밝구나."라고 말씀하셨다.』는 직접화법이고, 『어머니께서 그날 밤 달이 밝다고 말씀하셨다.』는 간접화법이다. He said, "I am happy."는 직접화법이고, He said that he was happy.는 간접화법인 것이다.

화법(話法): _____화, _____법
직접화법(直接話法): _____직, _____접, _____화, _____법
간접화법(間接話法): _____간, _____접, _____화, _____법

직접화법일 때 전달동사 다음에 쉼표(,)를 찍고, 피전달문 앞뒤에는 인용부호(" ")를 쓰며, 피전달문은 대문자로 시작하고 피전달문 끝에는 마침표나 물음표를 사용한다.

'관계(關係)'와 '대명사(代名詞)'가 더해진 관계대명사(關係代名詞)는 문장과 문장의 관계를 맺어주면서 대명사 역할까지 한다는 의미이다. 앞의 문장과 뒤의 문장을 이어주는 접속사 역할을 하면서 선행사(先行詞)를 대신하는 대명사 역할까지 하는 말, 그러니까 접속사와 대명사의 역할을 동시에 하는 말이 관계대명사(關係代名詞)인 것이다. '관여할 관(關)' '이을 계(係)'의 '관계(關係)'는 둘 또는 여러 대상이 서로 연결되어 얽혀 있다는 의미이면서 동시에 둘 이상의 것들을 연결시켜준다는 의미이기도 하다.

관계대명사(關係代名詞)는 관계사와 대명사 구실을 겸한 말, 앞의 문장과 관계를 맺어주면서 대명사 역할까지 하는 말, 접속사와 대명사의 역할을 동시에 하는 말이다.

'I know a man'과 'He speaks very well'이라는 두 개의 문장을 'I know a man who speaks very well'이라는 하나의 문장으로 만들 수 있는데 이때의 'who'는 'and'라는 접속사와 'He'라는 대명사의 역할을 동시에 하고

있고 이 'who'를 관계대명사라 하는 것이다.

관계대명사를 이야기할 때 빼놓을 수 없는 말이 선행사(先行詞)인데 '앞 선(先)' '갈 행(行)' '말 사(詞)'로 '앞에 가 있는 말'이라는 의미이다. 문장에서 대명사를 쓰려면 먼저 명사가 나온 다음, 그 명사를 대신해서 대명사를 쓰게 되는데 이때, 앞에 나온 명사를 '선행사(先行詞)'라 하는 것이다.

She is the person who loves me 라는 문장에서 'who'는 관계대명사, 'She'는 선행사인 것이고, My grandfather who lives in JeonJu sent me a present 라는 문장에서 'who'는 관계대명사, 'My grandfather'는 선행사 (先行詞)인 것이다.

관계대명사(關係代名詞)가 '관계(關係)'와 '대명사(代名詞)'가 더해진 말이라면 관계부사(關係副詞)는 '관계(關係)'와 '부사(副詞)'가 더해진 말이다.

관계대명사를 설명하면서 '관계(關係)'를, 둘 이상의 것들을 연결시켜 주는 의미라고 하였는데 관계부사에서의 관계(關係) 역시 둘 이상의 것들을 연결시켜준다는 의미이다. 그리고 부사(副詞)는 앞에서 설명한 바

영어(英語)

선행사(先行詞): _____선, _____행, _____사
관계부사(關係副詞): _____관, _____계, _____부, _____사

확인
학습

와 같이 서술어를 수식해주면서 시간(時間), 장소(場所), 상태(狀態), 빈도(頻度), 정도(程度) 등을 나타내는 말이다. 이때 when은 시간을, where는 장소를, why는 이유를, how는 방법을 나타낸다.

I don't know the time이라는 문장과 We met at that time 이라는 문장을 I don't know the time when we met 이라는 하나의 문장으로 만들 수 있는데 이때의 when을 관계부사라 한다. 'when'이 'and'라는 접속사 역할과 시간을 나타내는 'at that tim'이라는 부사 역할을 동시에 하고 있기 때문이다.

부가의문문(附加疑問文), 태(態)
가정법(假定法), 접속사(接續詞)
단어(單語)와 숙어(熟語)

다짐이나 동의(同意)를 구하기 위하여 평서문(平敍文) 뒤에 어떤 구절을 붙여 만든 의문문을 부가의문문(附加疑問文)이라 한다. '의심할 의(疑)' '물을 문(問)' '문장 문(文)'의 의문문(疑問文)은 의심 가는 일에 대해 물어서 그 답을 듣고자 하는 문장이고, '붙을 부(附)' '더할 가(加)'의 '부가(附加)'는 이미 있는 것에 무엇을 붙여서 더한다는 의미이므로 부가의문문(附加疑問文)은 이미 있는 평서문에 단어를 덧붙여서 만든 의문문이라는 의미이다. 예를 들면,

You are a student, aren't you?

부가의문문(附加疑問文): _____부, _____가, _____의, _____문, _____문

확인
학습

You saw it, didn't you?

You didn't go to school, did you? 등이 그 예인데 긍정문 뒤에서는 부정으로, 부정문 뒤에서는 긍정으로 묻는 형식이 일반적이다.

태(態, Voice)에는 '능동태(能動態)'가 있고 '수동태(受動態)'가 있다. '능할 능(能)' '움직일 동(動)' '모양 태(態)'의 능동태(能動態)는 능히(스스로) 움직이는 모양이라는 의미이고, '받을 수(受)' '움직일 동(動)' '모양 태(態)'의 수동태(受動態)는 움직임을 받는 모양이라는 의미이다. 스스로 움직이거나 작용하는 것이 '능할 능(能)'의 능동(能動)이고, 다른 것으로부터 움직임을 받는 것이 '받을 수(受)'의 수동(受動)이니까 주어가 스스로 움직이는 형태는 능동태(能動態)이고, 주어가 동작을 받는 형태는 수동태(受動態)인 것이다.

'받을 수(受)'라 하였다. 남의 문물(文物)이나 의견(意見) 등을 인정하거나 용납하여 받아들이는 일을 수용(受容)이라 하고, 요구를 받아들여 승낙함을 수락(受諾)이라 하며 물건이나 권리를 넘겨받음을 인수(引受)라 한다.

군말 없이 달게(기쁘게) 받아들임을 '달 감(甘)'을 써서 감수(甘受)라 하고 시험을 받아들이는 학생을 '시험 험(驗)' '학생 생(生)'을 써서 수험

능동태(能動態):	_____능,	_____동,	_____태
수동태(受動態):	_____수,	_____동,	_____태
감수(甘受):	_____감,	_____수	
수험생(驗生):	_____수,	_____험,	_____생
수신(受信):	_____수,	_____신	

생(受驗生)이라 한다. '신호 신(信)' '믿음 신(信)'의 수신(受信)은 우편 (郵便)이나 전보(電報) 등의 통신을 받는 일, 전신, 전화, 라디오, 텔레비전 방송 등의 전기적 신호를 받는 일, 금융기관이 고객으로부터 믿음(예금) 받는 일 등의 의미로 쓰인다.

무엇인가 주고받음을 '줄 수(授)'를 써서 수수(授受)라 하고 상 받음을 '상 상(賞)'을 써서 수상(受賞)이라 하며 강습이나 강의 받음을 '익힐(강의) 강(講)'을 써서 수강(受講), 남에게 모멸 받음을 '업신여길 모(侮)'를 써서 수모(受侮), 은혜(恩惠)나 혜택(惠澤) 받음을 '은혜 혜(惠)'를 써서 수혜(受惠)라 한다.

말하는 내용이 실제의 사실이 아닌 상상이나 가정이나 소원을 나타내는 방법을 가정법(假定法)이라 하는데 '임시, 거짓 가(假)' '정할 정(定)' '방법 법(法)'으로 임시, 또는 거짓으로 정해놓고 말하는 방법이라는 의미이다. '만약 ~이라면'의 형태를 지니는 것이 일반적이고 사실과 반대되는 것을 가정(假定)하거나 상상(想像)하여 표현한다.

가정법에는 가정법 과거, 가정법 과거완료, 가정법 미래가 있는데 가정법 과거는 현재 사실을 거짓으로 정해서 말하는 방법이고 (현재 사실의 반대를 가정) 가정법 과거완료는 과거 사실을 거짓으로 정해서 말하

영어(英語)

수수(授受): _____수, _____수
수상(受賞): _____수, _____상
수강(受講): _____수, _____강
수혜(受惠): _____수, _____혜
가정법(假定法): _____가, _____정, _____법

는 방법이며 (과거 사실의 반대를 가정) 가정법 미래는 미래의 불확실한 가정, 상상, 소망을 표현하는 방법이다. "(현재)돈이 있다면 빵을 사먹을 수 있을 텐데."는 가정법 과거 If I had money, I could buy bread.이고, "(과거에)돈이 있었다면 빵을 사먹었을 텐데."는 가정법 과거 완료 If I had money, I would have bought bread.이며, "(미래에)돈이 생긴다면 빵을 사먹을 것이다."는 가정법 미래 If I have money, I'll buy bread.인 것이다.

'이을 접(接)' '이을 속(屬)'의 접속(接續)은 서로 맞닿게 잇는다는 의미이므로 접속사(接續詞)는 두 성분 또는 두 문장을 이어주는 말이다. 단어와 단어, 어구와 어구, 문장과 문장을 연결해 주는 말, 그리고, 그래서, 그러나, 그러므로, ~할 때, 만약 등이 접속사이다.

접속사에는 등위접속사, 종속접속사, 등위상관접속사가 있다. '같을 등(等)' '자리 위(位)'의 등위접속사(等位接續詞)는 and, but, so, for처럼, 단어와 단어, 구와 구, 절과 절을 대등한 자리에 있는 것으로 여겨 이어주는 접속사이고, '좇을 종(從)' '붙을 속(屬)'의 종속접속사(從屬接續詞)는 if, whether, that, when, after, before, because 처럼 중심 문장과 종속 문장을 이어주는 접속사이다. '서로 상(相)' '관계할 관(關)'의 상관접속사(相關接續詞)는 단독으로 쓰이지 못하고 서로 관계되어 쓰이는 접속사

접속사(接續詞): _____접, _____속, _____사	확인 학습
등위(等位): _____등, _____위	
종속(從屬): _____종, _____속	
상관(相關): _____상, _____관	

108

이다.

　　both A and B (A와 B 둘 다)

　　between A and B (A와 B 사이에)

　　not A but B (A가 아니라 B)

　　not only A but also B = B as well as A (A뿐만 아니라 B도)

　　either A or B (A 또는 B 둘 중 하나)

　　neither A nor B (A 또는 B 둘 중 어느 쪽도 아닌)처럼 둘 이상의 단어가 반드시 짝을 이루어 함께 쓰이는, 숙어처럼 외워야 하는 접속사가 상관접속사인 것이다.

　　일정한 뜻과 구실을 가지는 말의 최소 단위를 낱말 또는 단어(單語)라 하고, 둘 이상의 낱말이 합쳐져 구문상 하나의 낱말과 같은 구실을 하는 말이나 습관적으로 쓰여 특별한 뜻을 나타내는 둘 이상의 낱말 모임을 관용어(慣用語) 또는 숙어(熟語)라 한다. 습관적으로 사용하는 말이라는 의미로 '습관 관(慣)' '사용할 용(用)'을 써서 관용어(慣用語)라 하고, 사람들이 많이 써서 익은 말, 익숙한 말이라는 의미로 '익을 숙(熟)'을 써서 숙어(熟語)라 하는 것이다.

　　깊이 생각함, 또는 그 생각을 심사숙고(深思熟考)라 한다. '깊을 심(深)' '생각 사(思)' '익을 숙(熟)' '생각할 고(考)'로 깊이 생각하고 익을

단어(單語): _____단, _____어
관용어(慣用語): _____관, _____용, _____어
숙어(熟語): _____숙, _____어
심사숙고(深思熟考): _____심, _____사, _____숙, _____고
숙면(熟眠): _____숙, _____면

때까지 충분히 생각한다는 의미이다. 익은 과일을 '과일 과(果)'를 써서 숙과(熟果)라 하고, 익숙하고 통달함을 '통달할 달(達)'을 써서 숙달(熟達)이라 하며, 능숙하도록 익힘을 '익힐 련(練)'을 써서 숙련(熟練)이라 한다. 잠이 깊이 든 상태를 '잠잘 면(眠)'을 써서 숙면(熟眠)이라 하고, 능히 할 수 있고 익숙함을 '능히 할 능(能)'을 써서 능숙(能熟)이라 하며, 반쯤 익음을 '반 반(半)'을 써서 반숙(半熟)이라 한다.

생각하여야 하고 이해하여야 한다. 단어를 암기하여 자신의 것으로 만들고 싶다면 암기하려 낑낑대지 말고 어원(語源)을 생각해보고 결합 원리를 생각해 보아야 하며 이해를 통해 자신의 것으로 만들려 노력해야 한다. 우리가 사용하는 말 중에 단일어(單一語)는 많지 않고 대부분 합성어(合成語)나 파생어(派生語)이기 때문이다. 합성어나 파생어는 나누기가 가능하고 나누다 보면 이해가 되고 이해가 되면 암기는 너무 쉬운 일이 될 것임을 알아야 한다. 파생(派生)과 합성(合成)의 원리를 생각하고 어떤 말에 어떤 말이 더해져 이루어졌는가를 생각하고 또 생각하고 국어사전을 찾고 한자사전까지 찾아가면서 이해하려고 노력하고 또 노력해야만 한다.

생각하기 귀찮다는 이유로, 시간이 없다는 이유로 무조건 암기하려 덤벼서는 안 된다. 쉽게 암기하면 쉽게 잊어버리게 되고 어렵게 이해하

어원(語源): _____어, _____원
합성어(合成語): _____합, _____성, _____어
파생어(派生語): _____파, _____생, _____어

여 암기하면 오래오래 머릿속에 남게 된다는 사실을 알아야 한다. 합성어나 파생어는 둘 이상의 단일어가 모여서 만들어졌기에 합성어나 파생어를 이루는 각 단어나 접사의 의미를 이해하면 처음 만나는 단어일지라도 그 의미를 알아낼 수 있음을 알아야 한다. 분해하여 그 의미를 생각하게 되면 처음 보는 단어일지라도 의미를 유추할 수 있게 됨도 알아야 한다.

단어 뿐 아니라 숙어(熟語) 역시 눈 감고 암기하려 노력하기보다 이해하려 노력해야 한다. 이해되면 재미있어지고 재미있어지면 암기 역시 훨씬 쉬워지기 때문이다.

television은 '멀다'라는 의미의 tele과 '영상' '보이는 것'이라는 의미의 vision이 더해진 합성어(合成語)이다. 그렇기 때문에 television은 멀리 있는 것을 보여주는 물건이라고 해석할 수 있다. '소리'라는 의미의 phone이 들어간 telephone은 멀리 있는 소리를 듣게 해주는 물건인 전화(電話)이고, '보는 기계'라는 의미의 scope가 들어간 telescope는 멀리 있는 것을 보는 기계인 망원경(望遠鏡)이며, '마음'이라는 의미의 pathy가 들어간 telepathy는 멀리까지 통하는 마음이라는 의미이다. 'vis'가 들어간 단어는 모두 '보는 것'과 관계가 있는데 visa(비자), vista(경치), visual(시각의, 눈에 보이는) 등이 그 예이다.

영어(英語)

확인
학습

전화(電話): _____전, _____화
망원경(望遠鏡): _____망, _____원, _____경

'make'는 '만들다' '짓다' '~하다'는 의미로 많이 쓰이지만 숙어를 만드는데 쓰이기도 한다. 'make A from B'는 'B(원료)로부터 A(제품)를 만들다', 'make A into B'는 'A를 B로 들어가게 만들다', 'A를 B로 바꾸다', 'make it'은 '성공하다' '시간에 대다', 'make over'는 '~을 넘어서게 하다' '~을 고쳐 만들다', 'make up one's mind'는 '사람의 마음을 만들다' '결심하다', 'be make up of'은 '~으로 이루어져 있다' 등이 그것이다.

3부

수학(數學)

◇ 집합(集合)

어떤 조건에 알맞은 대상을 명확하게 구별하는 모임을 집합(集合)이라 하고 집합(集合)을 이루는 대상 하나하나를 그 집합의 원소(元素)라한다.

'모을 집(集)'에 '모을 합(合)'이다. '집(集)'과 '합(合)'이 같은 의미이니까 '집(集)'이든 '합(合)'이든 하나만 써도 괜찮지만 '집(集)' '합(合)' 등의글자들도 외로움을 많이 타고 혼자 있고 싶지 않겠다 하였기 때문에 붙여놓았다고 생각하자.

'집합(集合)'은 모임이다. 그러나 제멋대로의 모임은 집합(集合)이 될수 없고 조건에 맞으면서 대상이 명확하게 구별되는 모임이라야 '집합

집합(集合): _____집, _____합
원소(元素): _____원, _____소

확인
학습

(集合)'이 될 수 있다. 집합(集合)을 이루는 그 구별된 것들을 원소(元素)라 부르는데 '근본 원(元)' '바탕 소(素)'로, 근본이 되고 바탕이 되는 것이라는 의미이다.

a가 집합 A의 원소일 때, a는 집합 A에 속한다 하고, a∈A로 나타내는데, '속한다'에서의 '속(屬)'은 '붙을 속'으로, 원소 a가 집합 A에 붙어있다는 의미이다.

'모을 집(集)'이라 하였다. 훌륭한 많은 것을 모아서 하나의 완전한 것으로 만들어 내는 일을 큰 대(大), 이룰 성(成)을 써서 집대성(集大成)이라 하는데 모아서 크게 이루었다는 의미이다. 가운데 중(中)을 쓴 집중(集中)은 한 가운데에 모인다는 의미이고, 구름 운(雲)을 쓴 운집(雲集)은 구름처럼 많이 모인다는 의미이다.

원(元)을 '근본 원'이라 하였다. 본전, 밑천의 또 다른 말인 원금(元金)이나 본디 타고난 기운인 원기(元氣)에서는 '근본'이라는 의미이지만 국가의 최고 통치권을 가진 사람인 원수(元首)나 흉악한 무리의 우두머리인 원흉(元兇)에서는 '으뜸'이라는 의미이고, 정원 초하룻날 아침을 일컫는 원단(元旦)에서는 '처음' '시작'이라는 의미이다.

속(屬): _____속
집대성(集大成): _____집, _____대, _____성
운집(雲集): _____운, _____집

'바탕(본디) 소(素)'라 하였는데 보통 때나 평상시를 일컫는 평소(平素)에서는 '본디'라는 의미이지만 꾸밈없이 그대로라는 소박(素朴)에서는 '질박하다', 고기나 생선 따위가 섞이지 않는 반찬인 소찬(素饌)에서는 '채소', 흰 옷을 일컫는 소복(素服)에서는 '하얗다'는 의미이다.

원소의 개수를 가지고 집합을 분류하는데, 원소의 개수에 한계가 있는 집합을 '한계 한(限)'을 써서 유한집합(有限集合), 원소의 개수에 한계가 없는 집합을 무한집합(無限集合), 원소가 하나도 없는 집합을 '빌 공(空)'을 써서 공집합(空集合)이라 한다. 공집합(空集合)도 유한집합(有限集合)이다.

'n(A)'은 유한집합 A의 원소 개수를 나타내는데 n은 number(숫자)의 첫 글자를 빌린 표기이다.

'있을 유(有)' '없을 무(無)' '한정할 한(限)' '빌 공(空)'이다. 한정이 있다 해서 유한(有限)이고, 한정이 없다 해서 무한(無限)이며, 비어있다 또는 없다고 해서 공(空)이다. 한정(限定)은 '제한하여 정한다.'는 의미이다.

'있을 유(有)'라 하였다. 변명할 말이 없거나 변명할 처지가 되지 못함

유한(有限): _____유, _____한				
무한(無限): _____무, _____한				
공집합(空集合): _____공, _____집, _____합				
유구무언(有口無言): _____유, _____구, _____무, _____언				
유력자(有力者): _____유, _____력, _____자				

을 입은 있어도 할 말이 없다는 의미로 '유구무언(有口無言)'이라 하고, 힘 있는 사람을 '힘 력(力)' '사람 자(者)'를 써서 유력자(有力者)라 한다.

'없을 무(無)'이다. 시간이나 공간의 다함(끝) 없음을 '다할 궁(窮)'을 써서 '무궁(無窮)'이라 하고, 심심한 상태를 '즐거울 료(聊)'를 써서 '무료(無聊)'라 하며, 볼 낯이 없음을 '얼굴 안(顏)'을 써서 '무안(無顏)'이라 한다.

'한정할 한(限)'이라 하였다. 정하여 놓은 범위를 '경계 계(界)'를 써서 '한계(限界)'라 하고 일정한 범위 정함을 '정할 정(定)'을 써서 '한정(限定)'이라 한다. 발행 부수를 제한하여 만들어내는 출판물을 한정판(限定版)이라 하고, 정신 장애가 있거나 낭비가 심하여 가정 법원으로부터 재산 관리나 처분을 제한하는 선고를 받은 사람을 한정치산자(限定治産者)라 한다. '다스릴 치(治)' '재산 산(産)'으로 재산 다스리는 능력에 한계가 있다고 정해놓은 사람이라는 의미이다.

집합 A의 모든 원소가 집합 B에 속할 때 A를 B의 부분집합(部分集合)이라 하고, A⊂B로 나타내며 'B는 A를 포함한다' 또는 'A는 B에 포함된다'라고 말한다. 그러니까 A={1,3,5,7,9}, B={1,3,9}이라면 B⊂A가 되는 것이다. '부문 부(部)' '나눌 분(分)'의 부분(部分)은 전체를 몇 부문으

무궁(無窮): _____무, _____궁				
무안(無顏): _____무, _____안				
한정치산자(限定治産者): _____한, _____정, _____치, _____산, _____자				
부분집합(部分集合): _____부, _____분, _____집, _____합				

로 나눈 것 중의 하나라는 의미이고 '전체(全體)'의 상대어이다.

유한집합 A에 대하여, 집합 A의 부분집합의 개수는 2^n개이기 때문에 집합 {a,b,c}의 부분집합의 개수는 2^3개, 즉 8개인데 a, b, c, ab, bc, ac, abc, Ø 가 그것이다.

'부문 부(部)'라 하였다. 갈라놓은 부류, 몇 개로 갈라놓은 그 하나 하나를 '부문(部門)'이라 하고, 조직에서 사업 체계나 기구에 의하여 갈라진 부문을 '부서(部署)'라 하며, 일정한 범위 밖을 '외부(外部)'라 한다.

'나눌 분(分)'이라 하였다. 사물을 여러 단계로 나눔을 '끊을 단(斷)'을 써서 '분단(分斷)'이라 하고, 둘 또는 그 이상으로 나눔을 '나눌 할(割)'을 써서 '분할(分割)'이라 한다.

교집합, 합집합이 있고, 여집합, 차집합도 있다. '섞일 교(交)' '만날 교(交)'이다. 만나는 원소가 여기에도 있고 저기에도 있는, 서로 만나는 부분이 있는 집합을 교집합(交集合)이라 한다. '모을 합(合)'이다. 모아 놓은, 여기의 것과 저기의 것을 모아 놓은 집합을 합집합(合集合)이라 한다. '남을 여(餘)'이다. 남아있는, 전체집합 U에 속하면서 A에는 속하지 않고, 남아있는 원소의 집합을 A의 여집합(餘集合)이라 한다. '어긋날 차

교집합(交集合): _____교, _____집, _____합
합집합(合集合): _____합, _____집, _____합
여집합(餘集合): _____여, _____집, _____합

(差)'이다. 어긋난, 두 집합에서 어긋난, 차이가 나는, 한 집합에 포함되지만 다른 집합에는 포함되지 않은 집합은 차집합(差集合)이다.

교집합(交集合)은 두 집합 A, B에 대하여 A에 속하면서도 B에도 속하는 모든 원소로 이루어진 집합인데 A∩B로 나타내고, {x|x∈A 그리고 x∈B}로도 나타낸다. A={1, 3, 11}, B={1, 3, 5, 7, 9}이면 A∩B={1, 3}이다.

합집합(合集合)은 두 집합 A, B에 대하여 A에 속하거나 B에 속하는 모든 원소로 이루어진 집합인데 A∪B로 나타내고, {x|x∈A 또는 x∈B}로도 나타낸다. A={1, 3, 11}, B={1, 3, 5, 7, 9}이면 A∪B={1, 3, 5, 7, 9, 11}이다.

여집합과 차집합을 이야기할 때에는 전체집합(全體集合)을 알아야 한다. 전체집합은 한 집합의 원소 전체로 된 집합을 말하고, U로 나타내는데, U는 Universal의 첫 글자이고, Universal은 '전 세계의' '온 인류의' '일반적인' '광범위한'이라는 의미다.

전체집합 U에 대한 A의 여집합(餘集合)은 전체 집합의 부분 집합 A에 대하여 전체 집합에는 속하지만 집합 A에는 속하지 않는 모든 원소로 이루어진 집합, 집합 U에 속하고 집합 A에 속하지 않는 원소 전체로 이루어진 집합이며, A^C 또는 {x|x∈U 그리고 x∉A}로 나타낸다.

U={1, 3, 5, 7, 9, 11}, A={1, 3, 5}이면 AC={7, 9, 11}이다. A^C에서의 C는 complementary set의 약자인데 complementary는 '보충하는' '보충적인'의 의미이다. A집합에서 부족한 것을 보충해주는 집합이라는 의미이다.

집합 A에 대한 집합 B의 차집합(差集合)은 두 집합 A, B에 대하여 A의 원소 중에서 B에 속하지 않는 원소들로만 이루어진 집합인데 A-B로 나타내고, {x|x∈A 그리고 x∉B}로도 나타낸다.

A={1, 3, 5, 7}, B={3, 5, 7, 9}이면 A-B={1}이고, B-A={9}이다.

교(交)를 '섞일 교'라 하였는데 '사귀다' '바뀌다'는 의미도 있다. 사회적으로 하는 교제를 '사회 사(社)'를 써서 사교(社交)라 하고, 나라와 나라 사이의 교제 맺음을 '닦을 수(修)'를 써서 수교(修交)라 하며, 서로 사귀거나 가까이 함을 '흐를 류(流)'를 써서 교류(交流)라 한다. 상대편과 절충함을 '건널 섭(涉)'을 써서 교섭(交涉)이라 하고, 서로 바꿈을 '바꿀 환(換)'을 써서 교환(交換)이라 하며, 사고팔고 하여 서로 바꿈을 '바꿀 역(易)'을 써서 교역(交易)이라 한다.

헤어졌다 모이고 모였다가 다시 흩어짐을 이합집산(離合集散)이라 하고, 둘 이상의 기관을 합하여 하나로 만드는 일을 합병(合倂)이라 하며, 세력을 한 곳으로 합치는 일을 합세(合勢)라 한다. 합(合)이 '합하다'

C: _____
사교(社交): _____사, _____교
수교(修交): _____수, _____교
교류(交流): _____교, _____류
이합집산(離合集散): _____이, _____합, _____집, _____산

는 의미로 많이 쓰이지만 '맞다'는 의미로도 쓰인다. '합리적(合理的)' '합리화(合理化)'에서 '합리(合理)'란 '맞을 합(合)' '이치, 도리 리(理)'로 이치, 도리, 이론, 실제의 형편에 맞는다는 의미이다.

  여(餘)를 '남을 여'라 하였는데 '다른' '딴일'이라는 의미도 있다. 남은 시간을 '여가(餘暇)'라 하고, 다른 생각을 '여념(餘念)'이라 하며, 주위나 훗날에 미치는 영향을 '여파(餘波)'라 한다.

합리(合理): _____합, _____리
여가(餘暇): _____여, _____가
여념(餘念): _____여, _____념
여파(餘波): _____여, _____파

약수(約數), 배수(倍數), 정수(整數), 유리수(有理數)

약수(約數)란 어떤 수를 나누어 나머지 없이 떨어지게 하는 수이다. '가'라는 수를 '나'라는 수로 나누어 나머지 없이 떨어질 때, '나'를 '가'의 약수라 하고, '가'를 '나'의 배수(倍數)라 한다.

'간략할 약(約)' '숫자 수(數)'를 쓴 약수(約數)는 간략하게 정리할 수 있는 수(數)라는 의미이고, '갑절 배(倍)' '숫자 수(數)'를 쓴 배수(倍數)는 어떤 수의 갑절이 되는 수(數)라는 의미이다. 10=2×5에서 2와 5는 10의 약수(約數)이고, 10은 2와 5의 배수(倍數)인 것이다. 2와 5는 10을 간략하게 만들어주는 숫자이기에 약수(約數)라 하고 10은 2의 5배, 또는 5의 2배이기에 배수(倍數)라 하는 것이다. 약수(約數)를 '근본 인(因)'을 써서 인수(因數)라고도 하는데 '(어떤 정수를 만들어내는) 근본이 되는

약수(約數):	_____약,	_____수
배수(倍數):	_____배,	_____수
인수(因數):	_____인,	_____수

수'라는 의미이다.

1은 어떤 수를 나누어도 나머지가 남지 않기 때문에 모든 수의 약수이고, 어떤 수를 같은 수로 나누어도 나머지가 남지 않기 때문에 어떤 수일지라도 자기 자신의 약수가 된다. 또한 어떤 정수(整數)도 0으로 나눌 수 없다. 따라서 0은 어떤 수의 약수도 아니다. 그렇기 때문에 12의 약수(約數)는 1, 2, 3, 4, 6, 12가 되는 것이다.

'갑절 배(倍)'를 쓴 배수(倍數)는 어떤 수의 갑절이 되는 수이다. 그러니까 6, 9, 12, 15, …… 모두 3의 배수(倍數)가 된다. 어떤 수이든 배수(倍數)는 무수히 많다. 그리고 1의 배수는 모든 자연수(自然數)가 된다. 또한 어떤 수의 배수 중 가장 작은 배수(倍數)는 자기 자신이다.

분수의 분모와 분자를 공약수(公約數)로 나누어 간단하게 함을 '간략할 약(約)' '분수 분(分)'을 써서 약분(約分)이라 하는데 분수를 간략하게 만든다는 의미이다. 2/4를 1/2로, 3/6을 1/2로 나타내는 것이 약분(約分)이다. 말이나 글의 요점을 잡아서 추림을 '중요할 요(要)' '간략할 약(約)'을 써서 요약(要約)이라 하는데 중요한 것으로만 간략하게 하였다는 의미이다.

'갑절 배(倍)'의 배수(倍數)라 하였다. '더할 가(加)'를 쓴 '회원(會員)

공약수(公約數): _____공, _____약, _____수
약분(約分): _____약, _____분
요약(要約): _____요, _____약
배전(倍前): _____배, _____전

배가운동(倍加運動)'은 회원 숫자를 몇 갑절 증가시키자는 운동이고, '앞전(前)'을 쓴 '배전(倍前)의 노력을 기울이자'는 이전(以前)보다 몇 갑절의 노력을 더 하도록 하자는 의미이다.

1보다 큰 자연수 중에서 1과 그 자신만을 약수(約數)로 가지는 수를 소수(素數)라 하는데 '바탕 소(素)' '숫자 수(數)'로, 바탕이 되는 숫자라는 의미이다. 2, 3, 5, 7, 11, 13, 17, 23, 27, 29, 31, 37, 41, ... 등이 소수인데 1을 제외하고 그 어떤 수를 배수(倍數)나 약수(約數)로 가지지 않는 바탕이 되는 수이기 때문에 소수(素數)라 이름붙인 것이다. 소수(素數)는 무수히 많다. 그리고 1은 소수가 아니다. 또한, 2를 제외하고 모든 소수(素數)는 홀수이다. 소수는 무수히 많다고 하였는데 그렇기에 가장 큰 소수를 구할 수는 없다.

어떤 수의 약수 중에서 소수(素數)인 수를 소인수(素因數)라 하고 주어진 합성수(合成數)를 소수(素數)의 곱의 꼴로 나누어 소인수들의 곱으로 나타내는 과정을 소인수분해(素因數分解)라 한다. 그렇기 때문에 소인수분해(素因數分解)란 어떤 자연수를 소인수(素因數)로 분해(分解)하였다(나누었다)는 의미이다. 12의 약수는 1, 2, 3, 4, 6, 12이고, 이 중 소수는 2와 3이기 때문에 12를 소인수분해하면 $2 \times 2 \times 3$으로 나타낼 수 있다.

소수(素數): _____소, _____수
소인수(素因數): _____소, _____인, _____수
소인수분해(素因數分解): _____소, _____인, _____수, _____분, _____해

‘소수’에는 앞에서 말한 ‘바탕 소(素)’의 ‘소수(素數)’가 아닌 ‘작을 소(小)’의 소수(小數)와 ‘적을 소(少)’의 소수(少數)도 있다. ‘작을 소(小)’의 소수(小數)는 ‘대수(大數)’의 상대어로 ‘작은 수’를 가리키는데 수학에서는 절댓값이 1보다 작은 실수를 가리킨다. ‘적을 소(少)’의 소수(少數)는 ‘다수(多數)’의 상대어이고, ‘소수(少數)의 의견도 존중해야 한다.’에서처럼 ‘적은 수효’라는 의미이다.

‘소(素)’의 의미는 다양하다. 흰 천으로 만든 옷인 소복(素服)에서는 ‘하얗다’는 의미이고, 꾸밈없이 그대로라는 소박(素朴)에서는 ‘질박하다’는 의미이며, 고기나 생선이 섞이지 않은 반찬인 소찬(素饌)에서는 ‘채식’이라는 의미이다.

바탕(기초)이 되는 재료를 ‘재료 재(材)’를 써서 소재(素材)라 하고, 복잡한 것을 간단하고 소박하게 하는 것을 ‘간단한 간(簡)’을 써서 간소화(簡素化)라 하며, 개인의 개성(個性)을 특징짓는 경향(傾向)이나 태도(態度), 그러니까 출생하면서부터 가지는 성질을 ‘바탕 질’을 써서 ‘소질(素質)’이라 한다.

나누어서 떨어지게 할 수 있는 수를 약수(約數)라 한다고 하였는데 두 개 이상 자연수의 약수 중에서 공통인 약수를 ‘여러 공(公)’을 써서, ‘여럿에 해당하는 약수' '공통적인 약수'라는 의미로 공약수(公約數)라 하고, 공약수 중에서 가장 큰 수를 최대공약수(最大公約數)라 한다. 12의 약수는 1, 2, 3, 4, 6, 12이고, 18의 약수는 1, 2, 3, 6, 9, 18이다. 이 중 공통적인 약수가 1,2,3,6이기에 1,2,3,6을 공약수라 하고, 공약수 중 가장 큰 수인 6을 최대공약수라 하는 것이다.

2, 3이나 4, 5처럼 공약수가 1뿐인 두 자연수를 '바탕 소(素)'를 써서 '서로소(素)'라 하는데 서로가 각각 기본 바탕이 된다는, 서로 간에 약수(約數)가 없다는 의미이다.

어떤 수의 갑절 되는 수를 '갑절 배(倍)'를 써서 배수(倍數)라 한다 하였는데 2개 이상 자연수의 공통인 배수는 '함께 공(公)'을 써서 공배수(公倍數)라 하고, 공배수 중에서 가장 작은 수를 최소공배수(最小公倍數)라 한다.

2와 3의 공배수와 최소공배수를 알아보자.
2의 배수(倍數)는 2, 4, 6, 8, 10, 12, 14, 16, 18, 20, 22, 24.....이고, 3의 배수(倍數)는 3, 6, 9, 12, 15, 18, 21, 24, 27, 30......이다. 이 중 2의 배수와 3의 배수에 공통된 수가 6, 12, 18, 24.....인데 이 중 가장 작은 수인 6이 최소공배수가 되는 것이다.

배수(倍數): _____배, _____수
공배수(公倍數): _____공, _____배, _____수
최소공배수(最小公倍數): _____최, _____소, _____공, _____배, _____수

확인
학습

'공공(公共)'은 '여러 공(公)' '함께 공(共)'으로 '여럿이 함께'라는 의미이다. 공공의 이익을 목적으로 하는 사업을 공공사업(公共事業)이라 하고, 철도, 우편, 전신, 전화, 수도, 전기 등의 사업(事業)에 대해 정부가 결정하거나 법률적으로 관여하는 요금을 공공요금(公共料金)이라 한다.

음(陰)의 정수, 0, 양(陽)의 정수를 통틀어 정수(整數)라 한다. '가지런할 정(整)'을 쓰는 이유는 -5, -4, -1, 0, 2, 3, 4, 5, 6처럼 소수(小數)가 없어서 가지런하게 정돈할 수 있는 수이기 때문이다. 양(陽)의 정수(整數)만을 일컬어 자연수(自然數)라고 하는 이유는 자연(自然)에서 사용할 수 있는 수이기 때문이다. 자연에서는 -5명, 2/5명, -3마리, 1/3마리가 존재할 수 없기 때문이다.

'가지런할 정(整)이라 하였다. 땅을 평평하게 고르는 일을 '땅 지(地)'를 써서 정지(整地)라 하고, 어수선하거나 어지러운 것을 말끔하게 바로잡아 처리함을 '가지런히 할 돈(頓)'을 써서 정돈(整頓)이라 한다. '스스로 자(自)' '그러할 연(然)'의 자연(自然)은 스스로 그러하도록 내버려 둔 것, 스스로 그렇게 된 상태, 사람의 손에 의하지 않고 존재하는 것이나 일어나는 현상, 사람이나 물질의 본래 성질이라는 의미이다.

a, b(b≠0)가 정수(整數)일 때, a/b로 나타내지는 수를 유리수(有理數)

공공사업(公共事業): _____공, _____공, _____사, _____업
정수(整數): _____정, _____수
자연수(自然數): _____자, _____연, _____수
유리수(有理數): _____유, _____리, _____수

확인
학습

라 하는데 '있을 유(有)' '다스릴, 처리할 리(理)'로 다스릴 수 있는 수, 처리할 수 있는 수라는 의미이다. 정수나 분수의 형식으로 처리할 수 있는 수(數)라 이해해도 좋다. 다스릴 수 없고 처리할 수 없는, 정수나 분수의 형식으로 나타낼 수 없는 무리수(無理數)의 상대 개념이다. 유리수(有理數) 무리수(無理數)의 '리(理)'를 '비(比)'로 바꾸어서 유리수(有理數)는 두 정수의 비로 나타낼 수 있는 수, 무리수(無理數)는 두 정수의 비로 나타낼 수 없는 수로 이해해도 좋다.

수직선 위에서 어떤 수를 나타내는 점과 점 사이의 거리를 '절대(絶對)값'이라 하는데, '끊을 절(絶)' '대할 대(對)'의 절대(絶對)는 '끊어서 대한다' '다른 것과 비교하지 않고 대한다.' '제약이나 구속을 받지 않고 어떠한 조건도 붙지 않는 상태'라는 의미인데 서로 상대방과 비교해서 대한다는 '서로 상(相)' '대할 대(對)'의 '상대(相對)'와 맞서는 개념이다.

'절댓값'은 양과 음을 가리지 않는 값이라는 의미이다. 그렇기 때문에 -3이나 3의 절댓값은 3으로 동일하다. '절댓값'은 '| |'로 나타낸다.

유리수는 0보다 작은 '소수(小數)'로 표현되는데 소수점 아래 0 아닌 숫자가 한계(끝)가 있는 소수를 유한소수(有限小數), 소수점 아래 0 아닌 숫자가 한계(끝)가 없는 소수를 무한소수(無限小數)라 한다. '있을

| 무리수(無理數): _____무, _____리, _____수 |
| 유한소수(有限小數): _____유, _____한, _____소, _____수 |
| 무한소수(無限小數): _____무, _____한, _____소, _____수 |
| 소수(小數): _____소, _____수 |

확인
학습

유(有)' '한계 한(限)'의 유한(有限)은 한계가 있다는 의미이고, '없을 무(無)' '한계 한(限)'의 무한(無限)은 한계가 없다는 의미이며, '작을 소(小)'의 소수(小數)는 작은 수, 1보다 작은 수라는 의미이다.

기약분수(旣約分數)의 분모를 소인수분해 하였을 때에 분모의 소인수가 2나 5뿐인 분수는 유한소수로 나타낼 수 있는데, 기약분수(旣約分數)는 '이미 기(旣)' '간략할 약'로 이미 간략하게 한 분수, 더 이상 간략하게 할 수 없는 분수라는 의미이다.

순환소수(循環小數)라는 것이 있는데 '빙빙 돌 순(循)' '돌 환(環)'으로, 소수점 아래의 어떤 자리에서부터 일정한 숫자의 배열이 한없이 되풀이되는 무한소수(無限小數)를 가리킨다. 모든 순환소수(循環小數)는 유리수(有理數)이다.

어떤 수치나 상태 등이 기준에 가깝거나 아주 비슷함을 '가까울 근(近)' '같을 사(似)'를 써서 근사(近似)라 하는데 참모습에, 본모습에, 진짜에 가까울 만큼 같다는 의미이다. 진짜 수치에 가까운 수치가 근사(近似)값인 것이다. 진짜 수치는 '참값'이라 한다.

'그릇될 오(誤)' '어긋날 차(差)'의 오차(誤差)는 글자 그대로는 '그릇

기약분수(旣約分數):	_____ 기,	_____ 약,	_____ 분,	_____ 수
순환소수(循環小數):	_____ 순,	_____ 환,	_____ 소,	_____ 수
근사(近似):	_____ 근,	_____ 사		
오차(誤差):	_____ 오,	_____ 차		

확인 학습

되고 어긋난 것'이라는 의미인데 수학에서는 참값과 근삿값의 차이를 일컫는다.

'리(理)'는 '다스리다' '이치' '깨닫다'는 의미로 쓰인다. 일정한 기구나 단체를 대표하여 그 사무를 집행하는 직위 또는 그 직위에 있는 사람을 '이사(理事)'라 하는데 일을 다스리는 사람이라는 의미이다. 사물의 정당한 조리, 도리에 맞는 근본 뜻을 '이치(理致)'라 하고, 사리를 분별하고 풀어서 잘 알거나 말이나 글의 뜻을 깨우쳐 아는 것을 '이해(理解)'라 한다.

'같을 사(似)'이다. 꿈인 것 같기도 하고 꿈 아닌 것 같기도 한 것을 비몽사몽(非夢似夢)이라 하고, 언뜻 보면 같은 것 같지만 그러나 사실 진짜는 아닌 것을 '같을 사(似)' '그러나 이(而)' '아닐 비(非)'를 써서 '사이비(似而非)'라고 한다. 겉으로는 같은 것 같지만 진짜는 아니라는 의미이다.

더하기, 빼기, 곱하기, 나누기의 사칙연산(四則演算)이 가능한 수(數), 양수·음수·0의 구분이 있으며, 크기의 차례가 있는 유리수(有理數)와 무리수(無理數)를 합한 수를 실수(實數)라 한다. '빌 허(虛)'를 쓴 허수(虛數)의 상대 개념으로 실제(實際)로 확인되는 수(數)라는 의미이다.

확인
학습

이사(理事): _____이, _____사
사이비(似而非): _____사, _____이, _____비
실수(實數): _____실, _____수
허수(虛數): _____허, _____수

'열매 실(實)' '실제 실(實)' '참될 실(實)' '옹골찰 실(實)'이다. 실제의 일을 바탕 삼아 옳음을 구하는 일, 또는 그러한 학문 태도를 '실제 실(實)' '일 사(事)' '구할 구(求)' '옳을 시(是)'를 써서 실사구시(實事求是)라 하고, 이름과 실상(實相)이 서로 들어맞음, 알려진 것과 실제의 상황이나 능력에 차이가 없음을 '이름 명(名)' '실제 실(實)' '서로 상(相)' '들어맞을 부(符)'를 써서 명실상부(名實相符)라 한다. 이름만 있고 실상은 없음을 유명무실(有名無實)이라 하고, 사실로써 곧게 알리는 일을 '~써 이(以)' '실제 실(實)' '곧을 직(直)' '알릴 고(告)'를 써서 이실직고(以實直告)라 한다.

실제의 일에 힘쓰고 실속 있도록 힘써 행함을 '힘쓸 무(務)' '실제 실(實)' '힘 력(力)' '행할 행(行)'을 써서 무실역행(務實力行)이라 하고, 실제로 밟아가면서 일하고 몸소 행함을 '실제 실(實)' '밟을 천(踐)' '몸소 궁(躬)' '행할 행(行)'을 써서 실천궁행(實踐躬行)이라 한다.

실사구시(實事求是):		실,		사,		구,	시
유명무실(有名無實):		유,		명,		무,	실
이실직고(以實直告):		이,		실,		직,	고
무실역행(務實力行):		무,		실,		역,	행
실천궁행(實踐躬行):		실,		천,		궁,	행

확인 학습

◇ 방정식(方程式), 부등식(不等式)

　　두 개 이상의 식(式)이나 문자(文字)나 수(數)가 등호(等號,=)로 이어진 것, 수(數) 또는 식(式) 사이의 관계를 등호(等號) '='를 사용하여 나타낸 것을 '같을 등(等)' '식 식(式)'을 써서 등식(等式)이라 한다. 같은, 같게 만드는, 같음을 나타내는 식(式)이라는 의미이다.

　　등식(等式)은 방정식(方程式)과 항등식(恒等式)으로 나뉘는데 등식(等式)에 있는 문자 x의 값에 따라 참이 되기도 하고 거짓이 되기도 하는 등식을 x에 관한 방정식(方程式)이라 하고, 등식에 있는 문자 x의 값에 관계없이 항상 참이 되는 등식을 항등식(恒等式)이라 한다.

　　3x-6=0은 x가 2일 때에만 식이 성립하기에 방정식(方程式)인 것이고,

등식(等式): _____등, _____식
방정식(方程式): _____방, _____정, _____식
항등식(恒等式): _____항, _____등, _____식

3x+2=2+3x는 x에 어떤 수를 대입해도 등식이 성립하기 때문에 항등식(恒等式)이 된다.

방정식(方程式)은 '방법 방(方)' '정도 정(程)'으로 x, y에 어떤 숫자를 넣느냐의 방법(方法)과 정도(程度)에 따라 참, 거짓이 결정되는 식이라는 의미이다. 미지수(未知數)에 특정한 값을 주었을 때에만 등식(等式)이 성립된다는 말인 것이다.

이와 달리 항등식(恒等式)은 '항상 항(恒)' '같을 등(等)'으로 항상(어떤 경우에도) 같게 되는 식이라는 의미이다. 등식(等式)에 있는 문자 x의 값에 관계없이 항상 참이 되는 등식(等式)이 항등식인 것이다.

일차방정식(一次方程式)이 있고, 이차방정식(二次方程式)이 있다. '차(次)'는 '버금' '차례'라는 의미로도 쓰이지만 여기에서는 '번(횟수)'이라는 의미이다. x는 x가 1번만 있으니까 1차방정식이고 x^2은 xx로 x가 2번 있으니까 2차방정식이다. 제곱 또는 그 이상의 항(項)을 갖지 않으면 일차방정식(一次方程式)이고, 제곱의 항을 가지고 있으면 이차방정식(二次方程式)이다. x+1=4나 3x−2=7은 일차방정식인 것이고, x^2+3x+4=0이나, $2x^2$+4x+6=0은 이차방정식인 것이다. 일차방정식은 ax+b=0처럼 변수가 하나인 것도 있고, ax+by+c처럼 변수가 두 개인 것도 있다. 2차 방

일차방정식(一次方程式): _____일, _____차, _____방, _____정, _____식
이차방정식(二次方程式): _____이, _____차, _____방, _____정, _____식

정식 역시 $ax+b=0$처럼 변수가 하나인 경우도 있고, $ax^2+bxy+cy^2+d$ $=0$처럼 변수가 둘인 경우도 있다.

일을 처리할 방법이나 생각이나 계획을 '방법 방(方)' '생각 안(案)'을 써서 방안(方案)이라 하고, 증세에 따라 약 처리하는(짓는) 방법을 '처리할 처(處)' '방법 방(方)'을 써서 처방(處方)이라 한다.

'사후약방문(死後藥方文)'이라는 말이 있다. '사후(死後)'가 '죽은 후'라는 의미이고, '약방문(藥方文)'이 '약 짓는 방법을 적은 글(처방전)'이라는 의미이기에 '사후약방문'은 죽은 후에 처방전을 받는다는 말이다. 죽은 후에 처방전 받는 일이 어리석은 일인 것처럼 일이 끝난 후에 노력해보았자 소용없다는 말이고, 기회가 지나간 후에 대책을 세우거나 후회하는 것이 어리석음이라는 말이다.

숫자와 문자의 곱으로만 이루어진 식을 단항식(單項式)이라 하고, 둘 이상의 항(項)을 덧셈($+$)이나 뺄셈($-$)으로 이어놓은 식(式)을 다항식(多項式)이라 한다. '항(項)'은 문서나 문장 등에서 내용을 구분하는 단위의 한 가지이고 수학에서는 숫자 또는 문자의 곱으로 이루어진 식을 가리킨다. '홀 단(單)'의 단항식(單項式)은 항(項)이 하나인 식(式)을 가리키고, '많을 다(多)'의 다항식(多項式)은 항(項)이 많은 식(式)을 가리킨다. 2a,

단항식(單項式): _____단, _____항, _____식
다항식(多項式): _____다, _____항, _____식

-4b, 4xy, 6x^{2}은 단항식(單項式)이고, 3a+4b, x+y-2xy은 다항식(多項式)이다.

3x, 5x+3y처럼 하나의 항이 하나의 문자만으로 된 식을 일차식(一次式)이라 하고, x^2, xy처럼 한 항이 두 개의 문자로 된 식을 이차식(二次式)이라 하며, x^{2}y^2+3xy처럼 한 항이 네 개의 문자로 된 식을 사차식(四次式)이라 한다. x^{2}은 xx이기에 두 개의 문자이고, x^{2}y^{2}은 xxyy이기에 네 개의 문자이다. 다항식(多項式)에서 어떤 문자에 대한 차수가 가장 큰 항의 차수를 그 다항식의 차수(次數)라 한다.

그렇기 때문에 x+y+z는 일차삼항식이고, x^2+2y는 이차이항식이며, x^{2}y^2+4y^2+z+4는 4차4항식이 되는 것이다.

x^{2}y^{2}에서 x와 y의 오른쪽 위에 덧붙여져서 거듭제곱을 나타내는 숫자나 문자를 '가리킬 지(指)'를 써서 지수(指數)라 하는데 이는 '(거듭제곱이 몇 번인가를) 가리키는 숫자'라고 이해하면 좋다. a^{4}라면 a×a×a×a로 거듭제곱이 네 번이라는 의미이다.

'홀(하나) 단'이다. 혼자서 칼을 휘두르면서 거침없이 적진(敵陣)으로 쳐들어간다는 뜻으로 글을 쓰거나 말을 할 때 너절한 허두를 빼고 바

차수(次數): _____차, _____수
지수(指數): _____지, _____수
단도직입(單刀直入): _____단, _____도, _____직, _____입

로 그 요점으로 들어감을 '홀 단(單)' '칼 도(刀)' '곧을 직(直)' '들어갈 입(入)'을 써서 단도직입(單刀直入)이라 한다.

'많을 다(多)'이다. 일도 많고 어려움도 많음을 다사다난(多事多難)이라 하고, 많이 생각함을 '헤아릴 상(商)' '헤아릴 량(量)'을 써서 다상량(多商量)이라 하며, 공적인 일 사적인 일로 많이 바쁨을 '많을 다(多)' '바쁠 망(忙)'을 써서 공사다망(公私多忙)이라 한다.

$2x+3y=8$은 일차방정식(一次方程式)이다. 각 항의 문자가 하나이기에 일차(一次)이고, x, y에 어떤 숫자를 넣느냐의 방법(方法)과 정도(程度)에 따라 참과 거짓이 결정되기에 방정식(方程式)이다.

보통 x나 y로 나타내는, 알 수 없는 수를 미지수(未知數)라 한다. '아닐 미(未)' '알 지(知)' '숫자 수(數)'로 값을 알지 못하는 수, 값이 알려져 있지 않는 숫자라는 의미이다. 미지수(未知數)가 2개인 두 일차방정식을 한 쌍으로 한 것을 '이을 연(聯)' '세울 립(立)'을 써서 연립방정식(聯立方程式)이라 하는데, 두 개의 방정식을 이어서 세워놓았다는 의미이다. 이는 $4x+y=15$와 $4x-3y=3$라는 방정식을 이어놓아서 두 식을 모두 만족시킬 수 있는 x와 y를 구하는 방정식을 말한다.

다사다난(多事多難): _____ 다, _____ 사, _____ 다, _____ 난				
공사다망(公私多忙): _____ 공, _____ 사, _____ 다, _____ 망				
미지수(未知數): _____ 미, _____ 지, _____ 수				
연립방정식(聯立方程式): _____ 연, _____ 립, _____ 방, _____ 정, _____ 식				

확인
학습

연립방정식(聯立方程式)의 풀이 방법에는 가감법(加減法), 대입법(代入法)이 있다. 두 일차방정식을 변끼리 더하거나 덜어서 하나의 미지수를 없애 푸는 방법은 '더할 가(加)' '덜 감(減)'의 가감법(加減法)이고, 한 방정식을 한 미지수(未知數)에 관하여 풀어서 그 답을 다른 방정식에 대신하여 들어가도록 해서 푸는 방법은 '대신할 대(代)' '들어갈 입(入)'의 대입법(代入法)이다.

'이을 연(聯)'이라 하였다. 많은 사물이나 관계 따위가 동시에 이어서 서는 것을 연립(聯立)이라 하고, 하나의 관념이 다른 관념을 이어서 불러 일으키는 작용을 연상(聯想)이라 하며, 두 가지 이상의 사물이 서로 합해 짐을 연합(聯合)이라 한다.

'아니 부(不)' '같을 등(等)'의 부등식(不等式)은 같지 않은 식이라는 의미로 '〈' 이나 '〉'로 나타낸다.

방정식과 마찬가지로 제곱 또는 그 이상의 항(項)을 갖지 않는 것은 1차이고 제곱의 항을 갖는 것은 2차이다. 그렇기 때문에 일차부등식(一次不等式)은 미지수의 가장 높은 근을 가진 항이 제곱 또는 그 이상의 항(項)을 갖지 않는 부등식(不等式)을 가리킨다. $6x-2 > 16$은 1차 부등식이고 $x^2-2x-3 < 0$은 2차 부등식인 것이다.

가감법(加減法):	____ 가,	____ 감,	____ 법		
대입법(代入法):	____ 대,	____ 입,	____ 법		
부등식(不等式):	____ 부,	____ 등,	____ 식		
일차부등식(一次不等式):	____ 일,	____ 차,	____ 부,	____ 등,	____ 식

확인학습

'차(次)'는 '횟수를 세는 말'의 의미로도 쓰이지만 '버금(다음)'이나 '차례'라는 의미로 더 많이 쓰인다. 수석(首席)의 다음 자리를 차석(次席), 다음 시기를 차기(次期)라 하는데 이때에는 '버금(다음)'이라는 의미이고, 항목의 차례인 목차(目次)나 자리나 성적의 차례인 석차(席次)에서는 '차례'라는 의미인 것이다.

　'이을 련(聯)' '설 립(立)'의 연립부등식(聯立不等式)은 두 개 이상의 일차부등식이 한 쌍으로 묶인 부등식(不等式)이다.

　수열(數列)은 '숫자 수(數)' '나열할 열(列)'로 숫자의 나열이라는 의미이다. 수열을 이루는 각 항이 그 앞의 항과 이루는 차이(差異)가 일정하면 '같을 등(等)' '차이 차(差)'를 써서 등차수열(等差數列)이라 하고, 숫자의 나열인 수열을 이루는 각 항이 그 앞의 항과 이루는 비(比)가 일정하면 '같을 등(等)' '비율 비(比)'를 써서 등비수열(等比數列)이라 한다.

수학(數學)

연립부등식(聯立不等式):	＿＿＿＿연,	＿＿＿＿립,	＿＿＿＿부,	＿＿＿＿등,	＿＿＿＿식
수열(數列): ＿＿＿＿수, ＿＿＿＿열					
등차수열(等差數列):	＿＿＿＿등,	＿＿＿＿차,	＿＿＿＿수,	＿＿＿＿열	
등비수열(等比數列):	＿＿＿＿등,	＿＿＿＿비,	＿＿＿＿수,	＿＿＿＿열	

◇ 함수(函數)

두 변수(變數) x, y에 대하여 x값이 정해지면 이에 따라서 y값이 한 개만 정해질 때 y는 x의 함수(函數)라 하고, y=f(x)로 나타낸다.

'상자 함(函)'을 썼는데 상자에 돈을 넣으면 그 돈의 가치에 알맞은 물건이 나오고, 또 돈의 액수에 맞게 상자에서 물건이 나오기 때문에 '상자 함(函)'을 쓰지 않았을까 생각해 본다. 상자에 넣는 것에 따라 상자 밖의 수(數)가 결정되기 때문에 '상자 함(函)' '숫자 수(數)'을 써서 함수(函數)라 했다고 생각해 본다. 인형 뽑기 기계 상자에 100원 짜리 동전 두 개를 넣었을 때, 인형 한 개가 나온다고 한다면 네 개를 넣으면 두 개, 여섯 개 넣으면 세 개 나오는 것이 바로 함수인 것이다.

함수(函數): _____함, _____수

어떤 수가 다른 수의 변화에 따라 일정한 법칙으로 변화할 때 그 어떤 수를 다른 수에 대하여 '함수(函數)'라 한다고 하였다. $y=x^2+5x+4$에서, y는 x가 변화함에 따라 변화하기 때문에 y를 x의 함수라 할 수 있다는 말이다.

'견줄 비(比)' '방식 례(例)'의 비례(比例)는 견주면서 따라가는 방식이라는 의미다. 변하는 두 양 x, y에서 한 쪽의 양 x의 값이 2배 3배 4배로 변함에 따라 다른 쪽의 양 y의 값도 2배 3배 4배로 되는 비례는 정비례(正比例)이고, 변하는 두 양 x, y에서 한 쪽의 양 x의 값이 2배 3배 4배로 변함에 따라 다른 쪽의 양 y의 값은 1/2, 1/3, 1/4로 되는 비례는 반비례(反比例)이다. '바를 정(正)'의 정비례이고, '반수(反數, 1을 그 수로 나눈 수) 반(反)'의 반비례이다.

두 양이 같은 비율로 늘거나 줄거나 하는 일을 '바른 비례'라는 의미로 '바를 정(正)'을 써서 정비례(正比例)라 하고, 어떤 양이 다른 양의 반수(反數, 1을 그 수로 나눈 수)에 비례하는 관계를 '반수로의 비례'라는 의미로 반비례(反比例)라 하는 것이다. 정비례 식은 $y=ax(a\neq0)$이고, 반비례 식은 $y=x/a(a\neq0)$이다.

함수 $y=ax(a\neq0)$의 그래프는 원점을 지나는 직선이고, 함수 $y=x/a(a\neq$

확인
학습

비례(比例): _____비, _____례
정비례(正比例): _____정, _____비, _____례
반비례(反比例): _____반, _____비, _____례

0)의 그래프는 원점에 대해 대칭인 한 쌍의 곡선이다.

  '상자 함(函)'이라 하였다. 군대(軍隊) 직장(職場) 학교(學校) 등에서 개인이 날마다 사용하는 도구 등을 넣어두는 상자는 사물함(私物函)이고, 스님의 유골(遺骨)인 사리(舍利)를 넣은 상자는 사리함(舍利函)이며, 투표자가 기입한 투표용지를 넣는 상자는 투표함(投票函)이다.

사물함(私物函): _____사, _____물, _____함
사리함(舍利函): _____사, _____리, _____함
투표함(投票函): _____투, _____표, _____함

도형(圖形)

일정한 표면 위에 있는 임의의 두 점을 지나는 직선이 항상 그 표면 위에 놓이게 되는 면(面)을 평면(平面)이라 한다. 즉 '평평할 평(平)' '겉 면(面)'으로 평평한 겉(표면)이라는 의미이다.

'그림 도(圖)'에 '모양 형(形)'의 도형(圖形)은 그림의 모양이나 형태를 가리킨다. 그렇기 때문에 평면도형(平面圖形)은 평평한 표면 위에 그려진 그림의 모양이나 형태이다.

삼각형(三角形)은 세 개의 각(角)이 있다는 의미로 3개의 각이 있음과 동시에 3개의 변으로 둘러싸인 평면도형을 가리키고, 사각형(四角形)은 네 개의 각(角)이 있다는 의미로 4개의 각이 있음과 동시에 4개의 변

평면(平面): _____ 평, _____ 면
도형(圖形): _____ 도, _____ 형

으로 둘러싸인 평면도형을 가리킨다.

'바를 정(正)'의 정삼각형(正三角形)은 '정확한 삼각형'이라는 의미로 3개의 변 길이와 3개의 각 크기가 같은 평면도형을 일컫는다. '둘 이(二)' '같을 등(等)' '가 변(邊)'의 이등변삼각형(二等邊三角形)은 두 개의 변 길이가 같은 삼각형이다. 삼각형에서 두 변의 길이가 같으면 두 각(角)도 같다.

'평행(平行)'은 '평평하게 간다' '나란히 간다'는 의미로 두 직선이나 평면을 무한하게 연장하여도 만나지 않고 평평하게 나란히 나가는 것을 일컫는다. 마주보는 선을 '마주볼 대(對)'를 써서 대변(對邊)이라 하는데 사각형에는 두 쌍의 대변(對邊)이 있다. 두 쌍의 대변이 서로 평행한 사각형을 평행사변형(平行四邊形)이라 하고, 한 쌍의 대변만 서로 평행한 사각형을 사다리꼴이라 한다. '사다리'는 어딘가에 기대거나 매달아서 높은 곳과 낮은 곳 사이를 디디면서 오르내릴 수 있도록 만든 도구인데 아래는 넓고 위는 좁으며 발 딛는 가로대는 평행으로 만들어졌다. 그렇기 때문에 가로 변은 평행(平行)이지만 세로 변은 평행하지 않는 사각형을 사다리꼴이라 하는 것이다.

옷감이나 나무 따위를 치수에 맞추어 베고 자르는 일을 '마르다'라 하

정삼각형(正三角形): _____정, _____사, _____각, _____형
평행(平行): _____평, _____행
대변(對邊): _____대, _____변
평행사변형(平行四邊形): _____평, _____행, _____사, _____변, _____형

확인학습

144

고 뾰족한 끝을 '모'라 하기 때문에 '마름모'는 네 변의 길이를 치수에 맞추어 잘 베고 잘라 네 변의 길이를 모두 같게 만든 도형이라 할 수 있다. 네 변의 길이도 같고 네 각도 같은 사각형은 '정사각형'이고, 네 변의 길이는 같지만 각은 같지 않은 사각형은 '마름모'이다. 마름모의 마주보는 대각의 크기는 같다.

내각의 크기가 모두 90도인 사각형을 직사각형(直四角形)이라고 하는데 직각사각형(直角四角形)의 준말이고, 모든 각이 직각(直角), 90도인 사각형을 일컫는다.

네 각의 크기가 같고 네 변의 길이도 같은 사각형은 정사각형(正四角形)인데 정직한 사각형, 정확한 사각형, 완전한 사각형이라는 의미이다.

각이 세 개라서 삼각형이고, 각이 네 개라서 사각형이다. 그리고 각이 다섯 개 이상이면 '많을 다(多)'를 쓴 '다각형(多角形)'이다.

서로 이웃하지 않는 두 꼭짓점을 잇는 직선을 대각선(對角線)이라 하는데 '마주볼 대(對)' '각 각(角)'으로 마주보는(對) 각(角)끼리 이은 선(線)이라는 의미이다.

직사각형(直四角形):	_____ 직,	_____ 사,	_____ 각,	_____ 형
정사각형(正四角形):	_____ 정,	_____ 사,	_____ 각,	_____ 형
다각형(多角形):	_____ 다,	_____ 각,	_____ 형	
대각선(對角線):	_____ 대,	_____ 각,	_____ 선	

한 점을 중심으로 모든 선분의 길이가 같은 점의 집합(集合)을 '둥글 원(圓)'을 써서 원(圓)이라 하고, 활처럼 둥글게 생긴 도형을 활처럼 생겼다 해서 '활 호(弧)'를 써서 '호(弧)'라 한다. '호(弧)'를 원주(圓周)라 하기도 하는데, '둥글 원(圓)' '둘레 주(周)'로 둥근 것의 둘레라는 의미이고, 곡선(曲線) 위 두 점 사이의 곡선 거리를 가리킨다.

현(弦)은 원이나 곡선의 호 두 끝을 잇는 직선(直線)을 가리킨다. '활시위 현'으로, 활시위처럼 생겼다는 의미이다. '활시위'는 활에 걸어서 켕기게 하는 줄로 이 현(弦)에 화살을 걸어서 잡아당겼다가 놓으면 화살이 날아간다.

호(弧)의 길이는 중심각의 크기에 비례하지만 현(弦)의 길이는 중심각의 크기에 비례하지 않는다.

한 점에서 그은 두 개의 반직선에 의하여 이루어지는 도형을 각(角)이라 하는데 평면도형에서 쓰이는 각은 직각, 예각, 둔각, 평각으로 구별한다. 직각(直角)은 90도 각을 일컫고, 예각(銳角)은 0도보다는 크지만 90도보다 작은 각을 일컬으며, 둔각(鈍角)은 90도보다 크고 180도보다 작은 각을 일컫고, 평각(平角)은 180도의 각, 수평선을 일컫는다.

날카로운 각이라서 '날카로울 예(銳)'의 예각(銳角)이고, 무딘 각이라서 '무딜 둔(鈍)'의 둔각(鈍角)이며, 평평한 각이라서 '평평할 평(平)'의 평각(平角)이다. 그리고 예각으로도 둔각으로도 치우치지 않은 올바른 각이라서 '바를 직(直)'의 직각(直角)이다.

'날카로울 예(銳)'라 하였다. '뾰족할 첨(尖)' '날카로울 예(銳)'의 첨예(尖銳)는 뾰족하고 날카롭다는 의미이면서 동시에 사상이나 태도가 앞서 있거나 급진적(急進的)인 데가 있다는 의미이다.

'무딜 둔(鈍)'이라 하였다. 둔하여짐을 둔화(鈍化), 어리석고 둔함을 우둔(愚鈍), 예민(銳敏)하지 못한 무딘 감각을 둔감(鈍感)이라 한다.

'설 립(立)' '형상 체(體)'의 입체(立體)는 '서 있는 모양의 형상'이라는 의미이고 공간의 일부를 차지하고 길이와 넓이와 두께를 지닌 것을 가리킨다.

넷 이상의 평면으로 둘러싸인 입체도형을 다면체(多面體)라 한다. '많은 면을 가진 물체'라는 의미이다. 정육면체(正六面體)는 정사각형 6개가 둘러싸고 있는 입체도형이라는 의미로 정확하게 같은 여섯 개의 면으로 이루어진 입체를 가리키고, 정사면체(正四面體)는 정삼각형 4개가 둘러

둔각(鈍角): _____둔, _____각
평각(平角): _____평, _____각
직각(直角): _____직, _____각
입체(立體): _____입, _____체

싸고 있는 입체도형이라는 의미로 정확하게 같은 네 개의 면으로 이루어진 입체를 가리키며, 원기둥은 밑면과 윗면이 원(圓)이면서 기둥을 이루는 입체도형을 가리킨다.

각기둥은 사각형으로 만든 기둥이라는 의미인데 삼각형 이상의 밑면이 위 아래로 서로 평행하게 2개 있으며, 옆면은 모두 사각형인 입체도형을 일컫는다. 각뿔은 삼각형을 모아 뿔이 생기도록 만든 입체도형이라는 의미인데 다각형인 밑면이 1개 있으며 옆면은 삼각형이다. 각뿔대에서의 '대'는 '돈대 대(臺)'인데 '돈대'는 조금 높직한 평지라는 의미이다. 평지를 만들기 위해서는 꼭지를 잘라야만 한다. 그래서 각뿔대는 각뿔을 그 밑면에 평행한 평면으로 잘라내고 난 나머지 입체를 가리킨다. 원뿔은 밑면이 원이고 꼭지점으로 이루어진 도형을 일컫고, 회전체(回轉體)는 평면도형을 한 직선을 축으로 하여 1회전시킬 때 생기는 입체도형이다.

확률(確率), 명제(命題), 증명(證明)

　　'확실할 확(確)' '비율 률(率)'의 **확률(確率)**은 어떤 일이 일어날 확실함의 비율, 확실성의 정도라는 의미이다. 같은 조건 아래에서 실험이나 관찰을 여러 번 되풀이할 때 어떤 사건 A가 일어난 횟수의 상대도수가 일정한 값에 가까워지는 경우에 이 값을 사건 A가 일어날 확률(確率)이라 일컫는다.

　　절대로 일어날 수 없는 사건의 확률은 0이고 반드시 일어날 사건의 확률은 1이다. 그렇기 때문에 어떤 사건이 일어날 확률을 p라 하면 p는 0보다 크거나 같고 1보다 작거나 같다. 그리고 한 사건이 일어날 확률이 p일 때, 사건 A가 일어나지 않을 확률은 (1-p)이다.

　　'확실할 확(確)'이라 하였다. 굳게 믿는 것을 '믿을 신(信)'을 서서 **확**

| 확률(確率): _____확, _____률 |
| 확신(確信): _____확, _____신 |
| 확고부동(確固不動): _____확, _____고, _____부, _____동 |
| 확인(確認): _____확, _____인 |

신(確信)이라 하고, 확실하게 굳어서 움직이지 않음을 '굳을 고(固)' '움직일 동(動)'을 써서 확고부동(確固不動)이라 한다. 틀림없음을 '사실 실(實)'을 써서 확실(確實)이라 하고, 확실하게 인정함을 '인정할 인(認)'을 써서 확인(確認)이라 한다.

'비율 률(率)'이라 하였다. 어떤 수나 양의 다른 수나 양에 대한 비(比)를 '비율(比率)'이라 하고, 일정한 시간에 이루어지는 일의 비율을 '능률(能率)'이라 한다. 두 나라 화폐 간의 교환 비율은 '바꿀 환(換)'의 환율(換率)이고, 증가하는 비율은 '더할 증(增)' '더할 가(加)'의 증가율(增加率)이며, 경쟁하는 비율은 '겨룰 경(競)' '다툴 쟁(爭)'의 경쟁률(競爭率)이다.

그 내용이 참인지 거짓인지를 분명하게 판별할 수 있는 식이나 문장을 '이름 지을 명(命)' '제목 제(題)'를 써서 명제(命題)라 하는데 이름 지어서 제목(題目)으로 만들었다는 의미이고, 문제에 대한 논리적 판단 내용과 주장을 문장으로 표현한 것을 일컫는다.

'명(命)'을 '이름 지을 명(命)'이라 하였는데 이름을 지어 붙인다는 명명(命名)에서는 '이름 짓다'는 의미이지만 목숨의 또 다른 말인 '생명(生命)'에서는 '목숨', 인간을 지배하는 필연적이고 초월적인 힘인 '운명(運

환율(換率): _____활, _____율
증가율(增加率): _____증, _____가, _____율
명제(命題): _____명, _____제
명명(命名): _____명, _____명

命)’에서는 ‘운수’, 하늘의 명령이라는 ‘천명(天命)’에서는 ‘명령’이라는 의미이다.

어떤 명제를 ‘p이면 q이다’의 꼴로 나타낼 때 p를 가정, q를 결론이라 하고, 이것을 p → q 와 같이 나타낸다. 명제의 가정과 결론을 바꾸어 놓은 명제를 처음 명제의 역(逆)이라 하는데 ‘거스를 역(逆)’으로 ‘거스른 것’이라는 의미이다.

실험(實驗)이나 실측(實測)에 의하지 않고 이미 알고 있는 옳은 사실 또는 성질들을 근거로 어떤 명제가 참임을 밝히는 일을 ‘증거 증(證)’ ‘밝힐 명(明)’을 써서 ‘증명(證明)’이라 한다. 증거(證據)를 끌어와서 참임을 밝힌다는 의미이다.

증명서 등에 붙이는 작은 규격의 얼굴 사진을 증명사진(證明寫眞)이라 하는데 본인임을 증명하는데 필요한 사진이라는 의미이다. 범죄가 일어난 때에, 피고인(被告人) 또는 피의자(被疑者)가 범죄 현장 이외의 장소에 있었다는 사실을 주장함으로써 무죄(無罪)를 입증하는 방법을 알리바이, 또는 현장부재증명(現場不在證明)이라 하는데 ‘피의자(被疑者)가 현장에 있지 않았음을 증명한다.’는 의미이다.

천명(天命): _____천, _____명
피의자(被疑者): _____피, _____의, _____자

확인
학습

◇ 그 밖의 수학(數學) 용어(用語)

한 직선이나 평면과 직각을 이루는 직선을 수직선(垂直線)이라 한다. '드리울 수(垂)' '곧을 직(直)' '줄 선(線)'으로 '곧게 드리워진 줄'이라는 의미이다. '드리우다'는 물체를 위에서 아래로 늘어지게 한다는 의미이다.

분모(分母)에 근호(根號 = √)가 있는 식(무리수)을 계산할 때 분모(分母)를 유리수(有理數)로 만든 후에 계산을 하여야 하는데 이를 '될 화(化)'를 사용하여 분모(分母)의 유리화(有理化)라 한다. 유리수(有理數) 아닌 분모(分母)를 유리수(有理數) 되게 한다는 의미, 분모의 무리수(無理數)를 유리수(有理數)로 만든다는 의미이다.

수직선(垂直線): _____수, _____직, _____선
유리화(有理化): _____유, _____리, _____화

확인
학습

등식(等式)의 한 변(邊)에 있는 항(項)을 부호(符號)를 바꾸어 다른 변(邊)으로 옮기는 일을 이항(移項)이라 하는데 '옮길 이(移)' '조목 항(項)'으로 조목(條目), 즉 항(項)을 옮긴다는 의미이다.

수식(數式) 등에서 늘 일정하여 변하지 않는 값을 지닌 수나 양을 '항상 상(常)' '숫자 수(數)'를 써서 상수(常數)라 하는데 '항상 그대로의 수(數)' '변함이 없는 수(數)'라는 의미이다.

직선, 평면, 공간에 있어서의 점의 위치를 기준이 되는 점, 직선과의 거리, 각도 등에 의하여 나타낸 수치를 좌표(座標)라 하는데 '자리 좌(座)' '표시 표(標)'로 자리를 나타내는 표시라는 의미이다.

물체가 반원 모양을 그리며 날아가는 선(線), 수학에서는 하나의 정해진 점이나 하나의 정해진 직선에 이르는 거리가 같은 점의 자취를 포물선(抛物線)이라 한다. '던질 포(抛)' '물건 물(物)' '줄 선(線)'으로 어떤 물건을 던졌을 때 만들어지는 줄(선)이라는 의미이다.

서로 만나는 점, 수학에서는 둘 이상의 선이 서로 만나는 점을 교점(交點)이라 한다. '만날 교(交)' '점 점(點)'으로 둘 이상의 그 무엇이 서로 만나는 점이라는 의미이다.

확인
학습

이항(移項): _____이, _____항
상수(常數): _____상, _____수
좌표(座標): _____좌, _____표
포물선(抛物線): _____포, _____물, _____선
교점(交點): _____교, _____점

다각형(多角形)에서 서로 이웃하지 않는 두 꼭지점을 잇는 직선, 다면체(多面體)에서 같은 면에 있지 않는 두 꼭지점을 잇는 직선을 '마주 볼 대(對)' '각 각(角)'을 써서 대각선(對角線)이라 하는데 마주 보는 각끼리 이어놓은 선이라는 의미이다.

숫자를 나타낼 때, 숫자의 자리가 하나씩 올라감에 따라 자리의 값이 10배씩 커지게 나타내는 방법을 십진법(十進法)이라 한다. '열 십(十)' '올라갈 진(進)' '방법 법(法)'으로 10이 되면 자리가 하나씩 올라가는 방법이라는 의미이다. 이진법(二進法)은 2가 되면 자리가 하나씩 올라가는 방법이다. 0과 1만으로 수를 나타내기 때문에 1 다음을 2가 아닌 한 자리 올려 10으로 적는 것을 일컫는다. 그러니까 십진법의 2, 3, 4, 5를 2진법으로 적으면 10, 11, 100, 101이 된다. 마찬가지로 이진법(二進法)으로 나타낸 수를 십진법(十進法)으로 나타내기 위해서는 이진법의 전개식으로 나타낸 후 계산하면 된다. 1101(2)은, $1 \times 2^3 + 1 \times 2^2 + 0 \times 2 + 1 \times 1 = 8 + 4 + 0 + 1 = 13$이 되는 것이다.

십중팔구(十中八九)라는 말이 있다. 열 가운데에서 여덟이나 아홉이라는 의미로 거의 예외 없이 그렇게 될 것이라는 추측을 나타내는 말이다.

대각선(對角線): _____ 대, _____ 각, _____ 선
십진법(十進法): _____ 십, _____ 진, _____ 법
십중팔구(十中八九): _____ 십, _____ 중, _____ 팔, _____ 구

'올라갈 진(進)'이라 하였는데 '나아가다'는 의미로도 많이 쓰인다. 앞으로 나아가서 적을 치는 일을 '칠 격(擊)'을 써서 '진격(進擊)'이라 하고, 앞으로 나아갈 길을 '길 로(路)'를 써서 '진로(進路)'라 한다. 발전하여 나아짐을 '걸음 보(步)'를 써서 '진보(進步)'라 하고, 한 걸음 더 나아감을 '진일보(進一步)'라 하며, 차차 더 나아지게 됨을 '될 화(化)'를 써서 '진화(進化)'라 한다.

'진(進)'은 '오르다' '올리다'는 의미로도 쓰인다. 등급, 계급, 학년 등이 오름을 '등급 급(級)'을 써서 '진급(進級)', 특산물을 임금에게 바치는 일을 '임금 상(上)'을 써서 '진상(進上)', 윗사람에게 자기의 의견을 올려 말함을 '진언(進言)'이라 한다.

'진화론(進化論)'이 있고 '창조론(創造論)'이 있다. 모든 생물은 원시적인 종류의 생물로부터 진화해왔다는 주장은 진화론이고, 인간을 비롯하여 모든 생물은 신이 만들었다는 주장은 창조론이다. '론(論)'은 진리가 아니라 '생각' '주장'이라는 의미이다.

'정도 도(度)'를 쓴 도수(度數)는 글자 그대로는 '정도의 횟수'라는 의미인데 보통 '횟수'의 의미로 쓰인다. '나눌 분(分)'에 '펼칠 포(布)'의 분포(分布)는 여기저기 나누어져서 널리 펼쳐져 있다는 의미이고, '쌓을 누

진급(進級):	_____ 진,	_____ 급	
진언(進言):	_____ 진,	_____ 언	
도수(度數):	_____ 도,	_____ 수	
분포(分布):	_____ 분,	_____ 포	
누적(累積):	_____ 누,	_____ 적	

확인
학습

(累)' '쌓을 적(積)'의 누적(累積)은 쌓고 또 쌓는다는 의미로 사실이나 현상이 포개져 쌓여있다는 의미이다.

　도수분포표(度數分布表)는 정도의 횟수가 어떤 상태로 나누어져서 펼쳐 있는가를 보여주는 표이다. 30점대는 몇 명, 40점대는 몇 명, 50점대는 몇 명, 90점대는 몇 명 식으로 전체의 자료를 몇 개의 계급으로 나누고 각 계급에 속하는 횟수를 조사하여 만든 표인 것이다.

　상대도수(相對度數)는 도수의 총합에 대한 각 계급 도수의 비율인데 상대적인, 다른 계급의 도수와 비교한 도수라는 의미이다. 그렇기 때문에 각 계급의 상대도수는 각 계급의 도수를 도수의 총합으로 나눈 수치이고 1 이하이다. 상대도수의 총합은 1이어야 하고 합계가 다른 두 집단의 분포 상태를 비교할 때 사용된다. '쌓을 누(累)' '쌓을 적(積)'의 누적도수(累積度數)는 쌓인 도수, 쌓인 횟수, 쌓인 정도를 가리킨다. 누적도수(累積度數)는 도수분포표에서 처음 계급의 도수로부터 어느 계급까지의 도수를 차례대로 더한 값으로 마지막 누적도수(累積度數)는 도수의 총합(總合)과 같아야 한다.

　'정도 도(度)'라 하였다. 빠르기의 정도를 '빠를 속(速)'을 써서 속도(速度)라 하고, 따뜻함의 정도를 '따뜻할 온(溫)'을 써서 온도(溫度)라 하며, 자주의 정도를 '자주 빈(頻)'을 써서 빈도(頻度)라 한다. 강함의 정도

도수분포표(度數分布表): _____도, _____수, _____분, _____포, _____표
상대도수(相對度數): _____상, _____대, _____도, _____수
누적도수(累積度數): _____누, _____적, _____도, _____수
빈도(頻度): _____빈, _____도
농도(濃度): _____농, _____도

를 '강할 강(强)'을 써서 강도(强度)라 하고, 진함의 정도를 '짙을 농(濃)'을 써서 농도(濃度)라 한다.

어렵고 쉬운 정도를 '어려울 난(難)' '쉬울 이(易)'를 써서 난이도(難易度), 높음의 정도를 '높을 고(高)'를 써서 고도(高度), 빽빽함의 정도를 '빽빽할 밀(密)'을 써서 밀도(密度)라 한다.

'서로 상(相)' '대할 대(對)'의 상대(相對)는 서로 마주 대함, 또는 서로 겨룬다는 의미로도 쓰이지만, 서로 관계하고 있어서 그것과 떨어져서는 존재할 수 없는 것이라는 의미, 다른 것과 비교 대립 관계에 있는 것이라는 의미로도 많이 쓰인다.

어떤 상품을 기준으로 하여 나타낸 다른 상품의 상대적 교환 가치를 상대가격(相對價格)이라 하고, 어떤 물체에서 본 다른 물체의 상대적인 속도를 상대속도(相對速度)라 하며, 모든 사물이 각각 독립적으로 존재하지 않고 다른 사물과 의존적인 관계를 지니고 있는 성질을 상대성(相對性)이라 한다.

정수(整數) 또는 정식(整式)을 몇 개의 곱의 꼴로 나타냈을 때, 그것의 각 구성 요소를 인수(因數)라 하는데 '근본 인(因)' '숫자 수(數)'로, 근

난이도(難易度): _____난, _____이, _____도
밀도(密度): _____밀, _____도
상대(相對): _____상, _____대
인수(因數): _____인, _____수
분해(分解): _____분, _____해

본을 이루는 숫자라는 의미이다. 결합되어 있는 것이 따로따로 나누어지고 풀어짐, 또는 여러 부분으로 이루어진 것을 낱낱의 부분으로 나누고 풀어놓는 일을 '나눌 분(分)' '풀 해(解)'를 써서 분해(分解)라 한다. 그리고 정수 또는 정식을 이 인수(因數)의 곱으로 나타내는 일을 인수로 나누고 풀어놓는다는 의미로 인수분해(因數分解)라 한다. 하나의 다항식을 2개 이상의 인수의 곱의 꼴로 나타낸 것이라 할 수 있다. $x^2+(a+b)x+ab$를 $(x+a)(x+b)$로 나타낸 것이 인수분해(因數分解)이고 $(x+a)$나 $(x+b)$가 인수(因數)이다.

어떤 일의 근본(根本)이 되는 까닭을 원인(原因)이라 하고, 어떤 일이 일어나는 중요하고도 핵심적(核心的) 원인(原因)을 '중요할 요(要)'를 써서 요인(要因)이라 한다. 원인(原因)과 결과(結果)를 인과(因果)라 하고, 어떤 사물(事物)을 발동(發動)하여 일으키는 원인(原因)을 '움직일 동(動)'을 써서 동인(動因)이라 하며, 죽음의 원인(原因)을 '죽을 사(死)'를 써서 사인(死因)이라 한다.

인수분해(因數分解): _____인, _____수, _____분, _____해
원인(原因): _____원, _____인
요인(要因): _____요, _____인
인과(因果): _____인, _____과
사인(死因): _____사, _____인

4부

사회(社會)

◇ 지역(地域)과 사회(社會) 탐구(探究)

본디의 모양보다 작게 그린 그림을 '오그라들 축(縮)' '그림 도(圖)'를 써서 축도(縮圖)라 하는데 오그라들게 하여서 그린 그림이라는 의미이다.

지도나 설계도 등을 실물(實物)보다 축소(縮小)하여 그릴 때 축소(縮小)한 비(比)를 '오그라들 축(縮)' '자 척(尺)'을 써서 축척(縮尺)이라 하는데, 이는 '견줄 비(比)'를 쓴 축척비(縮尺比)의 준말이고, 오그라들게 한 것을 자로 재서 실제와 견준 비율이라는 의미이다. 지표상의 실제 거리와 지도상에 나타낸 거리와의 비(比), 축도(縮圖)를 그릴 때 축소시킨 비(比), 실제 지상(地上) 거리가 축소되어 있는 비율(比率)이 축척(縮尺)인 것이다.

좁은 범위의 지역을 자세하게 나타낸 지도를 대축척지도(大縮尺地

확인
학습

축도(縮圖): _____축, _____도
축척(縮尺): _____축, _____척
대축척지도(大縮尺地圖): _____대, _____축, _____척, _____지, _____도

圖)라 하고, 넓은 범위의 지역을 간략하게 나타낸 지도를 소축척지도(小縮尺地圖)라 하는데 대축척이냐 소축척이냐는 분수(分數)의 수치를 가지고 이야기한다. 100만분의 1지도와 5만분의 1 지도를 비교할 때에 100만분의 1보다 5만분의 1이 크기에 5만분의 1로 나타낸 축척의 지도를 대축척지도라 하고, 100만분의 1로 나타낸 지도를 소축척지도라 하는 것이다. 크게 그린 축척지도이기에 대축척지도라 이름 붙이고, 작게 그린 축척지도이기에 소축척지도라 이름 붙였다고 생각해도 된다.

평균 해수면(海水面)을 기준으로 높이가 같은 지점을 이은 선을 등고선(等高線)이라 하는데, '같을 등(等)' '높을 고(高)' '줄 선(線)'으로 해발 높이가 같은 지표면을 서로 연결한 줄(선)이라는 의미이다. 등고선(等高線) 간격이 좁은 곳이 급경사(急傾斜) 지역이다.

기압이 같은 지점을 연결한 선은 '기압 압(壓)'을 쓴 등압선(等壓線)이고, 기온이 같은 지점을 연결한 선은 '온도 온(溫)'을 쓴 등온선(等溫線)이다.

표고(標高)가 600m 이상 되는 높고 한랭(寒冷)한 지역을 '높을 고(高)' '찰 랭(冷)' '땅 지(地)'를 써서 고랭지(高冷地)라 하는데, 높은 지역의 차가운 땅이라는 의미이다. '고랭지 농업'은 고랭지에서 하는 농업을 일컫는다.

소축척지도(小縮尺地圖):	_____소,	_____축,	_____척,	_____지,	_____도
등고선(等高線):	_____등,	_____고,	_____선
등압선(等壓線):	_____등,	_____압,	_____선
등온선(等溫線):	_____등,	_____온,	_____선
고랭지(高冷地):	_____고,	_____랭,	_____지

호수나 바닷가에 둑을 쌓아 그 안에 있는 물을 빼내고 농경지 등으로 만드는 일을 간척(干拓)이라 하고, 간척 공사를 하여 경작지로 만들어 놓은 땅을 간척지(干拓地)라 한다. '막을 간(干)' '넓힐 척(拓)'으로 물을 막아서 땅을 넓혔다는 의미이다.

'차가울 냉(冷)' '구역 대(帶)'의 냉대(冷帶)는 차가운 구역(지역)이고, '따뜻할 온(溫)'의 온대(溫帶)는 따뜻한 구역이며, '뜨거울 열(熱)'의 열대(熱帶)는 뜨거운 구역이다. 온대(溫帶)와 열대(熱帶)의 중간 기후 지역을 아열대(亞熱帶)라 하는데, '버금 아(亞)'이다. 완전한 열대가 아닌 버금가는 열대라는, 열대는 아니지만 열대에 가까운 기후를 지닌 지역이라는 의미이다.

가장 크고 평평한 바다이기에 '클 태(太)' '평평할 평(平)' '큰 바다 양(洋)'의 태평양(太平洋)이고, 태평양을 고리처럼 둘러싸고 있는 지역이기에 '고리 환(環)'의 환태평양(環太平洋) 지역이다. 유럽 대륙 서쪽에 있는 큰 바다이기에, 큰 서쪽 바다라는 의미로 '큰 대(大)' '서녘 서(西)' '큰 바다 양(洋)'의 대서양(大西洋)이고, 인도(印度)와 근접해 있는 바다이기에 인도양(印度洋)이다.

'모을 집(集)' '묶을 약(約)'의 집약(集約)이 많은 것을 한데 모아서 묶

간척지(干拓地): _____간, _____척, _____지
냉대(冷帶): _____냉, _____대
온대(溫帶): _____온, _____대
열대(熱帶): _____열, _____대
아열대(亞熱帶): _____아, _____열, _____대

는다는 의미이니까 집약농업(集約農業)은 노동력과 자본을 모으고 묶어서 하는 농사일, 일정한 경지 면적에서 보다 많은 작물을 생산하기 위하여 많은 자본과 노동력을 투입하는 농업 경영 방법을 일컫는다.

가공비(加工費)를 벌어들일 목적으로 원자재(原資材)나 반제품(半製品)을 수입 가공하여 다시 수출하는 무역을 가공무역(加工貿易)이라 하고, 식품의 원료인 농산물 축산물 수산물 등의 특성을 살리면서 보다 맛있고 먹기 편하고 저장성이 좋게 만든 식품을 가공식품(加工食品)이라 한다. '더할 가(可)' '장인 공(工)'의 가공(加工)은 장인(匠人)의 솜씨를 더하여서 새롭게 재탄생시킨다는 의미로 원료나 재료에 손을 더 대어 새로운 물건을 만드는 일을 일컫는다.

물과 풀을 찾아 이동하면서 가축 사육하는 일을 유목(遊牧)이라 하는데 '돌아다닐 유(遊)' '다스릴 목(牧)'으로 이곳저곳 돌아다니면서 가축을 다스린다는 의미이다.

'물댈 관(灌)' '물댈 개(漑)'를 쓴 관개(灌漑)는 (논이나 밭에) 물을 댄다(공급한다)는 의미로 농사에 필요한 물을 논밭에 끌어대는 일을 일컫는다. 관개(灌漑)에 사용하는 물은 '사용할 용(用)' '물 수(水)'의 관개용수(灌漑用水)이다.

164

집약농업(集約農業):	_____집,	_____약,	_____농,	_____업
가공무역(加工貿易):	_____가,	_____공,	_____무,	_____역
유목(遊牧): _____유,	_____목			
관개(灌漑): _____관,	_____개			
관개용수(灌漑用水):	_____관,	_____개,	_____용,	_____수

확인
학습

강이나 호수나 바다를 따라 연이어 있는 육지를 연안(沿岸)이라 하는데 '물 따라 내려갈 연(沿)' '언덕 안(岸)'으로 물 따라 내려가면서 있는 언덕이라는 의미이다.

높은 산지에 펼쳐진 넓은 벌판을 고원(高原)이라 한다. '높을 고(高)' '들판 원(原)'으로 높은 곳에 위치한 들판이라는 의미이다. 산으로 둘러싸여 있는, 높으면서도 평평한 땅을 '동이 분(盆)' '땅 지(地)'를 써서 분지(盆地)라 하는데 동이처럼 윗면이 평평한 땅이라는 의미이다. 둘 다 높은 곳에 위치한 평평한 땅이지만 주변 지역보다 높고 표면 기복이 작은 평탄한 지형은 고원(高原)이고, 주위가 높은 지대로 둘러싸인 낮고 평평한 지형은 분지(盆地)이다.

산이나 들에 불을 지른 다음 땅을 파고 일구어서 농사짓는 밭을 화전(火田)이라 하는데, '불 화(火)' '밭 전(田)'으로 불로 태워 만든 밭이라는 의미이다. '벨 벌(伐)' '나무 목(木)'의 벌목(伐木)은 나무를 베어낸다는 의미다.

북풍(北風)은 북쪽에서 불어오는 바람이고, 동풍(東風)은 동쪽에서 불어오는 바람이며, '치우칠 편(偏)'의 편서풍(偏西風)은 치우친 서쪽(유럽)에서 불어오는 바람이다. 계절풍(季節風)은 계절에 따라 방향을 바꾸어 주기적으로 일정한 방향으로 부는 바람인데 겨울에는 대륙(大陸)에

연안(沿岸):	_____연, _____안
고원(高原):	_____고, _____원
분지(盆地):	_____분, _____지
화전(火田):	_____화, _____전

서 대양(大洋)을 향해 불고, 여름에는 대양(大洋)에서 대륙(大陸)을 향해 분다. 무역풍(貿易風)은 중위도 고압대에서 적도 저압대 방향으로 부는 바람인데 예전에 이 바람을 이용하여 무역을 하였기 때문에 붙여진 이름이다. 무역하는데 도움을 주는 바람이라는 의미인 것이다.

인간의 특징 중 하나가 직립보행(直立步行)이다. '곧을 직(直)' '설 립(立)' '걸음 보(步)' '갈 행(行)'으로 곧게 서서 걸음을 걸어간다는 의미이다. 인류는 직립보행(直立步行)을 하게 되면서 손의 자유를 얻을 수 있었고, 손의 자유로 말미암아 도구를 만들어 사용할 수 있게 되었으며, 도구 사용이 문명 발전에 중요한 역할을 하였다고 할 수 있다.

제사(祭祀)와 정치(政治)가 일치한다는 사상, 또는 그러한 정치 형태를 제정일치(祭政一致)라 한다. '제사 제(祭)' '정치 정(政)' '하나 일(一)' '이를 치(致)'로 제사와 정치를 하나(한 사람)에게 이르게 한다는 의미였다. 고대 정치지도자는 자신의 권위를 높이기 위해 제사장(祭司長) 역할까지 겸하였던 것이다.

중국 춘추전국시대의 여러 학파를 통틀어 제자백가(諸子百家)라 하였는데 '여러(모두) 제(諸)' '학자(접미사) 자(子)' '많을 백(百)' '전문가 가(家)'로 여러 학자와 수많은 전문가들이라는 의미였다.

편서풍(偏西風): _____편, _____서, _____풍
무역풍(貿易風): _____무, _____역, _____풍
직립보행(直立步行): _____직, _____립, _____보, _____행
제정일치(祭政一致): _____제, _____정, _____일, _____치
제자백가(諸子百家): _____제, _____자, _____백, _____가

◇ 유럽 세계(世界)의 형성(形成)

  왕(王)으로부터 받은 봉토(封土)를 관리하면서 그 영내에 사는 백성을 다스리는 사람을 '제후(諸侯)'라 하였는데 '모두 제(諸)' '후작(관리) 후(侯)'로 모든 것을 관리하는 사람, 중간 관리자라는 의미였다.

  봉토(封土)는 '봉할 봉(封)' '땅 토(土)'이고 '봉하다'는 왕이 벼슬을 주어 관리로 삼는다는 의미이다. 그렇기 때문에 봉토(封土)는 관리로 삼기 위해 왕이 제후에게 주는 땅이라는 의미였고 당연히 제후(諸侯)가 다스리는 땅을 가리켰다.

  봉건제(封建制)는 '봉토 봉(封)' '세울 건(建)' '제도 제(制)'로 봉토를 제공하여 나라를 세워가는 제도라는 의미로 제후에게 봉토를 나누어줌

제후(諸侯): _____제, _____후
봉토(封土): _____봉, _____토
봉건제(封建制): _____봉, _____건, _____제

으로써 백성들을 다스리는 제도를 가리켰다. 왕이 제후에게 땅을 나누어 주고 제후로 하여금 그 봉토를 활용하여 백성들을 다스리게 하는 제도였던 것이다. 왕과 제후(중간 관리자) 사이의 주종(主從) 관계를 바탕으로 확립되었던 정치제도가 봉건제(封建制)였는데 봉건사회(封建社會)에서는 왕이 제후나 기사와 주종관계를 맺고 영주(領主)가 되게 하여 농민을 지배하였던 것이다.

14세기 말부터 16세기 초에 걸쳐 이탈리아를 발상지로 하여 전(全)유럽에 걸쳐 파급된 문예부흥운동을 르네상스라 부른다. 르네상스는 인간의 개성(個性)과 능력(能力)을 강조하고 근대 과학기술 발달을 촉진시켰다. 문예부흥운동(文藝復興運動)이란 '문화 문(文)' '예술 예(藝)' '다시 부(復)' '일으킬 흥(興)'으로 문화와 예술을 다시 일으키는 운동이라는 의미였다.

강력한 왕권의 중앙집권 정치체제를 절대왕정(絶對王政)이라 하였는데 절대(絶對)란, 대립되거나 비교될 것이 없는 상태를 의미하고, 왕정(王政)은 왕에 의한 정치라는 의미이니까 절대왕정(絶對王政)은 왕이 누구로부터 제약을 받지 않고 절대적 권력을 행사하는 정치라는 의미였다.

왕권신수설(王權神授說)과 중상주의(重商主義)가 정치이론과 경제

문예부흥(文藝復興): _____문, _____예, _____부, _____흥
절대왕정(絶對王政): _____절, _____대, _____왕, _____정
왕권신수설(王權神授說): _____왕, _____권, _____신, _____수, _____설

정책으로 절대왕정을 뒷받침하였는데, '임금 왕(王)' '권리 권(權)' '신 신(神)' '줄 수(授)' '주장 설(說)'의 왕권신수설(王權神授說)은 '임금의 권리는 신이 준 것이라는 주장'이라는 의미로 왕의 권리는 신으로부터 받은 것이기 때문에 누구도 이를 제한하지 못하는 절대 무한의 것이라는 주장을 일컫는다. '중요할 중(重)' '장사할 상(商)'의 중상주의(重商主義)는 장사, 상업을 중요하게 생각하자는 주장이다.

17,18세기 유럽에서는 근대 과학과 철학이 발전하였는데 뉴턴의 만유인력(萬有引力)은 과학혁명(科學革命)의 예이고, 데카르트의 합리주의(合理主義)는 철학(哲學) 발전의 예이다. 만유인력(萬有引力)은 '모든 만(萬)' '있을 유(有)' '끌 인(引)' '힘 력(力)'으로 모든 물체에는 끌어당기는 힘이 있다는 의미이다. 질량을 가진 모든 물체는 서로를 끌어당기는 힘을 가지고 있다는 생각이었다.

'맞을 합(合)' '이치 리(理)'의 합리주의(合理主義)는 주장이나 행동 등이 이치에 맞는다는 의미로 이성적으로 판단하고 합리성을 관철하려는 생활태도나 사고방식을 일컫는다.

'조목 과(科)' '학문 학(學)'의 과학(科學)은 조목별로 세세하게 연구하는 학문이라는 의미로 객관적 방법을 통해 계통적으로 연구하는 활동을

확인
학습

중상주의(重商主義):	_____중,	_____상,	_____주,	_____의
만유인력(萬有引力):	_____만,	_____유,	_____인,	_____력
합리주의(合理主義):	_____합,	_____리,	_____주,	_____의
과학(科學):	_____과,	_____학		

일컫고 '밝을 철(哲)' '슬기로울 철(哲)'의 철학(哲學)은 밝게 하고 슬기롭게 만드는 학문이라는 의미로 인간의 삶에 중요한 인생관이나 세계관 등을 연구하는 학문을 가리킨다.

합리성(合理性)은 '맞을 합(合)' '이치 리(理)'로 이치에 맞는 성질, 논리의 법칙이나 과학적 인식에 들어맞는 성질이라는 의미이다. 합리주의 철학은 이성(理性)을 중시(重視)하였는데, 이성(理性)은 '깨달을 이(理)' '성질 성(性)'으로 깨달음에 다다른 성질이라는 의미이기도 하고, '이치 이(理)' '성품 성(性)'으로 이치를 논리적으로 생각하고 판단하는 성품이라는 의미이기도 하다.

이전(以前)의 왕조를 뒤집고 다른 왕조가 들어서는 일, 국가나 사회의 조직이나 형태 등을 급격하게 바꾸는 일, 급격한 변혁이 일어나는 일을 '가죽 혁(革)' '목숨 명(命)'을 써서 혁명(革命)이라 한다. 가죽 만드는 일이나 목숨을 좌우하는 일처럼 엄청난 일이라는 의미이다. 동물로부터 벗겨낸 가죽을 우리가 실생활에서 사용하는 가죽으로 만드는 과정은 생각 이상으로 힘들고 복잡하다. 과정이 힘들고 복잡할 뿐 아니라 갓 벗겨낸 가죽과 가공해 놓은 가죽은 모양도 성질도 엄청나게 다르다. 그렇기 때문에 '가죽 혁(革)'에 '목숨 명(命)'을 쓴 혁명(革命)이 가죽을 만드는 일처럼 힘든 일이라는 의미이면서 완전히 다르게 만들어버리는 변화를 꾀

철학(哲學): _____철, _____학
합리성(合理性): _____합, _____리, _____성
이성(理性): _____이, _____성
혁명(革命): _____혁, _____명

하는 일이라는 의미가 된 것이다.

1640~1660년에 일어난, 영국 최초의 시민혁명을 청교도혁명(淸敎徒革命)이라 한다. 혁명을 추진했던 사람 중에 청교도가 많았기 때문에 붙여진 이름이다. '깨끗할 청(淸)' '교리 교(敎)' '무리 도(徒)'의 청교도(淸敎徒)는 깨끗한 생활을 할 것을 교리로 하여 모인 무리라는 의미인데, 16세기 후반에 성공회(聖公會)의 종교 개혁을 더욱 철저하게 실천하려고 한 성공회 일파 및 그 흐름에 동조한 프로테스탄트 각 파를 통틀어 일컫는다. 칼뱅주의를 바탕으로, 모든 쾌락을 죄악시하였고 사치와 성직자의 권위를 배격하였으며 철저한 금욕주의(禁慾主義)를 주장하였다

1688년, 영국에서 일어난 시민혁명을 명예혁명(名譽革命)이라 한다. 이는 명예로운 일로 인정받았기에 붙여진 이름이다. '이름 명(名)' '칭찬할 예(譽)'의 명예(名譽)는 세상에서 훌륭하다고 칭찬받는 이름이나 자랑, 존엄이나 품위를 일컫는다. 명예혁명(名譽革命)이라 불리는 이유 역시 세상 사람들로부터 높은 평가를 받았던 혁명이었기 때문이다. 명예로웠던 혁명, 피 흘림이 없었던 혁명이었기 때문에 명예혁명이라 이름 붙였던 것이다.

새로 출현한 시민 계급이 주체가 되어 자본주의 사회 체제를 세운 혁

확인학습

청교도혁명(淸敎徒革命): _____청, _____교, _____도, _____혁, _____명
금욕주의(禁慾主義): _____금, _____욕, _____주, _____의
명예혁명(名譽革命): _____명, _____예, _____혁, _____명

명을 시민혁명(市民革命)이라 한다. 시민(市民), 즉 평민(平民)들에 의해 일어난 혁명이라는 의미이고 대표적인 시민혁명은 1789년에 일어난 프랑스혁명이었다.

산업혁명(産業革命)이란 산업(産業)에서 혁명이 일어났다는 의미이다. 18세기 중엽 영국에서 시작된 기술혁신과 이에 수반하여 일어난 사회 경제 구조의 변혁 운동이었는데 산업에서 획기적인 변화를 가져왔기에 혁명(革命)이라 이름 붙인 것이다. 영국에서 일어난 산업혁명은 이후 유럽, 미국, 러시아 등으로 확대되었고 20세기 후반에는 동남아시아, 아프리카, 라틴아메리카까지 확산되었다.

조선 건국은 통치자가 '왕(王)'씨에서 '이(李)'씨로 성(姓)이 바뀐 일이었기 때문에 '바꿀 역(易)' '성씨 성(姓)'을 써서 '성(姓)'이 바뀐 혁명이라는 의미로 역성혁명(易姓革命)이라 부른다.

이승만 정권의 장기 집권을 위한 조직적 부정 선거에 항의하여 민주적 절차에 의한 정권 교체를 요구한 일을 4.19 혁명이라 하는데 1961년 4월 19일에 일어났기 때문에 붙여진 이름이다. 개인적으로 이름을 다시 붙여야 한다는 생각을 해본다. '한국민주혁명'이라고.

산업혁명(産業革命): _____산, _____업, _____혁, _____명
역성혁명(易姓革命): _____역, _____성, _____혁, _____명

아시아 사회의 변화(變化)와 현대 세계

◇

음식물에 맛이나 향을 더하는 조미료를 향신료(香辛料)라 하는데 '향기 향(香)' '매울 신(辛)' '재료 료(料)'로 향기를 내고 매운맛을 내는 식품 재료라는 의미이다.

정치, 경제, 군사, 문화적으로 다른 나라에 예속되어 독립 국가로서의 자주적인 주권을 갖고 있지 않은 나라, 본국(本國) 밖에 있으면서 본국의 특수한 지배를 받는 지역을 식민지(植民地)라 하였다. 즉 '심을 식(植)' '백성 민(民)' '땅 지(地)'로 자기 백성을 심어서(이주시켜) 경제개발과 정치지배를 하는 땅이라는 의미이다.

향신료(香辛料): _____향, _____신, _____료
식민지(植民地): _____식, _____민, _____지

확인
학습

중국 청나라 말기에, 청나라를 타도하고 새로운 왕조 건설을 목적으로 일어난 근대적 농민 운동을 태평천국운동(太平天國運動)이라 하였는데 '클 태(太)' '평화 평(平)' '하늘 천(天)' '나라 국(國)'으로 크게 평화로운 하늘나라와 같은 나라를 만들자는 운동이었다.

19세기 후반 중국 청나라에서 일어난 근대화 운동으로 서양 문물(文物)을 수용해서 부국강병(富國强兵)을 이루려 했던 운동을 양무운동(洋務運動)이라 하였다. '서양 양(洋)' '힘쓸 무(務)'로 서양 문물을 받아들여 사용하기에 힘쓰자는 운동이었다.

청일전쟁(清日戰爭) 패배 이후 절충적 개혁인 양무운동의 한계를 느끼고 정치, 교육, 법 등 청나라 사회 전반의 제도들을 근본적으로 개혁하고자 했던 운동을 변법자강운동(變法自疆運動)이라 하였는데, '변할 변(變)' '법 법(法)' '스스로 자(自)' '굳셀 강(疆)'으로 법(法)을 변화(變化)시키고 스스로를 굳세게 하자는 운동이었다.

오로지 한 사람의 생각대로 일을 정하고 처리하는 것을 '오로지 전(專)' '정할 제(制)'를 써서 전제(專制)라 하는데, 오로지 혼자의 생각대로 정한다는 의미이다. 전제정치(專制政治)란 오로지 한 사람이 정한 법에 의해서 행해지는 정치라는 의미로 국가의 주권이 오직 한 개인이나 특정 계급

태평천국(太平天國): _____ 태, _____ 평, _____ 천, _____ 국
양무운동(洋務運動): _____ 양, _____ 무, _____ 운, _____ 동
변법자강(變法自疆): _____ 변, _____ 법, _____ 자, _____ 강
전제정치(專制政治): _____ 전, _____ 제, _____ 정, _____ 치

에게 있어서 그 한 사람만의 생각대로 행해지는 정치를 일컫는다.

선진국(先進國)이 후진국(後進國)을 지배하는 일, 군사적 경제적으로 강한 민족이 약한 민족을 정복하여 자기 나라의 영토와 권력을 넓히려는 침략주의를 제국주의(帝國主義)라 하는데 '황제 제(帝)' '나라 국(國)'으로 황제 나라가 자신의 지배를 받도록 강요하는 경향이라는 의미였다.

입헌정치(立憲政治)는 '설 립(立)' '법 헌(憲)'으로 법을 세워서 하는 정치, 삼권분립(三權分立)의 원칙을 인정한 헌법에 따라 행하는 정치를 일컫는다.

내륙(內陸)에 선박의 통행이나 농지의 관개(灌漑), 배수(配水), 용수(用水)를 위하여 인공적(人工的)으로 만든 수로(水路)를 운하(運河)라 한다. 즉 '운반할 운(運)' '강 하(河)'로 운반하는데 이용하기 위한 목적으로 만든 강(하천)이라는 의미이다. 관개(灌漑)는 '물 댈 관(灌)' '물 댈 개(漑)'로 농사에 필요한 물을 끌어 논밭에 대는 일을 가리키고, 배수(排水)는 '밀칠 배(排)' '물 수(水)'로 안에 있는 물을 밖으로 내보내는 일을 가리키며, 용수(用水)는 '쓸 용(用)' '물 수(水)'로 관개, 공업, 발전, 방화, 세탁 등에 쓰기 위해 먼 곳으로부터 물을 끌어오는 일을 가리킨다.

제국주의(帝國主義): _____ 제, _____ 국, _____ 주, _____ 의			
입헌정치(立憲政治): _____ 입, _____ 헌, _____ 정, _____ 치			
삼권분립(三權分立): _____ 삼, _____ 권, _____ 분, _____ 립			
운하(運河): _____ 운, _____ 하			
배수(排水): _____ 배, _____ 수			

확인 학습

열강(列强)은 '나열할 열(列)' '강한 나라 강(强)'으로 나열된(여러) 강한 나라라는 의미이다. '들 거(擧)' '방법 법(法)'의 열거법(列擧法)은 들어서 나열하는 방법이라는 의미로 비슷한 내용의 어구를 여러 개 늘어놓아 전체적인 내용을 강조하는 수사법이고, '수레 차(車)'의 열차(列車)는 늘어놓은 수레라는 의미로 기관차에 화차나 객차를 달아 선로를 통해 여객이나 화물을 실어나르는 차량이며, '전기문 전(傳)'의 열전(列傳)은 나열된 전기문이라는 의미로 여러 사람의 전기(傳記)를 차례로 벌여 기록한 책이다.

민족자결주의(民族自決主義)는 '스스로 자(自)' '결정할 결(決)'로 각 민족은 정치적 운명을 스스로 결정할 권리가 있으며 다른 민족의 간섭을 받지 않아도 된다는 주장이다. '풀 해(解)'의 해결(解決)은 문제나 사건 등을 잘 풀거나 처리했다는 의미이고, '찢어질 렬(裂)'의 결렬(決裂)은 갈가리 찢어졌다는 의미이다.

공화국(共和國)은 '함께 공(共)' '화평할 화(和)' '나라 국(國)'으로 함께 화평(和平)을 누리는 나라라는 의미이다. 국가나 사회 구성원에 두루 관계되는 일은 '공평할 공(公)'의 공공(公共)이고, 함께 사라지거나 멸망함은 '멸망할 멸(滅)'의 공멸(共滅)이다.

확인학습

열강(列强): _____열, _____강
열전(列傳): _____열, _____전
민족자결(民族自決): _____민, _____족, _____자, _____결
공화국(共和國): _____공, _____화, _____국
공공(公共): _____공, _____공

개인보다 사회 집단이나 국가의 중요성을 강조하는 것으로, 민족이나 국가의 이익을 위해 개인의 자유를 희생해야 한다는 사상을 전체주의(全體主義)라 하는데 전체(全體)가 개인보다 중요하다는 생각이고, 개인의 모든 활동은 국가나 민족 전체의 존립과 발전을 위해 희생되어야 한다는 이념 아래 국민의 자유를 억압 통제하는 사상 및 체제를 일컫는다.

직접적으로 무력(武力)을 사용하지 않지만 경제 외교 정보 등을 수단으로 하는 국제적 대립(對立)을 '찰 냉(冷)' '싸움 전(戰)'을 써서 냉전(冷戰)이라 하는데, 차갑게 남모르게 싸운다는 의미이고, 불꽃 튀기며 열심히 싸운다는 '열전(熱戰)'의 상대적 개념이다.

국가의 임무를 대외적인 국방(國防)과 대내적인 치안유지(治安維持)의 확보 및 최소한의 공공사업에 국한하고, 경제활동 등 나머지는 개인의 자유에 맡기는 것이 바람직하다는 근대의 자유주의적 국가관을 야경국가(夜警國家)라 한다. 이는 '밤 야(夜)' '경계할 경(警)'으로 밤에만 경계(警戒)해 주는 국가, 밤의 치안(治安)에만 힘쓰고 다른 일은 하지 않는 국가라는 의미이다.

'복 복(福)' '복 지(祉)'의 복지국가(福祉國家)는 복이 있는, 복을 나누어주는 국가라는 의미로 국가의 기본 목표를 국민의 생존권 보장과 생활

전체주의(全體主義):	_____ 전,	_____ 체,	_____ 주,	_____ 의
냉전(冷戰):	_____ 냉,	_____ 전		
야경국가(夜警國家):	_____ 야,	_____ 경,	_____ 국,	_____ 가
복지국가(福祉國家):	_____ 복,	_____ 지,	_____ 국,	_____ 가

상의 행복을 늘려가는데 두는 국가를 일컫는다.

절대적으로 올바른 진리란 있을 수 없고 올바른 것은 그것을 정하는 기준에 의해 정해지는 것이라는 이론을 '서로 상(相)' '대할 대(對)'를 써서 상대주의(相對主義)라 하는데 모든 것은 서로가 어떻게 대하느냐에 따라 결정된다는 이론이다. 이와 달리 '끊을 절(絕)' '대할 대(對)'의 절대주의(絕對主義)는 진리나 가치 따위의 절대성을 인정하고 그 절대성을 추구하는 이론이다.

사대주의(事大主義)는 '섬길 사(事)' '큰 나라 대(大)'로 큰 나라를 섬겨야 한다는 주장이다. 자기의 주장도 없고 자주성(自主性)도 없이 강한 세력을 붙좇아 안전을 꾀하는 사상, 큰 나라를 섬기는 것이 옳다는 생각이 사대주의(事大主義)인 것이다. 자주성(自主性)이란 '스스로 자(自)' '주인 주(主)'로 스스로가 주인이 되려는 성질이라는 의미이다.

사회생활과 법(法) 규범(規範)

    국민의 기본권 보장을 위해서는 법의 지배가 이루어져야 한다는 주장을 법치주의(法治主義)라 한다. 이는 '법 법(法)' '다스릴 치(治)'로 법으로 다스리는 것이 옳다는 주장이다.

    법은 사법(私法), 공법(公法), 사회법(社會法)으로 구분하는데 민법(民法) 상법(商法) 등 개인 간의 권리 의무와 같은 사적인 생활 영역을 규율하는 법은 '사사로울 사(私)'의 사법(私法)이고, 헌법(憲法), 형법(刑法), 행정법(行政法) 등 개인과 국가, 국가 기관 간의 공적 생활 영역을 규율하는 법은 '공변될 공(公)'의 공법(公法)이며, 노동관계법(勞動關係法), 사회보장법(社會保障法) 등 개인 간의 생활 관계이지만 국가가 나서서 규율하게 된 법은 사회법(社會法)이다.

확인
학습

법치주의(法治主義): _____법, _____치, _____주, _____의
사법(私法): _____사, _____법
공법(公法): _____공, _____법
사회법(社會法): _____사, _____회, _____법

'마름질할 재(裁)' '판단할 판(判)'의 재판(裁判)은 잘 마름질하여 (정확하게 관찰하고 따져보아) 판단한다는 의미로 옳고 그름을 가리어 판단함을 일컫는다.

　판사의 판결(判決) 잘못을 보완하기 위하여, 또 억울함을 풀어주기 위하여, 시민의 자유와 권리를 보호하기 위하여, 같은 소송 사건을 서로 다른 계급의 법원에서 반복 심판하는 상소제도, 같은 사건을 여러 번 재판할 수 있게 한 제도를 심급제도(審級制度)라 한다. '살필 심(審)' '등급 급(級)'으로 각 등급에서 각각 살핌(심판, 재판)을 받을 수 있도록 만든 제도라는 의미이다. 우리나라는 삼심급제(三審級制)를 실행하고 있다.

　하급 법원의 판결에 불복(不服)하여 상급 법원에 청구하는 재판을 '위 상(上)' '하소연할 소(訴)'를 써서 상소(上訴)라 하는데 위에 있는 기관에 하소연한다는 의미이다. 상소(上訴)에는 1심 판결에 불만이 있어 고등법원에 2심 재판을 요구하는 항소(抗訴)와 2심 판결에 불만이 있어 대법원에 3심 재판을 요구하는 상고(上告)가 있다. '항의할 항(抗)' '하소연할 소(訴)'의 항소(抗訴)는 1심 판결에 항의하여 하소연한다는 의미이고, '높을 상(上)' '고소할 고(告)'의 상고(上告)는 2심 판결에 불만이 있어 가장 높은 재판기관인 대법원에 고소한다는 의미다.

| 재판(裁判): _____재, _____판 |
| 심급제도(審級制度): _____심, _____급, _____제, _____도 |
| 상소(上訴): _____상, _____소 |
| 항소(抗訴): _____항, _____소 |
| 상고(上告): _____상, _____고 |

인간은 태어나면서부터 자유와 평등을 누릴 하늘이 준 권리가 있다는 생각을 천부인권사상(天賦人權思想)이라 하는데 '하늘 천(天)' '줄 부(賦)' '사람 인(人)' '권리 권(權)'으로 사람의 권리는 하늘이 준 것이라는 사상(생각)이다.

주의(主義)는 '주인 주(主)' '뜻 의(義)'로 글자 그대로는 '중심이 되는 뜻, 주인이 되는 뜻'이지만, 일반적으로는 '굳게 지켜 변하지 않는 일정한 이론이나 태도나 방침이나 주장이라는 의미로 많이 쓰인다. '백성 민(民)' '주인 주(主)'의 민주(民主)는 백성이 주인이라는 의미이니까 민주주의(民主主義)는 '백성(국민)이 나라의 주인이라는 이론, 태도, 방침, 주장'을 일컫는다.

민주정치의 기본 원리에 권력분립(權力分立)이 있고 권력분립의 기본은 삼권분립(三權分立)이다. 국가 권력을 입법부 사법부 행정부가 나누어 가지는 것이 삼권분립인데, '설 입(立)' '법 법(法)'의 입법(立法)은 법을 세우는 일, '맡을 사(司)' '법 법(法)'의 사법(司法)은 법을 맡아서 적용하는 일, '행할 행(行)' '정치 정(政)'의 행정(行政)은 정치적 결정을 행하는 일이다.

자기 나라의 전통적 특수성만을 우수한 것으로 믿는 배타적(排他的)

천부인권(天賦人權):	천,	부,	인,	권
민주주의(民主主義):	민,	주,	주,	의
삼권분립(三權分立):	삼,	권,	분,	립
국수주의(國粹主義):	국,	수,	주,	의

이고 보수적(保守的)인 태도를 국수주의(國粹主義)라 하는데, '나라 국(國)' '순수할, 아름다울 수(粹)'로 자기 나라의 것만을 순수하고 아름답다고 주장하는 것을 일컫는다.

생산 수단을 가진 자본가 계급이 노동자 계급으로부터 노동력을 사서 생산 활동을 함으로써 이익을 추구해 나가는 경제 구조, 이윤 추구를 목적으로 하는 경제 체제를 자본주의(資本主義)라 하는데 '재물 자(資)' '근본 본(本)'으로 재물을 생활의 근본이라 생각하는 주장이나 사회제도를 일컫는다.

수정자본주의(修正資本主義)도 있다. '고칠 수(修)' '바로잡을 정(正)'의 수정(修正)이 이미 이루어진 것의 잘못된 점을 고쳐서 바로잡는다는 의미이니까 자본주의의 잘못된 점을 바로잡는 것이 수정자본주의(修正資本主義)이다. 자본주의 체제 자체의 본질적인 변혁은 하지 않고 자본주의의 일부 원리를 수정 또는 개량한 것이 수정자본주의인 것이다.

공산주의(共産主義)는 공동생산 공동분배주의(共同生産 共同分配主義)의 준말로 공동생산 공동분배로 평등한 사회를 만들자는 주장이다. 모든 인간의 마음이 천사와 같다면 뿌리를 내릴 수도 있었겠지만 인간은 너나없이 이기적(利己的)이고 자기중심적(自己中心的)이기에 공동생산

자본주의(資本主義): _____자, _____본, _____주, _____의
수정(修正): _____수, _____정
공산주의(共産主義): _____공, _____산, _____주, _____의

확인
학습

182

공동분배는 불가능한 일이 될 수밖에 없고 그렇기 때문에 공산주의는 몰락할 수밖에 없었던 제도라고 생각하는 것이 옳다.

사회주의(社會主義)는 사회를 중요하게 생각하는 주장, 또는 개인보다 사회를 더 중요하게 생각해야 한다는 주장으로 생산 수단의 사회적 공유(共有)를 기본으로 하는 사회제도를 일컫는다.

선거(選擧)는 '가릴 선(選)' '들 거(擧)'로 좋은 사람, 능력 있는 사람을 가려서 들어 올린다는 의미이다.

구(區)는 지경, 지역, 범위라는 의미이고, 법정(法定)은 '법 법(法)' '정할 정(定)'으로 법으로 정한다는 의미이다. 그렇기 때문에 선거구(選擧區) 법정주의(法定主義)는 선거구를 자기에게 유리하도록 임의로 변경하지 못하도록 법률(法律)로 정하자는 주장인 것이다.

'관청 공(公)' '운영할 영(營)' '제도 제(制)'의 공영제(公營制)는 관청(공공기관, 지방자치단체, 정부)이 운영하는 제도라는 의미이기에 선거공영제(選擧公營制)는 선거를 국가나 관청이 운영하는 제도라는 의미이다. 선거를 국가 기관이 관리하고, 선거에 관한 경비 또한 국가 또는 지방자치단체가 부담하는 제도인 것이다. 돈이 없는 후보자에게도 선거에 나

확인학습

사회주의(社會主義): _____사, _____회, _____주, _____의
선거(選擧): _____선, _____거
법정주의(法定主義): _____법, _____정, _____주, _____의
공영제(公營制): _____공, _____영, _____제

설 수 있는 기회를 주고, 선거 운동의 기회를 균등하게 보장하며, 선거 비용을 절약함으로써 선거의 공정성을 확보해 주는 역할을 한다.

보통 사람 누구에게나 투표권을 주는 것을 보통선거(普通選擧)라 하고, 평등하게 한 사람에게 한 표씩 투표권을 주는 것을 평등선거(平等選擧)라 한다. 다른 사람이 대신하지 말고 본인이 투표해야 함을 직접선거(直接選擧)라 하고, 누구에게 투표하였는지 비밀로 해야 함을 비밀선거(秘密選擧)라 한다.

지역 주민이나 지역 단체가 스스로 지역 내의 사무를 처리하는 제도를 지방자치제(地方自治制)라 하는데, '스스로 자(自)' '다스릴 치(治)'로 지역 주민이나 지역 단체가 스스로 다스려나간다는 의미이다.

사회 현상이나 정치적 문제 등에 대한 다수 국민의 공통된 의견을 여론(輿論)이라 하는데, '더불어 여(輿)' '말할 론(論)'으로 개인의 말이 아닌 여럿이 더불어 하는 말이라는 의미이다.

어떤 일을 한 결과 그로 인하여 포기된 이익, 그러니까 여러 가지 선택 방안 중에서 한 가지를 선택하였을 때, 포기한 것 중 가장 좋은 한가지 가치를 기회비용(機會費用)이라 하는데 기회(機會)를 포기함으로써 손해

보통선거(普通選擧): _____보, _____통, _____선, _____거
평등선거(平等選擧): _____평, _____등, _____선, _____거
직접선거(直接選擧): _____직, _____접, _____선, _____거
비밀선거(秘密選擧): _____비, _____밀, _____선, _____거
지방자치제(地方自治制): _____지, _____방, _____자, _____치, _____제

확인
학습

본 비용이라 해석할 수 있다. 가령, 친구의 생일잔치에 참여함으로써 2만원을 벌 수 있는 아르바이트를 포기해야 했다면 2만원이 기회비용(機會費用)인 것이다.

'스스로 자(自)' '말미암을 유(由)'의 자유(自由)는 스스로 말미암은 것, 스스로의 의지로 하는 일이라는 의미이고, '놓을 방(放)' '맡길 임(任)'의 방임(放任)은 간섭하지 않고 놓아두고 마음대로 하라고 맡겨버린다는 의미이기에 자유방임(自由放任)은 자기 의지대로 하도록 간섭하지 않고 맡겨버린다는 의미이다.

지나친 소비도, 지나친 소비 억제도 경제를 위축시킨다고 하는데 위축(萎縮)이란 '시들어 마를 위(萎)' '오그라들 축(縮)'으로 시들거나 말라서 오그라지고 쪼그라들었다는 의미이고, 어떤 힘에 눌리고 졸아들어서 펴지지 못하거나 자라지 못함을 일컫는다.

이익을 목적으로 생산, 판매, 금융, 서비스 따위의 사업을 하는 생산경제의 단위체 또는 그 사업의 주체를 '기업(企業)'이라 하는데, '꾀할 기(企)' '일 업(業)'으로 일을 꾀하는 집단, 멀리 바라보면서 사업을 계획하는 집단이라는 의미다.

확인
학습

기회비용(機會費用): _____기, _____회, _____비, _____용
자유방임(自由放任): _____자, _____유, _____방, _____임
위축(萎縮): _____위, _____축
기업(企業): _____기, _____업
노동3권(勞動三權): _____노, _____동, _____삼, _____권

근로자가 갖는 권리를 노동3권(勞動三權)이라 한다. 단결권, 단체 교섭권, 단체 행동권이 그것이다. 근로자들이 단결하여 노동조합을 만들 권리를 단결권(團結權)이라 하고, 근로자가 노동조합을 통해 사용자와 임금, 근로 조건 등에 대해 교섭(交涉)할 수 있는 권리를 단체교섭권(團體交涉權)이라 하며, 근로자가 근로 조건의 유지 개선을 위하여 사용자에 대항하여 단체로 행동할 수 있는 권리를 단체행동권(團體行動權)이라 한다. '오고 갈 교(交)' '관계할 섭(涉)'의 교섭(交涉)은 일을 이루기 위하여 상대방과 오고가며 관계한다는 의미이다.

재화(財貨)와 용역(用役)을 구입하고자 하는 욕구나 행위를 '구할 수(需)' '구할 요(要)'를 써서 구하고 구한다는 의미로 수요(需要)라 하고, 일정한 가격으로 재화나 용역을 판매하고자 하는 행위를 '바칠 공(供)' '줄 급(給)'을 써서 바치고 준다는 의미로 공급(供給)이라 하는데, 가격(價格)은 수요량과 공급량이 균형을 이루는 지점에서 결정된다.

불공정 경쟁의 하나가 독과점(獨寡占)인데 독점(獨占)과 과점(寡占)을 합한 이름이다. '홀로 독(獨)' '차지할 점(占)'의 독점(獨占)은 홀로 차지한다는 의미로, 하나의 기업만이 공급(供給)을 독차지하는 것을 일컫고, '적을 과(寡)' '차지할 점(占)'의 과점(寡占)은 적은 숫자의 기업이 차지하였다는 의미로 두서너 개의 기업만이 공급(供給)을 차지하는 것을

단체행동권(團體行動權):	____단,	____체,	____행,	____동,	____권
수요(需要): ____수, ____요					
공급(供給): ____공, ____급					
독점(獨占): ____독, ____점					
과점(寡占): ____과, ____급					

확인
학습

일컫는다. 값이 오르거나 공급이 부족할 것을 예상하여 어떤 상품을 한 꺼번에 많이 사두고서 팔기를 꺼려하는 행위를 '살 매(買)' '차지할 점(占)' '팔 매(賣)' '아낄 석(惜)'을 써서 매점매석(買占賣惜)이라 하는데 차지하여 사 가지고는 아끼면서 (비싼 가격으로) 판매한다는 의미이다.

비싼 이자를 받는 돈놀이, 비싼 이자로 빌려주는 돈을 '높을 고(高)' '이자 이(利)' '빌려줄 대(貸)' '돈 금(金)'을 써서 고리대금(高利貸金)이라 하는데 높은 이자로 빌려주는 돈이라는 의미이다.

지구촌의 당면 과제 중 하나가 빈부(貧富) 격차(隔差) 해소인데 개인 간 빈부격차도 문제이지만 국가 간 빈부격차도 문제다. 선진국과 저개발국 간의 빈부격차를 남북문제(南北問題)라 하는 이유는 일반적으로 남반구(南半球)에는 저개발국이, 북반구(北半球)에는 선진국이 위치해 있기 때문이다.

물질문화는 급격하게 변화하는데 비해 정신문화가 이를 따라가지 못해 발생하는 부조화(不調和) 현상을 문화지체(文化遲滯)라 한다. '더딜 지(遲)' '머무를 체(滯)'의 지체(遲滯)는 더디 가고 머물러 있다는 의미이다. 그렇기 때문에 문화지체(文化遲滯)는 문화가 더디 가고 머물러 있는, 정신문화가 물질문화를 뒤따라가지 못하고 늦춰지는 현상을 일컫는다.

매점매석(買占賣惜):	___ 매,	___ 점,	___ 매,	___ 석
고리대금(高利貸金):	___ 고,	___ 리,	___ 대,	___ 금
남북문제(南北問題):	___ 남,	___ 북,	___ 문,	___ 제
문화지체(文化遲滯):	___ 문,	___ 화,	___ 지,	___ 체
이촌향도(離村向都):	___ 이,	___ 촌,	___ 향,	___ 도

확인 학습

산업화에 따른 농촌문제 중 하나가 이촌향도(離村向都)이다. 이는 '떠날 이(離)' '시골 촌(村)' '향할 향(向)' '도시 도(都)'로 시골을 떠나 도시로 향한다는 의미이다.

인간 생활에 필요하고 개발이 가능하며 경제적으로 가치 있는 모든 것을 '재물 자(資)' '근원 원(源)'을 써서 자원(資源)이라 하는데, 재생(再生) 가능 여부에 따라 순환자원과 고갈자원으로 나뉜다. '돌 순(循)' '돌 환(環)'을 쓴 순환자원(循環資源)은 돌고 도는 자원이라는 의미로 태양열, 풍력 등 재생 가능한 자원을 일컫고, '마를 고(枯)' '목마를 갈(渴)'을 쓴 고갈자원(枯渴資源)은 말라버리고 목말라버리는 자원이라는 의미로 석유 철광석 등 재생 불가능한 자원을 일컫는다.

도심(都心) 지역에서의 주거 기능 약화로 도심의 상주(常住) 인구밀도(人口密度)가 감소하는 현상을 인구공동화(人口空洞化) 현상이라 하는데 '빌 공(空)' '마을 동(洞)' '될 화(化)'로 인구가 비어가는 마을로 되어가는 현상을 일컫는다.

'도시 도(都)' '가운데 심(心)'의 도심(都心)은 도시의 가운데라는 의미이고, '버금 부(副)'의 부도심(副都心)은 버금가는 도심, 도심을 둘러싸고 있는 도심과 조금 떨어진 지역을 일컫는다.

순환자원(循環資源):	____순,	____환,	____자,	____원	
고갈자원(枯渴資源):	____고,	____갈,	____자,	____원	
인구공동화(人口空洞化):	____인,	____구,	____공,	____동,	____화
도심(都心):	____도,	____심			
부도심(副都心):	____부,	____도,	____심		

'지킬 위(衛)' '별 성(星)'의 위성(衛星)이 별을 지키는 또 다른 작은 별, 행성(行星)의 둘레를 운행하는 작은 천체(天體), 주된 것 가까이에 있으면서 그것에 딸려 있는 것이라는 의미이므로 위성도시(衛星都市)는 대도시 주변에 위치하면서 대도시를 둘러싸고 있는 중소도시를 가리킨다.

도시의 무질서한 팽창을 막고 녹지 공간 확보를 위한 장치 중 하나가 개발제한구역(開發制限區域) 지정인데, 개발제한구역은 개발을 제한하는 구역이라는 의미이다. 건물을 지을 수 없고, 도로도 낼 수도 없으며 자연 그대로 두어야만 하는 지역이 바로 개발제한지역인 것이다. 흔히 greenbelt(그린벨트)라고도 하는데 green(녹색, 자연 그대로)을 지키기 위한 belt(지역)라는 의미이다.

'앞 선(先)' '나아갈 진(進)'의 선진국(先進國)은 앞서서 나아가는 나라라는 의미이고, '길 도(途)' '위 상(上)' '나라 국(國)'의 개발도상국(開發途上國)은 개발하는 길(상황) 위에 있는 나라라는 의미이다.

활동 범위와 생활공간이 국경을 넘어 지구 전체로 확대되는 일을 세계화(世界化)라 하는데 세계적이 아닌 것(지역적)이 세계적인 것으로 되어간다는 의미이다. 'A화(化)'는 'A 아닌 것이 A로 되어가는 것'이라는 의미이다.

위성도시(衛星都市):	_____위,	_____성,	_____도,	_____시		
개발제한(開發制限):	_____개,	_____발,	_____제	_____한		
선진국(先進國):	_____선,	_____진,	_____국			
개발도상국(開發途上國):	_____개,	_____발,	_____도,	_____상,	_____국	
세계화(世界化):	_____세,	_____계,	_____화			

서로 다른 국가나 사회 상호 간에 문물(文物)을 주고받는 현상을 '열 개(開)' '놓을 방(放)'을 써서 개방화(開放化)라 한다. 즉 닫아두었던 것을 열어 놓았다는 의미이고 비밀 따위를 숨김없이 열어서 공개한다는 의미이며, 금지하였던 것을 풀어서 열어 놓았다는 의미이다.

다른 사회와의 접촉을 통해서 같은 사회 안에서도 사람들의 가치관과 생활양식이 다양해지는 현상을 다원화(多元化)라 하는데, '많을 다(多)' '근본 원(元)' '될 화(化)'로 근본이 많게(여럿이) 되었다는 의미이다.

개방화(開放化): _____개, _____방, _____화
다원화(多元化): _____다, _____원, _____화

◇ 개인의 가치와 도덕(道德) 문제

　사람들이 소중하게 생각하여 얻고자 노력하는 대상을 '값 가(價)' '값 치(値)'를 써서 가치(價値)라 한다. '값이 있는 것'이라는 의미로 해석해 본다. 가치 서열(序列)이 뒤바뀐 상태를 '넘어질 전(顚)' '거꾸러질 도(倒)'를 써서 가치전도(價値顚倒)라 하는데 지금까지의 가치(價値)가 넘어지고 거꾸러졌다는 의미이다.

　본디의 참모습, 본마음, 근본이 되는 모양을 '본래 정(正)' '모양 체(體)' '성질 성(性)'을 써서 정체성(正體性)이라 하는데 본래부터 가지고 있는 모양이나 성질이라는 의미이다.

　'견해 관(觀)' '생각 념(念)'의 관념(觀念)은 어떤 일에 대한 견해나 생각

확인 학습			
가치(價値): ＿＿＿＿가, ＿＿＿＿치			
가치전도(價値顚倒): ＿＿＿＿가, ＿＿＿＿치, ＿＿＿＿전, ＿＿＿＿도			
정체성(正體性): ＿＿＿＿정, ＿＿＿＿체, ＿＿＿＿성			
관념(觀念): ＿＿＿＿관, ＿＿＿＿념			

이라는 의미이고, '단단할 고(固)' '정할 정(定)'의 고정(固定)은 단단하게 정하여져 있어서 변하지 아니한다는 의미이니까, 고정관념(固定觀念)은 마음속에 단단하게 자리잡아 변하지 않는 견해나 생각을 일컫는다.

어떤 일을 극단적으로 양분(兩分)하여 어느 한쪽만을 판단의 절대적인 기준으로 삼아 전개되는 논리를 '검을 흑(黑)' '흰 백(白)'을 써서 흑백논리(黑白論理)라 한다. 흑(黑) 아니면 백(白)이라는 생각, 흑(黑)과 백(白) 이외에 다른 것은 있을 수 없다는 생각, 모든 문제를 흑(黑)과 백(白), 선(善)과 악(惡), 득(得)과 실(失)이라는 양극단의 방식으로만 구분하려는 논리를 일컫는다.

자기중심적 사고를 버리고 상대방의 입장에서 문제를 생각해 보는 일을 '바꿀 역(易)' '처지 지(地)' '생각 사(思)' '그것 지(之)'를 써서 역지사지(易地思之)라 하는데 처지(입장)를 바꾸어서 그것에 대해 생각한다는 의미이다.

너그럽게 받아들이거나 용서함을 '너그러울 관(寬)' '담을(용납할) 용(容)'을 써서 관용(寬容)이라 하는데 너그럽게 담는다, 너그럽게 용납한다는 의미이다.

고정관념(固定觀念): _____고, _____정, _____관, _____념	
흑백논리(黑白論理): _____흑, _____백, _____논, _____리	
역지사지(易地思之): _____역, _____지, _____사, _____지	
관용(寬容): _____관, _____용	

자신을 세상에 드러내지 않고 숨어서 지내는 삶을 살았던 노자(老子)는 무위자연(無爲自然)을 주장하였다. 이는 '없을 무(無)' '~할 위(爲)' '저절로 자(自)' '그럴 연(然)'으로 억지로 하는 것 없이 저절로 그렇게 되도록한다(내버려둔다)는 의미이다. 노자(老子)는 인간이 무위자연(無爲自然)의 이치에 따라 살아갈 때에 자유와 행복이 달성될 수 있다고 생각하였다.

진로(進路)는 '나아갈 진(進)' '길 로(路)'로 앞으로 나아가는 길, 또는 나아갈 길이라는 의미로써 진로는 직업 선택과 진학 선택으로 나눌 수 있다. 어떤 일을 하여 수입을 얻어 생활할 것인가에 대한 고민은 직업선택이고, 어떤 공부를 하면서 대학생활을 할 것인가에 대한 고민은 진학선택이다.

'어버이 친(親)' '친족 척(戚)'을 쓴 친척(親戚)은 어버이와 연관된 친족이라는 의미이다. 친척(親戚)은 혈족(血族), 인척(姻戚), 배우자(配偶者)로 나뉘는데 '피 혈(血)' '친족 족(族)'의 혈족(血族)은 혈통이 이어져 있는 친족을 가리키고, '혼인 인(姻)' '겨레 척(戚)'의 인척(姻戚)은 혼인으로 맺어진 친족, 그러니까 며느리, 형수, 사위, 처남, 처형, 동서, 고모부 등을 가리키며, '짝 배(配)' '짝 우(偶)'의 배우자(配偶者)는 평생의 짝, 동반자(同伴者), 남편이나 아내를 가리킨다.

무위자연(無爲自然): _____무, _____위, _____자, _____연
진로(進路): _____진, _____로
친척(親戚): _____친, _____척
혈족(血族): _____혈, _____족
인척(姻戚): _____인, _____척

확인
학습

권선징악(勸善懲惡)과 상부상조(相扶相助)를 목적으로 하는 향촌(鄕村)의 자치규약을 향약(鄕約)이라 하였는데 '마을 향(鄕)' '약속할 약(約)'으로 마을 사람들끼리 맺은 약속이라는 의미이다. '권할 권(勸)' '착할 선(善)' '혼낼 징(懲)' '악할 악(惡)'의 권선징악(勸善懲惡)은 착함을 권하고 악함을 혼낸다는 의미이고, '서로 상(相)' '도울 부(扶)' '도울 조(助)'의 상부상조(相扶相助)는 서로 돕고 또 서로 돕는다는 의미이다. 향약의 4대 덕목에 덕업상권, 과실상규, 예속상교, 환난상휼이 있었는데, '덕 덕(德)' '일 업(業)' 서로 상(相)' '권할 권(勸)'의 덕업상권(德業相勸)은 덕이 되는 좋은 일은 서로 권장한다는 의미이고, '허물 과(過)' '잘못 실(失)' '바로잡을 규(規)'의 과실상규(過失相規)는 허물과 잘못한 일은 서로 바로잡아준다는 의미이다. '예의 례(禮)' '풍속 속(俗)' '교환할 교(交)'의 예속상교(禮俗相交)는 예의를 갖춘 풍속을 서로 교환한다(나눈다)는 의미이고, '근심 환(患)' '어려울 난(難)' '동정할 휼(恤)'의 환난상휼(患難相恤)은 근심과 어려움은 서로 동정해주고 함께 아파해준다는 의미이다.

폭력(暴力)에는 상해, 폭행, 감금, 협박, 약취, 유인, 추행, 명예훼손, 모욕 등이 있는데 '다칠 상(傷)' '해칠 해(害)'의 상해(傷害)는 남의 몸을 다치게 하여 상처를 주고 해치는 일을 일컫고, '사나울 폭(暴)' '행동할 행(行)'의 폭행(暴行)은 남에게 불법으로 사납게 행동하며 폭력을 행사하는

향약(鄕約):	_____ 향,	_____ 약		
권선징악(勸善懲惡):	_____ 권,	_____ 선,	_____ 징,	_____ 악
상부상조(相扶相助):	_____ 상,	_____ 부,	_____ 상,	_____ 조
덕업상권(德業相勸):	_____ 덕,	_____ 업,	_____ 상,	_____ 권
과실상규(過失相規):	_____ 과,	_____ 실,	_____ 상,	_____ 규

확인학습

일을 일컬으며, '살필 감(監)' '금할 금(禁)'의 감금(監禁)은 도망치지 못하도록 살피면서 자유를 금하는(박탈하는) 일을 가리킨다. '으를(위협할) 협(脅)' '다그칠 박(迫)'의 협박(脅迫)은 말이나 행동으로 위협하면서 다그친다는 의미이고, '노략질할 약(掠)' '취할 취(取)'의 약취(掠取)는 폭력 따위를 써서 남의 물건을 노략질하여 취한다는 의미이며, '꾈 유(誘)' '끌 인(引)'의 유인(誘引)은 꾀어서 끌어낸다는 의미이다. '더러울 추(醜)' '행동할 행(行)'의 추행(醜行)은 도의에 벗어나서 더럽게 행동함을 일컫고, '상처 입을 훼(毁)' '줄일 손(損)'의 명예훼손(名譽毀損)은 명예에 상처를 입히거나 명예를 줄어들게 한다는 의미이며, '업신여길 모(侮)' '더럽힐 욕(辱)'의 모욕(侮辱)은 상대방을 업신여기고 더럽힌다는 뜻이다.

현대사회를 익명성(匿名性) 사회라 하는데, '숨길 익(匿)' '이름 명(名)'의 익명(匿名)은 이름을 숨긴다는 의미를 갖고 있다.

'모두 만(萬)' '능히 할 능(能)'을 쓴 황금만능주의(黃金萬能主義)는 황금(돈)이면 모든 일을(어떤 일이든) 능히 할 수 있다는 생각이다. '절할 배(拜)' '돈 금(金)'의 배금주의(拜金主義)는 돈에 절하고 돈을 숭배하면서 돈을 최고의 가치로 여기는 생각이며, '가벼울 경(輕)' '볼 시(視)'의 경시(輕視)는 가볍게 본다는, 중요하게 여기지 않는다는 의미이다.

확인
학습

협박(脅迫):	_____ 협,	_____ 박		
약취(掠取):	_____ 약,	_____ 취		
유인(誘引):	_____ 유,	_____ 인		
익명(匿名):	_____ 익,	_____ 명		
배금주의(拜金主義):	_____ 배,	_____ 금,	_____ 주,	_____ 의

남이 보지 않는다고 하더라도 몸가짐과 마음가짐을 신중히 하도록 노력하는 태도를 '절약할 절(節)' '억제할 제(制)'를 써서 절제(節制)라 하는데 마음과 행동을 절약(마음껏 하지 않고)하고 억제한다는 의미이다. 모든 것을 상대방의 입장에서 생각하고 실수나 잘못을 용서하는 자세를 '고상할 아(雅)' '좋을 량(量)'을 써서 아량(雅量)이라 하는데 고상하면서도 좋은 마음이라는 의미이다.

'십시일반(十匙一飯)'을 이웃 사랑의 실천이라 하는데 '숟가락 시(匙)' '밥 반(飯)'의 십시일반(十匙一飯)은 (한 사람이 한 숟가락씩) 열 숟가락이면 한 사람의 밥이 된다는 의미이다.

널리 인간세계를 이롭게 한다는 보편적인 인간 사랑을 '넓을 홍(弘)' '이익 익(益)'을 써서 홍익인간(弘益人間)이라 하고, '사람이 곧 하늘이다'는 의미로, 평등을 강조한 사상을 '사람 인(人)' '곧 내(乃)' '하늘 천(天)'을 써서 인내천(人乃天)이라 한다.

청소년기를 심리적 이유기, 질풍노도의 시기, 사춘기라 한다. '이별할 이(離)' '젖 유(乳)' '시기 기(期)'의 이유기(離乳期)는 신체적 정신적으로 젖과 이별하는 시기라는 의미이고, '빠를 질(疾)' '바람 풍(風)' '성낼 노(怒)' '물결 도(濤)'의 질풍노도(疾風怒濤)는 빠른 바람이나 성난 물결처

절제(節制): _____절, _____제
아량(雅量): _____아, _____량
십시일반(十匙一飯): _____십, _____시, _____일, _____반
홍익인간(弘益人間): _____홍, _____익, _____인, _____간
인내천(人乃天): _____인, _____내, _____천

럼 감정을 걷잡을 수 없다는 의미이며, '생각 사(思)' '남녀의 정 춘(春)'
'시기 기(期)'의 사춘기(思春期)는 남녀의 정을 생각하는 시기라는 의미
로 남녀가 이성(異姓)을 생각하고 그리워하는 시기라는 의미이다.

전통예절에서는 관혼상제(冠婚喪祭)를 중요하게 생각하였는데, '갓,
어른 관(冠)'의 관례(冠禮)는 남자가 20살 되는 해에 갓을 쓰는 어른이
되는 의식을 가리키고, '혼인 혼(婚)'의 혼례(婚禮)는 결혼하는 의식을 가
리킨다. '죽을 상(喪)'의 상례(喪禮)는 사람이 죽었을 때에 행하는 모든
의식을, '제사지낼 제(祭)'의 제례(祭禮)는 제사 예절을 가리킨다. 제사를
지내고 난 뒤에 제사에 쓴 술이나 음식을 가족들이 나누어 먹는 일을 음
복(飮福)이라 하는데, '마실 음(飮)' '복 복(福)'으로 조상께서 나눠주신
복을 마시고 먹는다는 의미이다.

사춘기(思春期): _____사, _____춘, _____기
관례(冠禮): _____관, _____례
혼례(婚禮): _____혼, _____례
상례(喪禮): _____상, _____례
제례(祭禮): _____제, _____례

확인
학습

5부

국사(國史)

역사(歷史)의 시작과
삼국시대(三國時代)

문자를 사용하기 이전의 시대인 구석기시대와 신석기시대를 선사시대(先史時代)라 하고, 문자를 사용하기 시작한 시대인 청동기 시대 이후를 역사시대(歷史時代)로 구분 짓는다. 즉 역사가 기록된 이후의 시대이기 때문에 역사시대(歷史時代)라 하고, 역사 이전의 시기이기에 '먼저 선(先)' '역사 사(史)'를 써서 선사시대(先史時代)라 한다.

돌로 된 기구(器具)를 사용하였던 시기를 '돌 석(石)' '기구 기(器)'를 써서 석기시대(石器時代)라 한다. '오래될 구(舊)'의 구석기시대(舊石器時代)는 석기시대 중에서 오래된 시대를 일컫고, '새로울 신(新)'의 신석기시대(新石器時代)는 석기시대 중에서 새로운 시대, 즉 구석기보다 새

역사시대(歷史時代):	_____역,	_____사,	_____시,	_____대
선사시대(先史時代):	_____선,	_____사,	_____시,	_____대
구석기(舊石器):	_____구,	_____석,	_____기	
신석기(新石器):	_____신,	_____석,	_____기	

확인
학습

로운 방법으로 돌을 도구로 사용한 시대라는 의미이다.

단군(檀君)의 고조선 건국이념을 홍익인간(弘益人間)이라 하는데, '넓을 홍(弘)' '이로울 익(益)'으로 널리 인간세계(인간)를 이롭게 한다는 의미이다.

단군신화에는 선민사상(選民思想)이 나타나 있는데, 이는 '가려 뽑을 선(選)' '백성 민(民)'으로 세상의 많은 백성 중에서 가려 뽑힌, 선택받은 백성이라는 의미다. 고조선은 제정일치(祭政一致) 사회이기도 하였는데 '제사 제(祭)' '정치 정(政)' '하나 일(一)' '이를 치(致)'로 제사지내는 일과 정치하는 일이 하나에 이른다는 의미이고, 제사와 정치가 분리되지 않고 일원화(一元化)되어 있거나 종교적 행사의 주재자와 정치의 주권자가 일치한 정치형태를 일컫는다.

고조선 사회에는, 사회 질서 유지를 위하여 행해진 8조금법(八條禁法)이 있었다. 이는 '여덟 팔(八)' '가지 조(條)' '금할 금(禁)' '법 법(法)'으로 여덟 가지의 금해야(하지 말아야) 하는 법이라는 의미였다.

부여(夫餘)에는 순장(殉葬) 풍속이 있었는데 '따라죽을 순(殉)' '장사지낼 장(葬)'으로 따라 죽게 하여 함께 장사지낸다는 의미이고, 고대 국

홍익인간(弘益人間):	____홍,	____익,	____인,	____간			
선민사상(選民思想):	____선,	____민,	____사,	____상			
제정일치(祭政一致):	____제,	____정,	____일,	____치			
8조금법(八條禁法):	____팔,	____조,	____금,	____법			
순장(殉葬):	____순,	____장					

가에서 왕이나 귀족이 죽었을 때 신하나 종 등을 함께 매장(埋葬)하던 풍속을 일컬었다.

신라에서는 골품(骨品), 즉 개인 혈통(血統)의 높고 낮음에 따라 정치적 출세는 물론, 혼인, 가옥 규모, 의복 빛깔 등이 결정되었는데 이를 '뼈대 골(骨)' '등급 품(品)'을 써서 골품제도(骨品制度)라 하였다. 뼈대(출신 성분)에 따라 벼슬의 등급이 결정된다는 의미였다.

고구려 장수왕(長壽王)은 평양 천도와 남진 정책을 추진하였는데, '옮길 천(遷)' '도읍 도(都)'의 천도(遷都)는 나라의 중심 도읍(수도)을 옮긴다는 의미였고, '남녘 남(南)' '나아갈 진(進)'의 남진(南進)은 남녘으로 나아간다는 의미였다.

고구려 고국천왕은 먹을거리가 모자라는 봄에 곡식을 빌려 주었다가 가을에 추수한 것으로 갚도록 하였는데 이를 진대법(賑貸法)이라 하였다. '구휼할 진(賑)' '빌려줄 대(貸)'로 구휼함을 목적으로 빌려주는 제도라는 의미였다.

신라 진흥왕은 한강 유역을 차지한 이후 4개의 순수비(巡狩碑)를 세웠는데, '돌 순(巡)' '임지 수(狩)' '돌기둥 비(碑)'로 임금이 임지를 돌아본

골품제도(骨品制度):	_____ 골,	_____ 품,	_____ 제,	_____ 도
천도(遷都):	_____ 천,	_____ 도		
남진(南進):	_____ 남,	_____ 진		
진대법(賑貸法):	_____ 진,	_____ 대,	_____ 법	
순수비(巡狩碑):	_____ 순,	_____ 수,	_____ 비	

기념으로 세운 돌기둥이라는 의미이다.

을지문덕 장군이 이끄는 고구려 군사가 살수(薩水, 청천강)에서 수나라 대군(大軍)을 크게 무찔러 이긴 일을 살수대첩(薩水大捷)이라 부른다. 살수는 현재 이북의 청천강을 일컫고, '큰 대(大)' '이길 첩(捷)'의 대첩(大捷)은 크게 이겼다는 의미이다.

백제와 고구려가 멸망한 후 부흥운동이 펼쳐졌으나 백제는 지도층의 내분(內紛)으로, 고구려는 당나라의 회유(懷柔)와 이주(移住) 정책으로 실패하였는데, '다시 부(復)' '흥할 흥(興)'의 부흥(復興)운동은 나라를 다시 흥하게 만드는 운동이라는 의미였다. '품을 회(懷)' '부드러울 유(柔)'의 회유(懷柔)는 부드러움을 품었다는 의미로 부드러운 말이나 태도로 구슬리고 달랜다는 말이고, '옮길 이(移)' '거처 주(住)'의 이주(移住)는 거처를 옮긴다는 의미이다.

대첩(大捷): _____대, _____첩
부흥(復興): _____부, _____흥
회유(懷柔): _____회, _____유
이주(移住): _____이, _____주

확인
학습

통일신라(統一新羅)와 발해(渤海)

　　대조영이 고구려 유민(流民)과 말갈인을 모아 길림성 동모산 근처에 세운 나라가 발해(渤海)였는데 지배층은 고구려인이고, 피지배층은 말갈인이었다. '흐를 유(流)'를 쓴 유민(流民)은 흘러다니는 백성이라는 의미로 고향을 떠나 이리저리 떠도는 백성을 가리킨다. '당할 피(被)'를 쓴 피지배층(被支配層)은 지배를 당한 계층이라는 의미이다.

　　발해는 고구려 옛 땅과 연해주를 차지하여 중국 사람들에게 해동성국(海東盛國)이라 불리기도 하였는데, '바다 해(海)' '동녘 동(東)' '융성할 성(盛)' '나라 국(國)'으로 바다 동쪽에 있는 문화가 융성하게 발전된 나라라는 의미이다. 해동가요(海東歌謠), 해동고승전(海東高僧傳), 해동금석원(海東金石苑), 해동기화(海東奇話), 해동시선(海東詩選), 해동여지

유민(流民): ＿＿＿＿유, ＿＿＿＿민
피지배층(被支配層): ＿＿＿＿피, ＿＿＿＿지, ＿＿＿＿배, ＿＿＿＿층
해동성국(海東盛國): ＿＿＿＿해, ＿＿＿＿동, ＿＿＿＿성, ＿＿＿＿국

도(海東輿地圖)에서의 해동(海東) 역시 바다의 동쪽에 있었던 우리나라를 가리키는 말이었다.

통일신라시대에 중앙 귀족의 권력 다툼으로 인해 지방에 대한 통제력이 약화되자 지방 호족이 등장하였다. '호걸 호(豪)' '무리 족(族)'의 호족(豪族)은 호걸들의 무리라는 의미로 지방에 살고 있던 재산 많고 세력도 큰 무리들을 일컫던 말이었다.

호족(豪族): _____호, _____족

고려(高麗)의 성립(成立)과 발전(發展)

고려 광종은 왕권을 강화하고 호족 세력을 약화시킬 목적으로 노비안 검법을 실시하였다. '사내 종 노(奴)' '여자 종 비(婢)' '살필 안(按)' '검사 할 검(檢)'의 노비안검법(奴婢按檢法)은 사내종과 계집종을 잘 살피고 검사하는 법이라는 의미로 억울하게 노비가 된 사람을 잘 가려서 해방시 키자는 법이었다.

국가에 봉사하는 대가로 관료에게 토지를 나누어주었던 제도를 전시 과(田柴科)라 하였다. 이는 '밭 전(田)' '땔나무 시(柴)' '등급 과(科)'로 밭 과 땔나무(임야)를 등급에 따라 나누어주는 제도였다.

노비안검법(奴婢按檢法): _____노, _____비, _____안, _____검, _____법
전시과(田柴科): _____전, _____시, _____과

확인
학습

공을 세운 신하나 고위 관료의 자제를 시험 없이 선발하는 제도를 음서(蔭敍)라 하였는데 '그늘 음(蔭)' '품계 서(敍)'로 아버지나 할아버지 그늘의 힘으로 품계를 받았다는 의미이다.

무신 최씨정권이 몰락하면서 몽골과 강화조약(講和條約)이 체결되었는데 '화해할 강(講)' '화평할 화(和)' '조목 조(條)' '약속할 약(約)'의 강화조약은 서로 화해하고 화평하기로 조목을 세워 맺은 약속이라는 의미이다. 전쟁 상태에 있던 나라끼리, 전쟁의 종료와 평화의 회복을 선언하며 포로 인도(引渡), 영토 할양(割讓), 배상금 지급(支給) 등의 강화 조건을 내용으로 체결하는 조약을 강화조약이라 하였다.

공민왕 때 홍건적의 침입을 격퇴시키고 왜구를 격퇴시켰었는데, '붉을 홍(紅)' '두건 건(巾)' '도둑 적(賊)'의 홍건적(紅巾賊)은 붉은 두건을 머리에 쓴 도둑이라는 의미이고, '왜국 왜(倭)' '도둑 구(寇)'의 왜구(倭寇)는 왜나라(일본)의 도둑이라는 의미이다.

이성계가 정치적 실권을 잡게 된 계기가 위화도회군(威化島回軍)이었다. 위화도는 압록강 가운데의 작은 섬 이름이었고, '돌아올 회(回)' '군사 군(軍)'의 회군(回軍)은 군사들을 되돌아오게 하였다는 의미이다. 이성계가 고려 우왕의 명령에 따라 요동을 정벌하러 가다가 위화도에서 군

음서(蔭敍): _____음, _____서
강화조약(講和條約): _____강, _____화, _____조, _____약
홍건적(紅巾賊): _____홍, _____건, _____적
왜구(倭寇): _____왜, _____구
위화도회군(威化島回軍): _____위, _____화, _____도, _____회, _____군

사를 돌이켜 개성으로 돌아와 왕을 내쫓고 최영을 유배시켰던 사건을 일컫는다.

위화도회군(威化島回軍)에 성공한 신진사대부이 경제적 기반 마련을 위해 과전법(科田法)을 실시하였는데, '정도 과(科)' '토지 전(田)' '제도 법(法)'으로 직책의 정도에 따라 토지를 나누어주었던 제도라는 의미였고 18위계(位階)에 따라 18등급으로 논밭을 나누어 준 제도였다.

과전법(科田法) _____과, _____전, _____법

◇ 　　　조선(朝鮮)의 성립(成立)과
　　　　　발전(發展)

　　정몽주, 이색 등 온건 개혁파(改革派)는 고려 왕조의 틀 안에서 점진적인 개혁을 추진하려 하였던 반면 정도전 등 급진 개혁파는 고려 왕조를 부정하는 역성혁명을 주장하였는데, '바꿀 역(易)' '성 성(姓)'의 역성혁명(易姓革命)은 임금의 성을 바꾸는 혁명(革命), 왕(王)씨에서 이(李)씨로 성씨(姓氏)을 바꾸는 혁명을 일컬었다. 혁명을 일으킨 사람들은 덕(德) 있는 사람이 덕(德) 없는 임금을 쓰러뜨리고 새로운 왕조를 세운 매우 훌륭한 일이었노라 합리화하였다.

　　조선 건국의 주도 세력은 신진(新進) 사대부(士大夫)와 신흥(新興) 문인(文人) 세력이었는데 문무(文武) 양반(兩班)을 평민(平民)에 상대

역성혁명(易姓革命) _____역, _____성, _____혁, _____명
사대부(士大夫) _____사, _____대, _____부

하여 일컬었던 말이 사대부(士大夫)였다. '선비 사(士)' '큰 대(大)' '사나이 부(夫)'로 선비 중에서도 큰 사나이라고 해석할 수 있다.

세종 때 설치한 학문 연구 기관을 집현전(集賢殿)이라 하였는데 '모을 집(集)' '현명할 현(賢)' '집 전(殿)'으로 현명한 사람을 모아놓은 집이라는 의미이다.

세종은 왕도정치를 내세워 유교적 민본 사상을 실현하려 하였다. '임금 왕(王)' '길 도(道)'의 왕도정치(王道政治)는 임금으로서 당연히 가야만 하는 길을 가는 정치라는 의미로 인(仁)과 덕(德)을 바탕으로 하는 정치를 일컬었다. 이와 달리, 인의(仁義)를 무시하고 무력(武力)이나 권모술수(權謀術數)로 다스리는 정치를 '우두머리 패(覇)' '길 도(道)'를 써서 패도정치(覇道政治)라 하였는데 우두머리가 되는 길만을 가려는 정치라는 의미이다.

조선시대 정치의 기준이 된 법전은 경국대전(經國大典)이다. '다스릴 경(經)' '나라 국(國)' '큰 대(大)' '책 전(典)'으로 나라를 다스리는 큰 책이라는 의미이다. 조선 초기에 정부는 삼남지방의 일부 주민을 대거 북방으로 이주시켜 압록강과 두만강 이남(以南) 지역을 개발하는 사민정책을 실시하였다. 사민정책(徙民政策)은 '옮길(이사할) 사(徙)' '백성 민

확인학습					
집현전(集賢殿):	_____집,	_____현,	_____전		
왕도정치(王道政治):	_____왕,	_____도,	_____정,	_____치	
패도정치(覇道政治):	_____패,	_____도,	_____정,	_____치	
경국대전(經國大典):	_____경,	_____국,	_____대,	_____전	
사민정책(徙民政策):	_____사,	_____민,	_____정,	_____책	

(民)'으로 백성을 옮기는(이사시키는) 정책이다.

임금이 학문을 닦기 위하여 신하들 중에서 학식과 덕망이 높은 사람을 불러 경서(經書)와 역사(歷史) 등을 강론하게 하였던 일을 경연(經筵)이라 하였는데 '경서 경(經)' '자리 연(筵)'으로 경서를 강의하는 자리라는 의미이다.

조선 초기에 각종 서적 편찬 사업이 활발하게 추진되면서 활자(活字) 인쇄술(印刷術)과 제지술(製紙術)이 발달하였다. '살 활(活)' '글자 자(字)'의 활자(活字)는 '살아있는 글자'라는 의미로 한 번 사용함으로 끝나는(죽어버리는) 글자가 아니라 사용한 후 다시 사용하는 글자라는 의미이다. 네모진 기둥 모양의 금속에 글자를 새겨서 사용하였는데 목판 인쇄는 글자를 새겨 한 번 인쇄하면 다시 사용할 수 없었지만 금속활자는 그 글자 막대(활자)를 여러 번 사용할 수 있기 때문에 글자 새기는 노력과 시간을 절약할 수 있어 인쇄 능률을 높일 수 있었다.

역사 서술 방법에 기전체(紀傳體)와 편년체(編年體)가 있다. '벼리 기(紀)' '전기문 전(傳)'의 기전체(紀傳體)는 벼리(가장 중요한 것)와 전기문으로 이루어진 기술 방법이라는 의미로 역사적 인물의 전기(傳記)를 이어감으로써 역사를 구성하는 기술 방법이다. 역사 현상의 총체를 본기

경연(經筵): _____경, _____연
활자(活字): _____활, _____자
기전체(紀傳體): _____기, _____전, _____체
본기(本紀): _____본, _____기

(本紀: 임금 일생의 연보), 열전(列傳: 임금을 제외한 사람들의 전기를 차례로 적은 기록), 지(志: 관직, 제정, 지리 등 특수한 분야의 변천과정), 표(表: 연표, 인명표)로 분류하여 적어가는 역사 서술 방법인 것이다. 이와는 달리, '엮을 편(編)' '해 년(年)'을 쓴 편년체(編年體)는 한 해 한 해의 사건들을 엮었다는 의미로 연대(年代)의 차례에 따라 일어난 일들을 엮은 역사 편찬의 방법이다.

조선 초기 우리의 외교정책은 사대교린정책(事大交隣政策)이었다. '섬길 사(事)' '큰 나라 대(大)' '사귈 교(交)' '이웃 린(隣)'으로 큰 나라인 중국(中國)은 섬기고, 왜(倭)나 여진(女眞) 등 이웃 나라와는 잘 사귀어서 탈 없이, 전쟁 없이 잘 지내자는 정책이었다.

조선의 중앙 정치 제도는 의정부(議政府)와 6조(六曹) 중심으로 운영되었다. 승정원(承政院)과 의금부(義禁府)가 왕권 강화를 뒷받침해주었으며, 사헌부(司憲府) 사간원(司諫院) 홍문관(弘文館)이 왕권을 견제하였다. '의논할 의(議)' '정치 정(政)' '관청 부(府)'의 의정부(議政府)는 정치를 의논하는 관청이었고, 6조(六曹)는 조선 시대 행정실무기관이었던 이조(吏曹) 호조(戶曹) 예조(禮曹) 병조(兵曹) 형조(刑曹) 공조(工曹)를 일컬었다. '조(曹)'는 일을 처리한다는 뜻으로 오늘날의 '부(部)'에 해당하였다. '벼슬아치 이(吏)'의 이조(吏曹)는 문관 벼슬아치들의 선발 임

열전(列傳): _____열, _____전
편년체(編年體): _____편, _____년, _____체
사대교린(事大交隣): _____사, _____대, _____교, _____린
의정부(議政府): _____의, _____정, _____부

용 등의 인사(人事) 업무를 담당하였고, '사람 호(戶)'의 호조(戶曹)는 재정(財政) 조세(租稅) 공물(貢物) 호적(戶籍) 업무를 담당하였으며, '예절 예(禮)'의 예조(禮曹)는 국가 의례와 외교(外交), 그리고 사신 접대에 관한 업무를 담당하였다. '병사 병(兵)'의 병조(兵曹)는 군사에 관한 일, 무관 벼슬아치 선발 배치, 궁궐 수비 등을 담당하였고, '형벌 형(刑)'의 형조(刑曹)는 법률(法律)과 형벌(刑罰) 노비(奴婢) 관계 사무를 담당하였다. '만들 공(工)'의 공조(工曹)는 각종 토목 사업과 수공업(手工業)에 관한 일을 담당하였다.

'이을 승(承)' '정치 정(政)' '집 원(院)'의 승정원(承政院)은 정치를 이어가는 역할을 하는 집이라는 의미로 왕명(王命)의 출납(出納)을 관장하는 관청이었고 '옳을 의(義)' '금할 금(禁)' '관청 부(府)'의 의금부(義禁府)는 옳음을 추구하고 부정을 금하도록 하는 관청이라는 의미로 임금의 명령을 받들어 중죄인(重罪人)을 신문(訊問)하던 관청이었다. '물을 신(訊)' '물을 문(問)'의 신문(訊問)은 알고 있는 사실에 대해 캐어묻는다는 의미이다.

'맡을 사(司)' '법 헌(憲)' '관청 부(府)'의 사헌부(司憲府)는 법을 맡아 처리하는 관청이라는 의미로 벼슬아치의 잘못을 가려내고 백성의 억울함을 다스리던 관청이었고, '맡을 사(司)' '말할 간(諫)' '집 원(院)'의 사간

승정원(承政院):	_____승,	_____정,	_____원
의금부(義禁府):	_____의,	_____금,	_____부
사헌부(司憲府):	_____사,	_____헌,	_____부
사간원(司諫院):	_____사,	_____간,	_____원
홍문관(弘文館):	_____홍,	_____문,	_____관

원(司諫院)은 말하는 일을 맡아하던 집이라는 의미로 언론(言論)을 담당하던 관청이었으며, '넓을 홍(弘)' '글월 문(文)' '집 관(館)'의 홍문관(弘文館)은 널리 많은 글이나 책을 모아놓은 집이라는 의미로 궁중(宮中)의 경서(經書)나 사적(史籍)을 관리하고 문한(文翰)을 처리하며 왕의 각종 자문(諮問)에 응하는 일을 관장하던 관청이었다.

조선 시대, 권력의 집중과 부정을 막기 위하여 상피제를 마련하였는데 '서로 상(相)' '피할 피(避)' '제도 제(制)'의 상피제(相避制)는 서로 피하게 하는 제도라는 의미로 가까운 친인척이 함께 같은 관서에서 근무하지 못하도록 하거나, 자기 고향의 지방관으로는 근무하지 못하도록 하는 제도였다.

훈몽자회(訓蒙字會)는 중종 때 최세진이 지은 한자 학습서였다. '가르칠 훈(訓)' '어리석을 몽(蒙)' '글자 자(字)' '모을 회(會)'로 어리석은 아이들을 가르치기 위해 글자를 모아놓은 책이라는 의미이다.

조선 초기, 사림(士林) 세력과 훈구(勳舊) 세력이 서로 다투곤 하였는데 '선비 사(士)' '동아리 림(林)'의 사림(士林)은 선비 동아리, 선비들의 무리라는 의미로 조선 건국에 협력하지 않고 초야(草野)에 묻혀 성리학(性理學)에 몰두하던 사람들이었다.(성종 이후에 중앙 정계에 진출하였

상피제(相避制): _____상, _____피, _____제
훈몽자회(訓蒙字會): _____훈, _____몽, _____자, _____회
사림(士林): _____사, _____림
훈구(勳舊): _____훈, _____구

음) 이와 달리 '공 훈(勳)' '옛 구(舊)'의 훈구(勳舊)는 옛날에 공을 세운 사람들이라는 의미로 조선 건국에 공을 세웠던, 옛날부터 힘을 가졌던 세력을 일컬었다.

조선 시대, 당파 싸움으로 사림 출신의 관리 및 선비들이 훈구파에게 몰려 탄압을 받았던 사건을 '사림 사(士)' '재앙 화(禍)'를 써서 사화(士禍)라 하였는데 사림(士林)들이 당한 재앙이라는 의미였고 무오사화, 갑자사화, 기묘사화, 을사사화 등이 있었다.

사림(士林) 세력이 16세기 이후 사회를 주도할 수 있었던 기반은 향약(鄕約)의 보급이었는데 향약(鄕約)은 향촌규약(鄕村規約)의 준말이다. '마을 향(鄕)' '마을 촌(村)' '법규 규(規)' '약속할 약(約)'으로 마을 사람들끼리 법과 약속을 지키자는 의미였고, 마을 사람들끼리 서로 도우며 살아가자는 약속이었다.

중국 송나라 때 유학(儒學)의 한 계통으로 성명(性命)과 이기(理氣)의 관계를 논한 유교철학을 성리학(性理學)이라 하였다. '성품 성(性)' '이치 리(理)' '학문 학(學)'의 성리학(性理學)은 인간 본연의 성품(性品)과 자연의 이치(理致)를 연구하는 학문이라는 의미이다.

'일본 왜(倭)' '난리 난(亂)'의 임진왜란(壬辰倭亂)은 임진(壬辰)년

확인
학습

사화(士禍): _____사, _____화
향약(鄕約): _____향, _____약
성리학(性理學): _____성, _____리, _____학
임진왜란(壬辰倭亂): _____임, _____진, _____왜, _____란
정유재란(丁酉再亂): _____정, _____유, _____재, _____란

(1592년)에 일본에 의해 일어난 난리라는 의미이고, '다시 재(再)'의 정유재란(丁酉再亂)은 정유(丁酉)(1597년)년에 다시 일어난 난리라는 의미이다.

인조반정(仁祖反正)을 주도한 서인(西人)은 광해군의 중립 외교 정책을 비판하고 친명배금정책을 추진하여 후금을 자극하였고 이로 인해 1627년에 침략을 당하였었는데 이를 '오랑캐 호(胡)'를 써서 정묘호란(丁卯胡亂)이라 부른다. 즉 정묘년에 오랑캐에 의해 일어난 난리라는 의미이다. '친할 친(親)' '나라이름 명(明)' '등 돌릴 배(背)' '나라이름 금(金)'의 친명배금정책(親明背金政策)은 명나라와는 친하게 지내고 금나라(후금)와는 등 돌리며 지내자는 정책이다.

1636년에는 청나라로 국호를 고친 후금이 대군을 이끌고 침략해 왔는데 이를 '오랑캐 호(胡)'를 써서 병자호란(丙子胡亂)이라 부른다. 병자년(丙子年)에 오랑캐(청나라)에 의해 일어난 난리라는 의미이다.

1592년 임진왜란(壬辰倭亂) 때에 이순신(李舜臣) 장군이 원균의 모략으로 투옥(投獄)되었고, 이후 왜적의 침략이 계속되자 출옥(出獄)되어 관직 없이 전쟁에 나간 일을 백의종군(白衣從軍)이라 하였는데, '흰 백(白)' '옷 의(衣)' '따를 종(從)' '군대 군(軍)'으로 흰옷을 입고(벼슬 없이)

정묘호란(丁卯胡亂):	정,	묘,	호,	란
친명배금(親明背金):	친,	명,	배,	금
병자호란(丙子胡亂):	병,	자,	호,	란
백의종군(白衣從軍):	백,	의,	종,	군
북벌론(北伐論):	북,	벌,	론	

확인
학습

군대를 따라 나가 싸웠다는 의미였다.

'북녘 북(北)' '칠 벌(伐)'의 북벌론(北伐論)은 북쪽(청나라)을 쳐서 정벌(征伐)하자는 주장이다. '북녘 북(北)' '배울 학(學)' '갈래 파(派)'의 북학파(北學派)는 북쪽(청나라)의 문물을 배우고 익히자는 사람들의 갈래(무리)였다. 북학파(北學派)를 이용후생학파(利用厚生學派)라고도 하는데 이는 청나라의 문물을 적극적으로 수용하여 부국강병(富國强兵)과 이용후생(利用厚生)에 힘쓰자고 주장하였기 때문이다. 이용후생(利用厚生)은 '이로울 이(利)' '사용할 용(用)' '두터울 후(厚)' '살 생(生)'으로 물건을 이롭고 사용하여 삶을 두텁게(풍성하게) 한다는 의미이다.

붕당(朋黨)은 '벗 붕(朋)' '무리 당(黨)'으로 친구끼리의 무리(모임)라는 의미로 학문적 정치적 입장을 같이하는 양반들로 구성된 정치 집단을 일컬었다.

북학파(北學派): _____북, _____학, _____파
이용후생(利用厚生): _____이, _____용, _____후, _____생
붕당(朋黨): _____붕, _____당

조선 사회의 변동(變動)

　　조선 중기 이후 군사업무를 비롯한 정치 경제의 중요 문제를 토의(討議)하였던 문무합의기구(文武合意機構)를 비변사(備邊司)라 하였는데 '준비할 비(備)' '변방(국경지역) 변(邊)' '관청 사(司)'로 변방으로 침략해 오는 적의 방어를 준비하는 관청이라는 의미이다. 원래는 여진족이 변방에 침입해 올 것에 대비하기 위한 관청이었다.

　　조선 후기에, 그동안 실시되었던 공납제(貢納制)를 폐지하고 대신 만들어진 재정제도(財政制度)가 바로 대동법(大同法)이었다. '바칠 공(貢)' '바칠 납(納)' '제도 제(制)'의 공납제(貢納制)가 특산물(特産物)을 세금으로 바치는 조세(租稅)제도(制度)였음에 비해, '모두 대(大)' '같을 동(同)' '법 법(法)'의 대동법(大同法)은 모든 백성들이 같은 것(쌀)으로 세

비변사(備邊司):	비,	변,	사
공납제(貢納制):	공,	납,	제
대동법(大同法):	대,	동,	법

금 내도록 하는 법이었다.

조선 후기 사회에서 나타났던 새로운 사상으로 당시 사회 문제 해결을 위해 성리학(性理學)의 관념성(觀念性)과 경직성(硬直性)을 비판하면서 경세치용, 이용후생, 실사구시를 강조하였던 사람들을 실학파(實學派)라 일컫는다. 실학(實學)은 실사구시학문(實事求是學問)의 준말이고, 실사구시(實事求是)는 '실제 실(實)' '일 사(事)' '구할 구(求)' '옳을 시(是)'로 실제의 일에서(사실을 토대로) 옳음(진리)을 구한다는 의미이다. 실생활에 도움이 되는 실용적인 학문을 실학(實學)이라고 하였던 것이다. 실학은 임진왜란 이후, 자아의 발견과 청나라에서 들어온 고증학(考證學)과 서양 문물의 영향을 받아 일어났다. 경세치용(經世致用)은 '다스릴 경(經)' '세상 세(世)' '이를 치(致)' '쓸 용(用)'으로 학문은 세상 다스림에 있어 쓸모 있음에 이를 수 있어야 한다는 의미이고, 이용후생(利用厚生)은 '이로울 이(利)' '쓸 용(用)' '두터울 후(厚)' '삶 생(生)'으로 이롭게 쓰고 삶(생활)을 두텁게(윤택하게) 한다는 의미이며, 고증학(考證學)은 '살필 고(考)' '증명할 증(證)'으로 살피고 증명하는 방법을 써서 연구하려 하였던 학문이라는 의미이다.

조선 시대, 왕명(王命)을 받아 비밀리에 지방을 순행(巡行)하면서 악정(惡政)을 규명(糾明)하고, 민정(民政)을 살핀 임시 관직을 암행어사

실학(實學): _____실, _____학
실사구시(實事求是): _____실, _____사, _____구, _____시
경세치용(經世致用): _____경, _____세, _____치, _____용
고증학(考證學): _____고, _____증, _____학
암행어사(暗行御史): _____암, _____행, _____어, _____사

확인
학습

(暗行御史)라 하였는데, '몰래 암(暗)' '다닐 행(行)' '임금 어(御)' '벼슬아치 사(史)'로 몰래 다니는 임금이 파견한 벼슬아치라는 의미였다.

조선 말기, 최제우가 창시한 후천개벽(後天開闢)과 인내천(人乃天) 사상을 특징으로 한 종교, 1894년 농민전쟁에 큰 영향을 끼친 종교, 1905년 천도교(天道教)로 개칭(改稱)한 민족 종교를 동학(東學)이라 일컫는다. 동학은 서양의 학문을 일컫는 서학(西學)에 대립된 개념으로 "나 또한 동쪽에서 태어나 동도(東道)를 받았으니 도(道)는 비록 천도(天道)이나 학(學)은 동학(東學)이다."라는 최제우의 말에서 비롯되었다.

동학을 대표하는 사상은 인내천(人乃天)이다. 즉 '사람 인(人)' '곧 내(乃)' '하늘 천(天)'으로 사람이 곧 하늘이다(하늘처럼 존귀하고 위대하다)는 의미로 인간은 누구나 평등(平等)하다는 주장이었다.

농민층이 전통적 지배체제에 반대하는 개혁 정치를 요구하면서 동시에 외세의 침략을 자주적으로 물리치려고 들고 일어난 운동이 있었는데 1894년 전라도 고부에서 시작된 동학농민혁명(東學農民革命)이 그것이다. 동학교도(東學教徒)들과 농민들이 중심이 되었던 개혁운동이었기에 동학농민혁명(東學農民革命)이라 이름 붙였다. 전봉준(全琫準)을 중심으로 한 농민층은 고부 군수 조병갑의 포악함 때문에 봉기(蜂起)하였고,

동학(東學): _____동, _____학
인내천(人乃天): _____인, _____내, _____천
동학혁명(東學革命): _____동, _____학, _____혁, _____명

확인
학습

이후 보국안민과 제폭구민을 내세우며 전라도 일대를 장악하였다. '바르게 할 보(輔)' '나라 국(國)' '편안할 안(安)' '백성 민(民)'의 보국안민(輔國安民)은 나라를 바르게 하고 백성을 편안하게 한다는 의미고, '제거할 제(除)' '폭력 폭(暴)' '건질 구(救)' '백성 민(民)'의 제폭구민(除暴救民)은 폭력을 제거하고 백성을 폭정(暴政)으로부터 건져내자는 의미이다.

동학농민혁명은 비록 일본군(日本軍)과 관군(官軍)의 진압으로 좌절되었지만 양반 중심의 신분 사회가 타파되는 결정적인 계기를 마련하였다. 연좌제(緣坐制)같은 악습(惡習)도 이때에 없어졌는데, '인연 연(緣)' '무릎 꿇을 좌(坐)' '제도 제(制)'의 연좌제(緣坐制)는 인연 때문에 무릎 꿇어야 하는 제도라는 의미로 친인척의 범죄 때문에 처벌이나 불이익을 받는 제도를 가리켰다.

18세기 전반에 농업 중심의 개혁론(改革論)을 제시한 실학자들은 농촌 사회의 안정을 위하여 농민의 입장에서 토지제도를 비롯한 각종 제도 개혁을 추구하였는데 이 실학자들을 경세치용학파(經世致用學派)라 하였다. '다스릴 경(經)' '세상 세(世)' '이를 치(致)' '실용 용(用)'의 경세치용은 세상을 다스림에 실용에 이르는 것을 중요시 한다는 의미이다.

확인
학습

보국안민(輔國安民): _____보, _____국, _____안, _____민
제폭구민(除暴救民): _____제, _____폭, _____구, _____민
연좌제(緣坐制): _____연, _____좌, _____제
경세치용(經世致用): _____경, _____세, _____치, _____용

개화(開化)와 자주(自主) 운동(運動)

대한제국 때, 이양선이 출몰하여 통상을 요구하면서 위협을 가하였었다. 이양선(異樣船)이란 '다를 이(異)' '모양 양(樣)' '배 선(船)'으로 다른 모양의 (이상한) 배라는 의미인데 외국의 선박을 일컬었던 말이다. 통상(通商)은 '통할 통(通)' '장사할 상(商)'으로 서로 통하여 장사한다는 의미로 국가 간 물품을 사고판다는 의미이다.

흥선대원군은 경복궁 중건(重建)을 위해 당백전을 발행하고, 원납전과 문세를 징수하였는데 중건(重建)은 '거듭 중(重)' '새울 건(建)'으로 절이나 궁궐 등을 보수하거나 다시 짓는다는 의미이고, '당할 당(當)' '일백백(百)' '돈 전(錢)'의 당백전(當百錢)은 상평통보 100배의 가치를 당해낼 수 있는 돈이라는 의미였으며, '원할 원(願)' '바칠 납(納)' '돈 전(錢)'

이양선(異樣船):	_____이,	_____양,	_____선
통상(通商):	_____통,	_____상	
중건(重建):	_____중,	_____건	
당백전(當百錢):	_____당,	_____백,	_____전
원납전(願納錢):	_____원,	_____납,	_____전

의 원납전(願納錢)은 바치기를 원해서 내는 돈이라는 의미였다. 물론, 말이 원해서 내는 돈이었지 실제로는 경복궁 중수(重修)를 위하여 강제로 거둔 강제기부금(强制寄附金)이었다. '문 문(門)' '세금 세(稅)'의 문세(門稅)는 4대문(四大門)을 통행할 때 내는 세금이었다.

1880년대에 우리나라가 내세웠던 서구 문명 수용 논리는 동도서기론(東道西器論)이었는데 '동양 동(東)' '정신 도(道)' '서양 서(西)' '물건 기(器)'로 동양(東洋)의 정신과 서양(西洋)의 물건이라는 의미이다. 정신(精神)은 동양(우리나라)의 것을 유지하고, 물건(과학기술)은 서양의 것을 받아들이는 것이 옳다는 주장이다.

1866년 병인년에 프랑스함대가 흥선대원군의 천주교도 학살과 탄압에 대한 책임을 묻기 위해 강화도를 침범한 사건을 병인양요(丙寅洋擾)라 하고, 1866년에 발생한 제너럴셔먼호(號) 사건을 빌미삼아서 1871년 신미년에 미국이 조선을 개항시키려고 무력 침략한 사건을 신미양요(辛未洋擾)라 하였는데 양요(洋擾)는 '서양 양(洋)' '어지러울 요(擾)'로 서양에 의해 세상이 어지럽게 되었다는 의미이다.

척화비(斥和碑)에는 "서양 오랑캐가 침범하였을 때 싸우지 않음은 곧 화의(和議)하는 것이요 화의를 주장함은 곧 나라를 파는 것이다."라고

문세(門稅): _____문, _____세
동도서기론(東道西器論): _____동, _____도, _____서, _____기, _____론
양요(洋擾): _____양, _____요
척화비(斥和碑): _____척, _____화, _____비

확인
학습

적혀있었다. 즉 '물리칠 척(斥)' '화해할 화(和)' '비석 비(碑)'를 쓴 척화비 (斥和碑)는 화해를 물리치겠다(싸우겠다)는 의지를 담은 비석이라는 의미이다.

한일수호조약(韓日修好條約) 병자수호조약(丙子修好條約) 등으로 불리는 강화도조약(江華島條約)은 1876년 2월에 조선과 일본 사이에 체결된 통상 조약이다. 이는 근대 국제법의 토대 위에서 맺은 최초의 조약이며, 일본의 강압적 위협으로 맺어진 불평등 조약이었다. 강화도에서 맺었기에 강화도조약(江華島條約)이라 이름 붙였지만 치외법권(治外法權)과 해안측량권(海岸測量權)을 인정한 불평등 조약이었다. '다스릴 치(治)' '바깥 외(外)' '법 법(法)' '권리 권(權)'을 쓴 치외법권(治外法權)은 '통치권 밖의 법 적용을 받을 권리'라는 의미로 다른 나라 영토(領土) 안에 살고 있으면서도 그 나라 통치권의 지배를 받지 않는 국제법상의 권리를 일컫는다. '닦을 수(修)' '좋을 호(好)'의 수호(修好)는 서로 좋아한다는 의미로 국가와 국가가 서로 사이좋게 지내기로 한다는 의미이고, '조건 조(條)' '약속할 약(約)'의 조약(條約)은 국가 간 조건을 제시한 문서에 의한 명시적 합의라는 의미이다.

정학(正學)과 정도(正道)를 지키고 사학(邪學)과 이단(異端)을 배척(排斥)하여 우리의 전통을 고수하려는 생각을 위정척사(衛正斥邪)라 하

수호조약(修好條約):	_____ 수,	_____ 호,	_____ 조,	_____ 약
치외법권(治外法權):	_____ 치,	_____ 외,	_____ 법,	_____ 권
위정척사(衛正斥邪):	_____ 위,	_____ 정,	_____ 척,	_____ 사

였는데 '지킬 위(衛)' '바를 정(正)' '물리칠 척(斥)' '사악할 사(邪)'로 바른 것을 지키고 사악한 것을 물리친다는 의미이다. 물론 당시 위정척사를 외친 사람들에게 '바른 것'은 성리학(性理學)이었고, '사악한 것'은 서양 문물이었다.

임오년(壬午年, 1882년)에 군인들이 일으킨 난리를 임오군란(壬午軍亂)이라 하였는데, '군인 군(軍)' '난리 난(亂)'으로 임오년에 군인들에 의해 일어난 난리라는 의미이다.

정약용은 서양 선교사가 중국에서 펴낸 기기도설을 참고하여 거중기를 만들었다. '들 거(擧)' '무거울 중(重)' '기계 기(機)'의 거중기(擧重機)는 무거운 물건을 들어 올리는 기계라는 의미이다.

개신교는 1880년대에 서양 선교사의 입국을 계기로 교세를 넓혀 갔는데 '고칠 개(改)' '새로울 신(新)' '종교 교(敎)'의 개신교(改新敎)는 구교(舊敎)인 천주교(天主敎)를 고쳐 새롭게 만든 종교라는 의미이다.

불법적인 수단으로 정권이나 내각이 갑자기 변하는 일을 정변(政變)이라 하였는데 '정치 정(政)' '변화할 변(變)'으로 정치적 변화를 꾀하였다는 의미이다. 갑신년에 정치적 변화를 꾀하려 노력하였던 사건이었기

임오군란(壬午軍亂):	임,	오,	군,	란
거중기(擧重機):	거,	중,	기	
개신교(改新敎):	개,	신,	교	
갑신정변(甲申政變):	갑,	신,	정,	변

에 갑신정변(甲申政變)이라 이름 붙였던 것이다.

1894년 개화당이 집권한 이후 지금까지의 문물제도를 버리고 진보적인 서양의 법식을 본받아 실시한 개혁을 갑오경장(甲午更張) 또는 갑오개혁(甲午改革)이라 하였다. '고칠 경(更)' '당길 장(張)'의 경장(更張)은 거문고 줄을 고쳐 팽팽하게 당겨 맨다는 뜻으로 정치적 사회적으로 낡은 제도를 고쳐 새롭게 한다는 의미이며, 갑오년(1894년)에 낡은 제도를 고치고 세상을 새롭게 만들자는 정책운동이었기에 갑오경장(甲午更張)이라 이름 붙였던 것이다.

육십갑자(六十甲子)는 고대의 중국과 우리나라의 역법(曆法)에서 일상적으로 사용되었던 주기(週期) 이름이다. 1년의 주기는 12개월이고, 육십갑자의 주기는 60년인데 60갑자는 10간(干) 12지(支)를 이용하여 만들었다.

갑(甲) 을(乙) 병(丙) 정(丁) 무(戊) 기(己) 경(庚) 신(辛) 임(壬) 계(癸)를 10간(干)이라 하고, 자(子) 축(丑) 인(寅) 묘(卯) 진(辰) 사(巳) 오(午) 미(未) 신(申) 유(酉) 술(戌) 해(亥)를 12지(支)라 하는데, 이 10간과 12지가 하나씩 묶여 총 60갑자가 만들어지는 것이다. 그렇기 때문에 60갑자 처음은 갑자(甲子), 두 번째는 을축(乙丑), 세 번째는 병인(丙寅)이다. 열 번째는 계유(癸酉)이고 열한 번째는 갑술(甲戌), 열두 번째는 을해

갑오경장(甲午更張) _____갑, _____오, _____경, _____장
육십갑자(六十甲子) _____육, _____십, _____갑, _____자

(乙亥), 그리고 열세 번째는 병자(丙子)이다. 이렇게 짝을 지어가다 보면 60번째는 계해(癸亥)가 되고 그것이 마지막이다. 그리고 다시 갑자가 되는 것이다. 역사(歷史)를 공부하다보면 60갑자 들어간 명칭이 많이 나오는데 갑(甲)은 언제나 서기 xxx4년이고, 을(乙)은 xxx5년, 병(丙)은 xxx6년, 정(丁)은 xxx7년, 무(戊)는 xxx8년, 기(己)는 xxx9년, 경(庚)은 xxx0년, 신(辛)은 xxx1년, 임(壬)은 xxx2년, 계(癸)는 xxx3년 이라는 사실만 알아두어도 좋을 것 같다.

일본으로의 곡식 유출로 쌀값이 폭등하고 농촌 경제가 파탄에 빠지자 함경도 관찰사 조병식은 방곡령(防穀令)을 선포하였다. '막을 방(防)' '곡식 곡(穀)' '명령 령(令)'의 방곡령(防穀令)은 곡식을 다른 곳으로 실어내는 것을 막으라는 명령이었다.

동학의 교조(教祖)인 최제우의 억울함을 풀고 탄압을 중지해 달라는 동학교도들의 운동을 교조신원운동(教祖伸寃運動)이라 하였는데, '종교 교(教)' '시조 조(祖)' '펼 신(伸)' '원통할 원(寃)'으로 동학교 시조(始祖)인 최제우의 원통함(억울함)을 펴주자(풀어주자)는 운동이었다.

조선 영조 26년에, 종래의 군포(軍布)를 두 필에서 한 필로 줄이고, 그 부족액은 어업세 염세 선박세 등으로 보충하였던 제도를 균역법(均役

방곡령(防穀令) _____방, _____곡, _____령
교조신원(教祖伸寃) _____교, _____조, _____신, _____원
균역법(均役法) _____균, _____역, _____법
상평창(常平倉) _____상, _____평, _____창

法)이라 하였다. '고를 균(均)' '일 시킬 역(役)'으로 백성들에게 고르게 일을 시키는(부담지우는) 법이라는 의미로 백성들의 군역(軍役) 부담을 덜기 위하여 만들었던 납세(納稅)제도였다.

고려 시대와 조선 시대의 물가조절기관(物價調節機關)을 상평창(常平倉)이라 하였는데 '항상 상(常)' '평평할 평(平)' '창고 창(倉)'으로 '물가를 항상 평평하게 만드는 창고'라는 의미이다. 이는 생활필수품을 값이 쌀 때 사들였다가 고가(高價)일 때 판매함으로써 물가를 조절하는 기관이었던 것이다.

백성들이 억울한 일을 임금에게 직접 호소하고자 할 때 치도록 대궐의 문루(門樓)에 달아 두었던 북을 신문고(申聞鼓)라 하였는데 '말할 신(申)' '들을 문(聞)' '북 고(鼓)'로 (원통한 일이 있을 때) 말하면 들어주는 북이라는 의미였다.

신문고(申聞鼓): _____신, _____문, _____고

◇ 주권(主權) 수호(守護) 운동의 전개

　일본의 위협을 피해 고종이 러시아 공사관으로 피신(避身)하였던 일을 아관파천(俄館播遷)이라 하였는데 '러시아 아(俄)' '집 관(館)' '달아날 파(播)' '옮길 천(遷)'으로 러시아 집(공관)으로 달아나 옮겼다는 의미이다.

　아관파천 결과 러시아의 내정간섭(內政干涉)이 심화(深化)되었고, 열강(列强)의 이권(利權) 침탈(侵奪) 역시 심화(深化)되었다. '여러 열(列)' '강할 강(强)'의 열강(列强)은 여러 강대국이라는 의미이고, '이익 이(利)' '권리 권(權)'의 이권(利權)은 이익을 얻을 수 있는 권리라는 의미다. '습격할 침(侵)' '빼앗을 탈(奪)'의 침탈(侵奪)은 습격하여 빼앗는다는 의미이고, '깊을 심(深)' '될 화(化)'의 심화(深化)는 깊어지거나 심각하게 되었다는 의미이다.

아관파천(俄館播遷): ＿＿＿아, ＿＿＿＿관, ＿＿＿＿파, ＿＿＿＿천
열강(列强): ＿＿＿＿열, ＿＿＿＿강
이권(利權): ＿＿＿＿이, ＿＿＿＿권
침탈(侵奪): ＿＿＿＿침, ＿＿＿＿탈
심화(深化): ＿＿＿＿심, ＿＿＿＿화

을사조약(乙巳條約)에 대한 저항이 곳곳에서 거세게 일어났는데 장지연이 황성신문에 쓴 '시일야방성대곡(是日也放聲大哭)'도 그 중 하나였다. '이 시(是)' '날 일(日)' '어조사 야(也)' '놓을 방(放)' '소리 성(聲)' '큰 대(大)' '울 곡(哭)'으로 이 날이야말로 소리 놓아 크게 울 날이라는 의미였다.

신채호는 '조선상고사'와 '조선사 연구초'를 지어 우리 고대 문화의 우수성과 독자성을 강조하여 식민주의사관을 비판하였다. '심을 식(植)' '백성 민(民)'의 식민(植民)은 자기 백성을 심었다는 의미로 어떤 나라가 본국 밖의 미개발(未開發) 지역이나 본국과 정치적 종속(從屬) 관계에 있는 나라에 국민을 이주(移駐), 정착(定着)하게 하여 경제적 개발과 정치적 지배를 행하게 한다는 의미이다. 그렇기 때문에 식민주의(植民主義)는 다른 나라를 침략하여 자기 나라 백성들을 이주시켜 자국의 이익을 추구하려는 정책이었다. 사관(史觀)은 '역사 사(史)' '관점 관(觀)'으로 역사를 보는 관점이라는 의미이다. 그러므로 식민주의사관(植民主義史觀)은 조선 역사가 강대국에게 정치적 경제적 지배를 받아온 역사라는 관점, 스스로 발전하지 못하고 강대국의 도움을 받아온 역사라는 주장이다. 그런데 이것은 사실이 아니라 일본이 조선 침략과 식민 지배의 학문적 기반을 확고하게 만들기 위해 거짓으로 만들어 낸 역사관(歷史觀)이었다.

시일야(是日也): _____시, _____일, _____야
방성대곡(放聲大哭): _____방, _____성, _____대, _____곡
식민주의(植民主義): _____식, _____민, _____주, _____의
사관(史觀): _____사, _____관

1907년부터 1908년 사이에 국채(國債), 나라의 빚을 국민들의 모금으로 갚기 위하여 전개된 국권회복운동을 국채보상운동(國債報償運動)이라 하였다. '나라 국(國)' '빚 채(債)' '갚을 보(報)' '갚을 상(償)'으로 나라의 빚을 국민들이 갚아내자는 운동이었고, 경제적 자주성을 되찾으려는 민족운동이었지만 통감부의 방해로 아쉽게 실패로 끝났다.

일제(日帝)의 우리 민족 말살 정책 중 하나에 내선일체(內鮮一體)가 있었는데, '안(본토, 일본) 내(內)' '조선 선(鮮)' '하나 일(一)' '몸 체(體)'로 일본과 조선은 하나의 몸이라는 주장이었다. 일선동조론(日鮮同祖論)을 펼치기도 하였는데, '일본 일(日)' '조선 선(鮮)' '같을 동(同)' '조상 조(祖)'로 일본과 조선은 같은 조상이라는 주장이었다.

일제(日帝)는 식민 통치를 합리화하고 지배를 원활하게 하기 위하여 황국신민화정책에 따른 우민화(愚民化) 교육을 실시하였다. 황국신민(皇國臣民)은 '황제 황(皇)' '나라 국(國)' '신하 신(臣)' '백성 민(民)'으로 황제나라(일본)의 신하된 백성이라는 의미였고, '어리석을 우(愚)' '백성 민(民)' '될 화(化)'의 우민화(愚民化)는 백성을 어리석은 상태로 되게 한다는 의미이다. 일제는 또 우리 민족을 황국신민(皇國臣民)이라 하면서 황국신민서사(皇國臣民誓詞)를 암송하도록 강요하기도 하였는데, '맹세할 서(誓)' '말 사(詞)'의 황국신민서사(皇國臣民誓詞)는 황제나라(일본)의 신하된 백성이라 맹세하는 말이라는 의미였다.

국채보상(國債報償) : _____ 국, _____ 채, _____ 보, _____ 상
내선일체(內鮮一體): _____ 내, _____ 선, _____ 일, _____ 체
일선동조론(日鮮同祖論): _____ 일, _____ 선, _____ 동, _____ 조, _____ 론
황국신민(皇國臣民): _____ 황, _____ 국, _____ 신, _____ 민

일제가 식민지정책(植民地政策)의 하나로 강제로 우리나라 사람의 성(姓)을 일본식으로 새로 만들고 이름도 일본식으로 고치도록 한 일을 창씨개명(創氏改名)이라 하였다. '만들 창(創)' '성씨 씨(氏)' '고칠 개(改)' '이름 명(名)'으로 성씨를 새로 만들고 이름을 고친다는 의미이다.

일제 식민지 정책의 또 다른 하나는 병참기지화정책(兵站基地化政策)이었다. '전쟁 병(兵)' '역마을 참(站)'의 병참(兵站)은 '전쟁을 준비하는 마을'이라는 의미이고, '기본 기(基)' '땅 지(地)'의 기지(基地)는 '기본이 되는 땅' '근거지'라는 의미이기에 병참기지화(兵站基地化)는 전쟁을 준비하기 위한 근거지가 될 마을을 만들겠다는 말이었다. 일제(日帝)는 우리 땅에 군수공장(軍需工場)을 건설하였고, 우리 땅에서 지하자원(地下資源)을 수탈하였으며, 식량과 놋그릇과 수저 등을 강제로 약탈하였던 것이다. 병참기지화정책(兵站基地化政策)은 우리나라를 자기들 전쟁을 위한 근거지로 삼겠다는 정책이었다.

일제(日帝)는 일본제국주의(日本帝國主義)의 준말이고, 제국주의(帝國主義)는 '황제 제(帝)' '나라 국(國)'으로 '황제 나라의 지배를 받도록 강요하는 태도'라는 의미인데 일반적으로는, '군사적 경제적으로 남의 나라를 정복하여 자기 나라 황제의 지배를 받도록 강요하는 정책이나 경향'으로 설명한다.

창씨개명(創氏改名): _____창, _____씨, _____개, _____명
병참기지화(兵站基地化): _____병, _____참, _____기, _____지, _____화
일제(日帝): _____일, _____제
제국주의(帝國主義): _____제, _____국, _____주, _____의

확인
학습

1945년 12월, 모스크바 3국 외상(外相) 회의에서 미, 영, 중, 소에 의한 최고 5년간의 신탁통치(信託統治)가 결정되었고, 찬탁(贊託)과 반탁(反託)으로 나뉘어져 혼란 상황이 한동안 계속되었다. 신탁(信託)은 '믿을 신(信)' '맡길 탁(託)'으로 '믿고 맡긴다'는 의미이고, '거느릴 통(統)' '다스릴 치(治)'의 통치(統治)는 '거느리고 다스린다'는 의미이니까 신탁통치(信託統治)는 믿고 맡겨서 거느리고 다스리게 한다는 뜻이다. 국제연합으로부터 신뢰받은 나라가 약소국을 거느리고 다스리는 일이 신탁통치(信託統治)였는데, 국제연합으로부터 신탁을 받은 나라(미국과 소련)가 국제연합의 감독 아래 일정 지역(한반도)을 다스린다는 의미였다.

　　6.25 전쟁 와중(渦中)인 1952년, 이승만 정부는 발췌개헌(拔萃改憲)을 강행하였고, 이후 사사오입개헌(四捨五入改憲)을 통해 장기집권 토대를 마련하였다. '뺄 발(拔)' '모을 췌(萃)'의 발췌(拔萃)는 중요하고 필요한 것만을 어떤 책이나 자료에서 빼어 모은다는 의미다. '고칠 개(改)' '헌법 헌(憲)'의 개헌(改憲)은 헌법을 고친다는 의미이니까 발췌개헌(拔萃改憲)은 필요한 것만을 뽑아 모아서 헌법을 고친다는 의미였다. '넉 사(四)' '버릴 사(捨)' '다섯 오(五)' '들 입(入)'의 사사오입(四捨五入)은 4이하는 버리고 5이상은 들어오게 한다는 의미로, 4이하는 버리고 5이상은 10으로 인정하여 앞자리에 1을 더해주는 방법이다. 1954년, 당시 집권당이었던 자유당이 초대 대통령에 한하여 횟수 제한 없이 대통령에 출마할

신탁통치(信託統治): _____신, _____탁, _____통, _____치
발췌개헌(拔萃改憲): _____발, _____췌, _____개, _____헌
사사오입(四捨五入): _____사, _____사, _____오, _____입

확인학습

수 있다는 내용을 골자로 하는 헌법개정안을 국회에 제출하였는데 찬성표 136표를 얻어야 통과되는 투표에서 찬성표 135표를 얻게 되었다. 그때 재적의원의 2/3는 135.333이고 영점 이하의 숫자는 1명의 인간이 될 수 없으므로 사사오입(四捨五入)을 하여야 하고 이렇게 되면 개헌정족수가 135명이라는 억지 주장으로 개헌안을 통과시켰는데 이를 사사오입개헌(四捨五入改憲)이라 이름 붙였다.

3.15 부정선거로 4.19 혁명이 일어났고 결국 이승만은 대통령직에서 물러났으며 허정(정치인)을 수반(首班)으로 하는 과도정부(過渡政府)가 수립되었다. '지날 과(過)' '건널 도(渡)'의 과도(過渡)는 어떤 한 상태로부터 다른 새로운 상태로 옮겨지거나 건너간다는 의미이므로 과도정부(過渡政府)는 정식 정부가 구성될 때까지 임시로 성립 존속하는 정부라는 의미였다.

전두환 정부의 강압적인 통치하에서도 계속된 민주화 요구는 1987년 박종철 고문 사건과 4.13 호헌조치(護憲措置)를 계기로 6월 민주항쟁(民主抗爭)으로 발전하였는데 '보호할 호(護)' '헌법 헌(憲)'의 호헌(護憲)은 헌법을 바꾸지 않고 보호한다(그대로 둔다)는 의미였다.

확인
학습

수반(首班): _____수, _____반
과도정부(過渡政府): _____과, _____도, _____정, _____부
호헌조치(護憲措置): _____호, _____헌, _____조, _____치

6부　과학(科學)

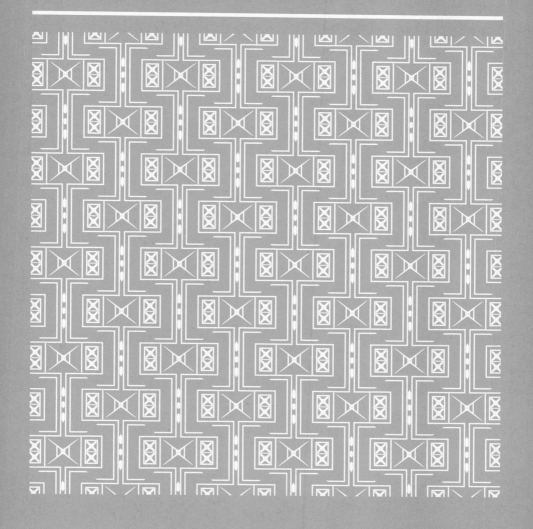

◇ 지구과학(地球科學)

　　지구과학(地球科學)은 지구(地球)와 과학(科學)이 더해진 말로 지구를 대상으로 하는 복합과학으로서의 자연과학을 일컫는다.

　　지구(地球) 중력(重力)에 의해 지구 둘레를 싸고 있는 기체(氣體)를 대기(大氣)라 하는데, '큰 대(大)' '공기 기(氣)'로, 큰 공기, 많은 공기라는 의미이다. 지구를 둘러싸고 있는 대기의 범위(층)를 '범위 권(圈)'을 써서 대기권(大氣圈)이라 한다.

　　지각(地殼) 내부의 급격한 변화로 말미암아 지면(地面)이 일정 기간 진동하는 현상을 지진(地震)이라 하는데 '땅 지(地)' '떨 진(震)'으로 땅에 떨림이 있는 현상이라는 의미이다. 지각(地殼)은 '지구 지(地)' '껍질 각

대기권(大氣圈): _____대, _____기, _____권
지진(地震): _____지, _____진
지각(地殼): _____지, _____각

(殼)'으로 지구의 껍질이라는 의미이고 지구의 표층을 이루고 있는 단단한 부분을 일컫는다. 땅속 마그마가 분출하여 식어서 굳은 바위를 화성암(火成巖)이라 하는데 '불 화(火)' '이룰 성(成)' '바위 암(巖)'으로 땅 속에 있는 불에 의해 이루어진 바위라는 의미이다.

'검을 현(玄)' '굳셀 무(武)'의 현무암(玄武巖)은 검고 굳센(단단한) 암석을 일컫고, '꽃 화(花)' '산등성이 강(崗)'의 화강암(花崗巖)은 꽃처럼 결이 곱고 산등성이처럼 단단한 암석을 일컫는다.

퇴적물(堆積物)이 굳어서 생긴 암석, 부스러기 암석의 작은 덩이나 생물의 유해(遺骸) 등이 물속이나 육상에 침전(沈澱)하고 퇴적(堆積)하여 만들어진 암석을 '쌓을 퇴(堆)' '쌓을 적(積)' '바위 암(巖)'을 써서 퇴적암(堆積巖)이라 하는데, 쌓이고 쌓여서 만들어진 바위라는 의미이다. 변성암(變成巖)은 '변할 변(變)' '이룰 성(成)'으로 높은 열과 압력을 받아서 변화되어 만들어진(이루어진) 암석을 일컫는다.

비, 하천, 빙하, 바람 등의 자연 현상이 지표를 깎는 일이나 빗물이나 냇물이나 빙하 등이 땅이나 암석 등을 조금씩 먹어들어가는 일을 침식(侵蝕)이라 한다. 이는 '침범할 침(侵)' '좀먹을 식(蝕)'으로 침범하여 좀먹어 들어간다는 의미이다.

화성암(火成巖):	_____화,	_____성,	_____암
현무암(玄武巖):	_____현,	_____무,	_____암
화강암(花崗巖):	_____화,	_____강,	_____암
퇴적암(堆積巖):	_____퇴,	_____적,	_____암
변성암(變成巖):	_____변,	_____성,	_____암

부채꼴 모양의 땅이기에 '부채 선(扇)' '모양 상(狀)' '땅 지(地)'의 선상지(扇狀地)이고, 삼각형 모양의 섬과 같은(섬은 아니고) 땅이기에 '석 삼(三)' '각 각(角)' '섬 주(洲)'의 삼각주(三角洲)이며, 종이나 젖 모양의 돌이기에 '종 종(鐘)' '젖 유(乳)' '돌 석(石)'의 종유석(鐘乳石)이다. 죽순 모양처럼 생긴 돌이기에 '돌 석(石)' '죽순 순(筍)'의 석순(石筍)이고, 기둥 모양처럼 생긴 돌이어서 '돌 석(石)' '기둥 주(柱)'의 석주(石柱)이며, 소의 뿔 모양과 비슷하게 생긴 호수이기에 '소 우(牛)' '뿔 각(角)' '호수 호(湖)'의 우각호(牛角湖)이다.

지속적으로 부는 바람에 의해서 일정하게 흐르는 바닷물의 흐름을 '바다 해(海)' '흐를 류(流)'를 써서 해류(海流)라 한다. 해류 중에서도 저위도에서 고위도로 흐르는 따뜻한 해류는 '따뜻할 난(暖)' '흐를 류(流)'의 난류(暖流)이고, 고위도에서 저위도로 흐르는 차가운 해류는 '찰 한(寒)' '흐를 류(流)'의 한류(寒流)이다.

성질이 다른 물덩어리인 난류(暖流)와 한류(寒流)가 만나는 곳을 조경수역(潮境水域)이라 한다. '조수(밀물, 썰물) 조(潮)' '경계 경(境)' '물 수(水)' '지경 역(域)'으로 조수(潮水)가 경계를 이루는 물의 지역, 밀물과 썰물이 만나는 지역이라는 의미이다. 우리나라의 경우 동해안이 여기에 해당되는데 조경수역에는 좋은 어장이 형성된다고 한다.

선상지(扇狀地): _____선, _____상, _____지
삼각주(三角洲): _____삼, _____각, _____지
종유석(鐘乳石): _____종, _____유, _____석
석순(石筍): _____석, _____순
석주(石柱): _____석, _____주

하루에 두 번씩 해수면의 높이가 주기적으로 변하는 현상을 '조수 조 (潮)' '조수 석(汐)'을 써서 조석(潮汐)이라 한다. 해수면이 가장 높을 때는 조수가 바다에 꽉 찼다는 의미로 '꽉 찰 만(滿)'의 만조(滿潮)이고, 해수면이 가장 낮을 때는 조수를 막아버렸다는 의미로 '막을(방패) 간(干)'의 간조(干潮)이다.

밤하늘에 구름 띠 모양으로 길게 분포되어 있는 수많은 천체 무리를 은하(銀河)라 한하는데 '은 은(銀)' '강 하(河)'로 '은처럼 빛나는 하얀 강'이라는 의미이다.

수많은 별들이 무리지어 모여 있는 집단을 성단(星團)이라 하는데, '별 성(星)' '무리 단(團)'으로 별의 무리라는 의미이다. '별 성(星)' '구름 운(雲)'을 쓴 성운(星雲)은 별이 구름과 같다는 의미로 구름 모양으로 하늘의 군데군데에 흐릿하게 보이는 별들의 떼를 가리킨다.

지층이 수평 방향으로 미는 힘(횡압력)에 의해서 휘어진 구조를 '주름 습(褶)' '굽을 곡(曲)'을 써서 습곡(褶曲)이라 하는데 주름지게 굽었다는 의미이고, 지층(地層)이 끊어져 어긋난 것을 단층(斷層)이라 하는데 '끊을 단(斷)' '층 층(層)'으로 끊어져서 층을 이루었다는 의미이다. 어떤 지층이 침식(浸蝕)을 받은 후 다시 그 침식면 위에 퇴적(堆積)작용이 일어

조석(潮汐):	_____조,	_____석
만조(滿潮):	_____만,	_____조
간조(干潮):	_____간,	_____조
은하(銀河):	_____은,	_____하
성단(星團):	_____성,	_____단

나 서로 시기를 달리하는 상하 두 지층이 형성될 경우, 그 두 지층의 관계를 부정합(不整合)이라 하는데 '아니 부(不)' '가지런할 정(整)' '합할 합(合)'으로 가지런하게 합해지지 않았다는 의미이다.

넓은 범위에 걸쳐서 서서히 융기 또는 침강하는 지각 운동을 조륙운동(造陸運動)이라 한다. '만들 조(造)' '뭍 륙(陸)'으로 뭍(육지)을 만드는 운동이라는 의미이지만 바다를 만드는 운동까지 포함한다. 조륙(造陸)운동은 다시, 가벼워진 지층이 떠오르는 운동인 융기(隆起)와 무거워진 지층이 가라앉는 운동인 침강(沈降)으로 나뉘는데, '높을 융(隆)' '일어날 기(起)'의 융기(隆起)는 볼록한 모양으로 높게 일어나는 일을 일컫고, '가라앉을 침(沈)' '내릴 강(降)'의 침강(沈降)은 가라앉고 내려앉아 아래로 우묵하게 들어가는 일을 일컫는다.

대규모 습곡 산맥이 형성되는 과정을 조산운동(造山運動)이라 하는데 '만들 조(造)' '산 산(山)'으로 산을 만들기 위한 운동이라는 의미이다. '높이 쌓일 퇴(堆)' '쌓을 적(積)'의 퇴적(堆積)은 높이 쌓이고 높게 쌓았다는 의미이고 '습격할 침(侵)' '좀먹을 식(蝕)'의 침식(侵蝕)은 야금야금 습격하여 좀먹어 들어갔다는 의미이다.

지질 시대에 살던 동식물의 유해 및 유물이 퇴적암(堆積巖) 등의 암석

확인학습

부정합(不整合): _____부, _____정, _____합
조륙운동(造陸運動): _____조, _____륙, _____운, _____동
융기(隆起): _____융, _____기
침강(沈降): _____침, _____강
조산운동(造山運動): _____조, _____산, _____운, _____동

에 남아 있는 흔적을 화석(化石)이라 하는데 '변화 화(化)' '돌 석(石)'으로 변화를 알려주는 돌, 또는 변화하여 돌처럼 된 것이라는 의미이다.

어떤 온도에서 공기가 수증기를 최대한 포함하고 있는 상태, 작용이나 변화가 더 이상 진행되지 못하는 극도에 이른 상태, 무엇에 의해 최대 한도까지 가득 차 있는 상태를 포화(飽和)라 하는데 '배부를 포(飽)' '합할 화(和)'로 배부른 상태까지 합하여졌다는 의미이다. 물이 수증기로 변하여 공기 중으로 날아가는 현상을 '찔(익힐, 덥힐) 증(蒸)' '떠날 발(發)'을 써서 증발(蒸發)이라 하며, 물을 쪄서(익혀서) 떠나도록 한다는 의미이다. 공기 중의 수증기가 물방울로 변하는 현상을 응결(凝結)이라 하는데, '엉길 응(凝)' '맺을 결(結)'로 엉기어 맺혔다는 의미이다.

구름은 모양에 따라 적운형(積雲形) 구름과 층운형(層雲形) 구름으로 분류한다. '쌓을 적(積)' '구름 운(雲)'의 적운형(積雲形)은 쌓고 쌓아서 만들어진 구름이라는 의미이고, '층 층(層)' '구름 운(雲)'의 층운형(層雲形)은 층을 이룬 구름, 지평선과 층을 이룬 것처럼 옆으로 퍼진 구름이라는 의미이다.

단위 면적에 작용하는 공기의 무게에 의한 압력을 기압(氣壓)이라 하는데 '공기 기(氣)' '누를 압(壓)'으로 공기가 누르는 힘이라는 의미이다.

화석(化石): _____화, _____석
포화(飽和): _____포, _____화
증발(蒸發): _____증, _____발
응결(凝結): _____응, _____결
적운형(積雲形): _____적, _____운, _____형

기압(氣壓)이 일정하면 유리관의 굵기나 기울기에 관계없이 수은 기둥의 높이는 일정하다.

　동일한 고도의 영역에서 주위에 비해 기압이 상대적으로 낮은 구역을 '낮을 저(低)'를 써서 저기압(低氣壓)이라 하고, 동일한 고도의 영역에서 주위에 비해 기압이 상대적으로 높은 구역을 '높을 고(高)'를 써서 고기압(高氣壓)이라 한다.

　'바람 풍(風)' '방향 향(向)'을 쓴 풍향(風向)은 바람이 불어오는 방향이라는 의미이고, '바람 풍(風)' '빠를 속(速)'을 쓴 풍속(風速)은 바람의 빠르기(세기)라는 의미이다.

　기온, 습도 등이 비슷한 공기 덩어리를 기단(氣團)이라 하는데, '공기 기(氣)' '덩어리 단(團)'으로 비슷한 공기 덩어리라는 의미이다. 기단은 생성 장소에 따라 성질이 다르다. 우리나라의 경우, 무더운 여름철은 고온 다습한 북태평양 기단의 영향을 받고, 차가운 바람이 불어오는 겨울철은 시베리아 기단의 영향을 받는다. 성질이 다른 두 개 기단(氣團)이 만나는 면을 전선면(前線面)이라 하고, 전선면이 지표면과 만나는 경계선을 전선(前線)이라 한다. '나아갈 전(前)' '줄 선(線)'으로 높은 기압 기단이 낮은 기압 기단을 밀면서 나아가는 선이라는 의미이다.

		확인 학습
기압(氣壓): _____기, _____압		
저기압(低氣壓): _____저, _____기, _____압		
고기압(高氣壓): _____고, _____기, _____압		
풍향(風向): _____풍, _____향		
풍속(風速): _____풍, _____속		

해안 지역에서는 해면과 육지 표면의 온도 차로 인해 하루를 주기로 풍향이 바뀌는데, 이를 바다에서, 또 육지에서 부는 바람이라는 의미로 '바다 해(海)' '뭍 륙(陸)' '바람 풍(風)'을 써서 해륙풍(海陸風)이라 한다. 낮에는 바다에서 육지로 바람이 부는데 이를 바다에서 생겨나서 부는 바람이라는 의미로 '바다 해(海)'를 써서 해풍(海風)이라 하고, 밤에는 육지에서 바다로 바람이 부는데, 이를 육지에서 생겨나서 부는 바람이라는 의미로 '육지 육(陸)'을 써서 육풍(陸風)이라 한다.

계절에 따라 일정한 지역에는 일정한 방향으로 바람이 부는데 이를 '계절 계(季)' '계절 절(節)'을 써서 계절풍(季節風)이라 한다. 여름에는 남동쪽 해양에서부터 대륙으로 바람이 불기 때문에 남동계절풍(南東季節風)이라 하고, 겨울에는 북서쪽 대륙에서부터 해양으로 바람이 불기 때문에 북서계절풍(北西季節風)이라 한다.

야간(夜間)의 최저 기온이 섭씨 25도 이상인 무더운 밤을 열대야(熱帶夜)라고 하는데 '더위 열(熱)' '이을 대(帶)' '밤 야(夜)'로 더위가 밤까지 이어졌다는 의미이다.

겨울철에 우리나라와 중국 동북부 등지에서는 사흘쯤 추위가 계속되다가 다음의 나흘쯤은 비교적 포근한 날씨가 되는 주기적 기후 변화 현

해륙풍(海陸風): _____해, _____륙, _____풍
해풍(海風): _____해, _____풍
육풍(陸風): _____육, _____풍
계절풍(季節風): _____계_____절, _____풍
열대야(熱帶夜): _____열, _____대, _____야

확인
학습

상이 일어나는데 이를 삼한사온(三寒四溫)이라 한다. '추울 한(寒)' '따뜻할 온(溫)'으로 사흘은 춥고 나흘은 따뜻하다는 의미이다.

지구(地球)가 자전축(自轉軸)을 중심으로 하루에 한 바퀴씩 회전하는 운동을 자전(自轉)이라 한다. '스스로 자(自)' '회전할 전(轉)'으로 스스로 회전한다는 의미이다.

하나의 천체가 다른 천체의 주위를 주기적으로 도는 운동, 또는 지구가 태양의 둘레를 1년에 한 바퀴씩 도는 운동을 공전(公轉)이라 한다. '공평할 공(公)' '회전할 전(轉)'으로 공평하게 회전하고, 항상 같은 속도와 방향으로 주기적(週期的)으로 회전한다는 의미이다.

태양의 황경(黃經)에 따라 1년을 15일 간격으로 24등분하여 계절을 세분한 것을 절기(節氣)라 하는데, '계절 절(節)' '기운 기(氣)'로 계절의 기운을 표현하였다는 의미이다. 24절기를 음력과 관련 있는 것으로 생각하는 사람이 많은데 태양의 움직임과 관계가 있기 때문에 양력(陽曆)이 적용된다. 양력(陽曆) 2월 4일 경이 입춘(立春)인데, '나타날 립(立)' '봄 춘(春)'으로 봄기운이 나타나기 시작한다는 의미이고, 2월 19일 경이 우수(雨水)인데, '비 우(雨)' '물 수(水)'로 눈이 비가 되고 얼음이 물이 된다는 의미이다.

삼한사온(三寒四溫): _____ 삼, _____ 한, _____ 사, _____ 온
자전(自轉): _____ 자, _____ 전
공전(公轉): _____ 공, _____ 전
절기(節氣): _____ 절, _____ 전
입춘(立春): _____ 입, _____ 춘

3월 6일경을 경칩(驚蟄)이라 하는데, '놀랄 경(驚)' '겨울잠 자는 벌레 칩(蟄)'으로 겨울잠 자는 벌레가 봄기운에 놀라서 땅 위로 나온다는 의미이다. 3월 21일 경은 춘분(春分)인데, '봄 춘(春)' '나누어질 분(分)'으로 봄이 본격적으로 시작되면서 낮의 길이와 밤의 길이가 나누어지는 때라는 의미이다.

4월 5일 경은 청명(淸明)인데, '맑을 청(淸)' '밝을 명(明)'으로 세상이 더 없이 맑고 밝다는 의미이고, 4월 20일 경은 곡우(穀雨)인데, '곡식 곡(穀)' '비 우(雨)'로 곡식을 위해 비가 온다는 의미이다.

5월 6일 경을 입하(立夏)라 하는데 '나타날 립(立)' '여름 하(夏)'로 여름 기운이 나타나기 시작한다는 의미고, 5월 21일 경은 소만(小滿)인데 '작을 소(小)' '넉넉할 만(滿)'으로 작은 것들이 생장하여 세상에 가득 찼다는 의미이다.

6월 6일 경은 망종(芒種)이라 하는데 '까끄라기 망(芒)' '심을 종(種)'으로 까끄라기 있는 곡식(벼)을 심을 적당한 시기라는 의미이다. 6월 21일 경은 하지(夏至)인데 '여름 하(夏)' '이를 지(至)'로 여름이 이르렀다는 의미이다.

확인학습

경칩(驚蟄): _____경, _____칩
춘분(春分): _____춘, _____분
청명(淸明): _____청, _____명
곡우(穀雨): _____곡, _____우
입하(立夏): _____입, _____하

7월 7일 경은 소서(小暑)라 하는데 '작을 소(小)' '더위 서(暑)'로 작은 더위가 온다는 의미이고, 7월 23일 경은 대서(大暑)인데 '클 대(大)' '더위 서(暑)'를 써서 큰 더위가 온다는 의미이다.

8월 8일 경은 입추(立秋)인데 '나타날 립(立)' '가을 추(秋)'로 가을 기운이 나타난다는 의미이고, 8월 23일 경은 처서(處暑)인데 '처리할 처(處)' '더위 서(暑)'로 더위를 처리해버린다, 더위가 물러나기 시작한다는 의미이다.

9월 8일 경은 백로(白露)인데 '흰 백(白)' '이슬 로(露)'로 밤에 기온이 이슬점 이하로 내려가 풀잎이나 물체에 흰 이슬이 맺히기 시작한다는 의미이고, 9월 23일 경은 추분(秋分)이라 하여 '가을 추(秋)' '나누어질 분(分)'으로 가을이 본격적으로 시작되고 낮의 길이와 밤의 길이가 나누어지는 때라는 의미이다.

10월 8일 경은 한로(寒露)인데 '찰 한(寒)' '이슬 로(露)'로 차가운 이슬이 맺히기 시작한다는 의미이고, 10월 23일 경은 상강(霜降)인데 '서리 상(霜)' '내릴 강(降)'으로 서리가 내리기 시작한다는 의미이다.

11월 7일 경은 입동(立冬)으로 '나타날 립(立)' '겨울 동(冬)'을 써서

소서(小暑):	소,	서
대서(大暑):	대,	서
입추(立秋):	입,	추
처서(處暑):	처,	서
백로(白露):	백,	로

겨울 기운이 나타난다는 의미이고, 11월 23일 경은 소설(小雪)인데, '작을 소(小)' '눈 설(雪)'로 작게(조금씩) 눈이 내린다는 의미이다.

12월 7일 경은 대설(大雪)로 '큰 대(大)' '눈 설(雪)'을 써서 눈이 많이 내린다는 의미이고, 12월 22일 경은 동지(冬至)인데, '겨울 동(冬)' '이를 지(至)'로 겨울이 이르렀음을 의미한다.

1월 6일 경은 소한(小寒)으로 '작을 소(小)' '추울 한(寒)'을 써서 작은 추위가 온다는 의미이고, 1월 21일 경은 대한(大寒)인데 '큰 대(大)' '추울 한(寒)'으로 큰 추위가 온다는 의미이다.

매월 음력 7, 8일경에 나타나는 달이자, 초승달에서 보름달로 옮아가는 중간쯤 되는 반달을 상현(上弦)이라 하는데, '위 상(上)' '활시위 현(弦)'으로 위 모양이 활시위처럼 생겼다는 의미이다.

음력 22, 23일경에 나타나는 달이자, 보름달에서 그믐달로 옮아가는 중간쯤 되는 반달을 하현(下弦)이라 하는데, '아래 하(下)' '활시위 현(弦)'으로 아래 모양이 활시위처럼 생겼다는 의미이다.

달이 태양과 지구 사이에 끼여 태양의 일부 또는 전부가 가리는 현상

확인 학습		
대설(大雪):	_____대,	_____설
동지(冬至):	_____동,	_____지
소한(小寒):	_____소,	_____한
대한(大寒):	_____대,	_____한
상현(上弦):	_____상,	_____현

을 일식(日蝕)이라 한다. '태양 일(日)' '좀먹을 식(蝕)'으로 태양이 좀먹었다는 의미이다. 지구가 태양과 달 사이에 들어가서 지구 그림자로 말미암아 달의 일부 또는 전부가 가려져 어둡게 보이는 현상은 월식(月蝕)이다. '달 월(月)' '좀먹을 식(蝕)'으로 달이 좀먹었다는 의미이다.

일식(日蝕)에는 개기일식(皆旣日蝕), 부분일식(部分日蝕), 금환일식(金環日蝕)이 있다. '모두 개(皆)' '이미 기(旣)'의 개기일식(皆旣日蝕)은 모두 이미 태양이 좀먹었다는 의미로 태양 전체가 보이지 않는 현상을 일컫고, '나눌 부(部)' '나눌 분(分)'의 부분일식(部分日蝕)은 부분의 태양만 좀먹었다는 의미로, 태양의 일부분만 가려지는 현상을 일컬으며, '금금(金)' '고리 환(環)'의 금환일식(金環日蝕)은 금으로 만든 고리처럼 태양이 좀먹었다는 의미로, 달이 태양의 한 가운데를 가리어 태양 광선이 달의 주위에 고리 모양으로 나타나는 현상을 일컫는다.

월식(月蝕)에도 개기월식 부분월식이 있는데, 달 전체가 지구 본 그림자 속에 들어가 가려지는 개기월식(皆旣月蝕)은 '모두 개(皆)' '이미 기(旣)' '달 월(月)' '좀먹을 식(蝕)'으로 모두 이미 달이 좀먹었다는 의미이다. 달 일부가 지구 본 그림자 속에 들어가 가려지는 부분월식(部分月蝕)은 '나눌 부(部)' '나눌 분(分)' '달 월(月)' '좀먹을 식(蝕)'으로 부분적으로 달이 좀먹었다는 의미이다.

확인학습

월식(月蝕): _____월, _____식				
개기일식(皆旣日蝕): _____개,	_____기,	_____일,	_____시	
부분일식(部分日蝕): _____부,	_____분,	_____일,	_____식	
금환일식(金環日蝕): _____금,	_____환,	_____일,	_____식	
개기월식(皆旣月蝕): _____개,	_____기,	_____일,	_____식	

◇ 물리(物理)

'만물 물(物)' '이치 리(理)'의 물리(物理)는 만물(사물)의 이치를 연구하는 학문이라는 의미다.

빛이 매질(媒質)의 경계면에 부딪혀 되돌아오는 현상을 '빛의 반사(反射)'라 하는데 '되돌릴 반(反)' '쏠 사(射)'로 되돌려서 쏜다는 의미다.

빛이 한 물질에서 다른 물질로 들어갈 때 경계면에서 진행 방향이 꺾이는 현상을 굴절(屈折)이라 하는데 '굽을 굴(屈)' '꺾을 절(折)'으로 굽어지고 꺾였다는 의미다.

빛이 여러 가지 색의 빛으로 나누어지는 현상을 빛의 분산(分散)이라

물리(物理):	_____물,	_____리		
반사(反射):	_____반,	_____사		
굴절(屈折):	_____굴,	_____절		
분산(分散):	_____분,	_____산		

하는데, '나눌 분(分)' '흩어질 산(散)'으로 빛이 나누어지고 흩어진다는 의미다.

두 가지 이상의 빛이 합쳐져서 다른 색의 빛으로 보이는 현상을 빛의 합성(合成)이라고 하는데 '합할 합(合)' '이룰 성(成)'을 써서 빛이 합해져서 새로운 빛을 이루었다는 의미다.

빨강, 초록, 파랑을 빛의 삼원색(三原色)이라고 한다. 이는 '석 삼(三)' '근원 원(原)' '색 색(色)'으로 근원이 되는 세 가지의 색, 모든 빛깔을 재현할 수 있는 기본적인 세 가지 색이기 때문이다. 색(色)의 삼원색(三原色)은 빨강, 노랑, 파랑이다.

흰색, 회색, 검정색 등과 같이 명도(明度)에 차이는 있으나 색상(色相)과 순도(純度)가 없는 색을 '없을 무(無)' '빛깔 채(彩)'를 써서 무채색(無彩色)이라 하는데, 빛깔이 없는 색이라는 의미이다. 그리고 혼합(混合)하였을 때에 무채색(無彩色)이 되는 두 색(色)을 '도울 보(補)'를 써서 보색(補色)이라 하는데 무채색이 되도록 도와주는 색이라는 의미이다.

'굳을 고(固)' '물질 체(體)'의 고체(固體)는 굳어서 단단하게 된 물질을 일컫고, '유동체 액(液)' '물질 체(體)'의 액체(液體)는 부피는 있으나

확인
학습

| 합성(合成): _____합, _____성 |
| 삼원색(三原色): _____삼, _____원, _____색 |
| 무채색(無彩色): _____무, _____채, _____색 |
| 보색(補色): _____보, _____색 |
| 고체(固體): _____고, _____체 |

일정한 모양 없이 흘러 움직이는 물질을 일컬으며, '공기 기(氣)' '물질 체(體)'의 기체(氣體)는 공기처럼 일정한 모양도 부피도 없이 움직이는 성질의 물질을 일컫는다. 유동(流動)은 '흐를 유(流)' '움직일 동(動)'으로 액체나 기체 등의 물질이 흘러 움직이거나 사람이나 형세 따위가 이리저리 옮겨 다니며 변하는 것을 일컫는다.

'기체 기(氣)' '될 화(化)'의 기화(氣化)는 기체가 된다는 의미로, 액체가 기체로 변화되는 것을 일컫고, 기체가 액체로 되는 것은 '액체 액(液)' '될 화(化)'를 써서 액화(液化)라 한다. 얼음이 증발하는 경우, 또는 고체가 액체 상태를 거치지 않고 기체로 변하는 일, 또는 기체가 액체를 거치지 않고 고체로 변하는 일을 승화(昇華)라 하는데 '오를 승(昇)' '빛날 화(華)'로 올라가서 빛나게 되었다는 단계를 건너 뛰어 올라 빛나게 되었다는 의미이다. 그렇기 때문에 승화(昇華)는 한 단계 더 높은 수준으로 발전하는 일이라는 의미로도 많이 쓰인다.

고체가 액체 되는 것을 '엉길 응(凝)' '굳을 고(固)'를 써서 응고(凝固)라 하는데 엉겨서 굳고 단단하게 되었다는 의미이다. 고체가 열을 받아 액체가 되는 것을 '녹을 융(融)' '풀어질 해(解)'를 써서 융해(融解)라 하는데 녹아서 풀어졌다는 의미이다.

기체(氣體):	기,	체
유동(流動):	유,	동
기화(氣化):	기,	화
액화(液化):	액,	화
승화(昇華):	승,	화

물체 모양이나 운동 상태를 변화시키는 원인을 힘이라 하고, 힘을 받아 변형된 물체가 원래 상태로 되돌아가려는 힘을 탄성력(彈性力)이라 한다. '튕길 탄(彈)' '성질 성(性)' '힘 력(力)'의 탄성력(彈性力)은 튕기는 성질의 힘, 튕겨서 원상태로 돌아가려는 힘이라는 의미이다.

두 물체의 접촉면 사이에서 물체의 운동을 방해하는 힘을 마찰력(摩擦力)이라 하는데, '문지를 마(摩)' '비빌 찰(擦)' '힘 력(力)'으로 문지르고 비비면서 운동을 방해하는 힘이라는 의미이다.

다른 극, 다른 종류의 전기 사이에서 발생하는 서로 끌어당기는 힘을 '끌 인(引)' '힘 력(力)'을 써서 인력(引力)이라 하는데 끌어당기는 힘이라는 의미이다. 같은 극, 같은 종류의 전기 사이에서는 서로 미는 힘이 발생하는데 물리치는 힘, 미는 힘이라는 의미로 '물리칠 척(斥)' '힘 력(力)'을 써서 척력(斥力)이라고 한다.

지표 부근에 있는 물체를 지구 중심 방향으로 끌어당기는 힘, 지구가 물체를 잡아당기는 힘, 지구 중심 방향으로 작용하는 힘을 중력(重力)이라 한다. '무거울 중(重)' '힘 력(力)'으로, 물건을 끌어당기면 지구가 무겁게 되기 때문에 지구를 무겁게 만드는 힘이라 해석할 수도 있고, '중요할 중(重)' '힘 력(力)'으로 지구를 보존하는 중요한 힘으로 해석할 수도 있다.

확인
학습

탄성력(彈性力): _____탄, _____성, _____력
마찰력(摩擦力): _____마, _____찰, _____력
인력(引力): _____인, _____력
척력(斥力): _____척, _____력
중력(重力): _____중, _____력

운동하거나 진행되는 것의 빠르기, 또는 빠른 정도를 '빠를 속(速)' '정도 도(度)'를 써서 속도(速度)라 하는데 빠르기의 정도라는 의미이다. 이러한 속도의 크기, 속도를 이루는 힘, 그러니까 단위 시간 동안에 물체가 이동한 거리를 '빠를 속(速)' '힘 력(力)'을 써서 속력(速力)이라 한다. 빠르게 달린 힘의 크기라는 의미이다. 속도(速度)는 단위 시간의 위치 변화를 가리키고, 속력(速力)은 단위 시간의 이동 거리를 가리킨다.

물체가 처음의 운동 상태를 그대로 유지하려는 성질을 '버릇 관(慣)' '성질 성(性)'을 써서 관성(慣性)이라 하는데 버릇이 되어버린 성질이라는 의미이다.

물체가 원(圓)운동을 할 때 원의 중심 방향으로 작용하는 힘을 구심력(求心力)이라 하는데 '추구할 구(求)' '중심 심(心)' '힘 력(力)'으로 중심을 추구(追求)하는 힘이라는 의미이다. 이와는 달리, 회전하는 물체가 원의 중심에서 멀어지려는 성질을 원심력(遠心力)이라 하는데 '멀 원(遠)' '중심 심(心)' '힘 력(力)'으로 중심으로부터 멀어지려는 힘이라는 의미이다.

상온(常溫)은 '보통 상(常)' '온도 온(溫)'으로 '보통의 온도', '평상시의 온도'라는 의미로 많이 쓰이는데 가끔씩은 늘 일정한 온도, 1년의 평균 기온이라는 의미로도 쓰인다.

속도(速度): _____속, _____도
속력(速力): _____속, _____력
관성(慣性): _____관, _____성
구심력(求心力): _____구, _____심, _____력
원심력(遠心力): _____원, _____심, _____력

'전자 전(電)' '기운 기(氣)'의 전기(電氣)는 전자 움직임의 기운이라는 의미이고, 전기력(電氣力)은 전기(電氣)의 힘이라는 의미이다. 전기력은 다시 인력(引力)과 척력(斥力)으로 나뉘는데, '끌 인(引)' '힘 력(力)'의 인력(人力)은 끌어당기는 힘을 일컫고, '물리칠 척(斥)'의 척력(斥力)은 물리치는 힘을 일컫는다. 어떤 물체가 전기를 띠는 일을 대전(帶電)이라 하는데, '띠 대(帶)' '전기 전(電)'으로 물체가 전기(電氣)를 띠게 되는 현상이라는 의미이다.

　마찰 전기와 같이 대전체(帶電體)에 조용하게 멈추어 있는 전기, 마찰(摩擦)한 물체가 지니고 있는 전기, 이동하지 않는 전기, 이동하더라도 그 속도는 썩 더딘 전기를 '고요할, 조용할 정(靜)'을 써서 정전기(靜電氣)라 한다. 고요한 전기, 조용한 전기, 움직임이 적은 전기라는 의미이다.

　물체가 띠고 있는 전기, 또는 그 전기의 양을 전하(電荷)라 하는데 '전기 전(電)' '짐 하(荷)'로 전기가 가지고 있는 짐의 양이라는 의미이다.

　공기의 압력을 기압(氣壓)이라 하고, 물의 압력을 수압(水壓)이라 하는 것처럼 전기의 압력은 '전기 전(電)' '누를 압(壓)'의 전압(電壓)이다. 수압(水壓)이 물레방아를 움직이게 하는 것처럼 전압(電壓)은 전류를 흐르게 하여 전기의 힘을 만들어 낸다. 전압을 전위차(電位差)라고도 하는

257
과학(科學)

확인
학습

전기(電氣): _____전, _____기
전기력(電氣力): _____전, _____기, _____력
대전(帶電): _____대, _____전
정전기(靜電氣): _____정, _____전, _____기
전하(電荷): _____전, _____하

데 전기적 위치 에너지인 '전위(電位)의 차이'라는 의미이다.

전지(電池)는 '전기 전(電)' '연못 지(池)'로 전기를 가두어놓는 연못이라는 의미이고, 전류(電流)는 '전기 전(電)' '흐를 류(流)'로 전기의 흐름, 전기를 띤 입자들의 흐름이라는 의미이다. 전압(電壓) 때문에 전자(電子)가 움직이는 것이고, 그런 움직임을 전류(電流)라 하는 것이다.

전류의 흐름을 방해하는 성질, 도체(導體)가 전류를 통하지 아니하려는 작용을 '막을 저(抵)' '막을 항(抗)'을 써서 전기저항(電氣抵抗)이라 한다.

나사 모양으로 된, 늘어나고 줄어드는 탄력이 있는 강철(鋼鐵)로 만든 쇠줄을 스프링(spring) 또는 용수철(龍鬚鐵)이라 하는데 '용 용(龍)' '수염 수(鬚)' '쇠 철(鐵)'로 용(龍)의 수염(鬚髥)과 같은 성질을 가진 쇠라는 의미이다. 돌돌 말린 모양이고 잡아 당겨서 곧게 펼치려 하여도 다시 돌돌 말린 모양으로 되돌아가는 용의 수염과 같은 모양과 성질을 지니고 있다고 해서 붙여진 이름이다.

자석(磁石)과 자석(磁石) 사이에 작용하는 힘 또는, 자석과 금속 사이에 작용하는 힘을 자기력(磁氣力)이라 하는데, '자석 자(磁)' '기운 기

전지(電池): _____전, _____지						
전류(電流): _____전, _____류						
전기저항(電氣抵抗): _____전, _____기, _____저, _____항						
용수철(龍鬚鐵): _____용, _____수, _____철						
자기력(磁氣力): _____자, _____기, _____력						

(氣)' '힘 력(力)'으로 자석에서 나오는 기운의 힘이라는 의미이다. 자기력이 미치는 공간을 '마당 장(場)'을 써서 자기장(磁氣場)이라 한다. '자기력이 활동하는 마당'이라는 의미이다.

전기 에너지를 기계적인 에너지로 바꾸어 회전운동(回轉運動)을 일으켜 동력(動力)을 얻는 기계, 전기 에너지를 역학적(力學的) 에너지로 전환시키는 장치를 전동기(電動機)라 한다. '전기 전(電)' '움직일 동(動)' '기계 기(機)'로 전기 힘으로 움직이는 기계라는 의미이다.

자기장(磁氣場): _____자, _____기, _____장
전동기(電動機): _____전, _____동, _____기

확인학습

◇   생물(生物)

   생명을 가지고 스스로 살아가는 물체, 스스로 영양을 섭취하면서 생장, 번식, 운동을 하는 유기체를 '살 생(生)' '물질 물(物)'을 써서 생물(生物)이라 하는데 살아있는 물질이라는 의미와 살아있는 물질에 관해 연구하는 학문이라는 의미로 함께 쓰인다. 생물(生物)은 동물(動物), 식물(植物), 미생물(微生物) 등으로 나뉘는데, 움직이는 생물이기에 '움직일 동(動)'의 동물(動物)이고, 심어져 있는 생물이기에 '심을 식(植)'의 식물(植物)이며, 작은 생물이기에 '작을 미(微)'의 미생물(微生物)이다.

   매우 작은 물체를 확대하여 보는 장치나 물건을 현미경(顯微鏡)이라 하는데 '나타낼 현(顯)' '작을 미(微)' '거울 경(鏡)'으로 작은 것을 나타내는 거울이라는 의미이다. 눈으로 보는 렌즈는 '접할 접(接)' '눈 안(眼)'의

생물(生物): _____생, _____물			
동물(動物): _____동, _____물			
식물(植物): _____식, _____물			
미생물(微生物): _____미, _____생, _____물			
현미경(顯微鏡): _____현, _____미, _____경			

접안(接眼)렌즈이고 물체에 닿는 렌즈는 '대할 대(對)' '물건 물(物)'의 대물(對物)렌즈이다.

비타민A가 부족하면 야맹증(夜盲症)이 될 수 있다고 한다. '밤 야(夜)' '눈 멀 맹(盲)' '증세 증(症)'의 야맹증(夜盲症)은 밤에 눈이 멀게 되는 증세라는 의미로 밤에 앞을 보지 못하는 증세, 밤에 시력이 크게 떨어져 잘 보이지 않게 되는 증세를 일컫는다.

비타민B_1의 부족은 각기병(脚氣病)의 원인이 될 수 있다고 한다. 이는 '다리 각(脚)' '기운 기(氣)' '질병 병(病)'으로 다리의 기운이 빠지는 질병이라는 의미이고, 다리가 붓고 마비되어 걸음을 제대로 걷지 못하는 병을 가리킨다.

비타민C의 부족은 괴혈병(壞血病)을 가져오는데 '무너뜨릴 괴(壞)' '피 혈(血)' '질병 병(病)'으로 피를 무너뜨리는 질병이라는 의미이고, 기운이 없고 잇몸 등에서 피가 나며 빈혈(貧血)을 일으키는 질병이다. '모자랄 빈(貧)' '피 혈(血)'의 빈혈(貧血)은 피가 모자라는 상태, 혈액 속에 적혈구나 헤모글로빈이 줄어든 상태, 어떤 장기(臟器)나 그 일부에 피의 흐름이 줄어든 상태를 일컫는다.

확인
학습

대물(對物):	_____ 대,	_____ 물	
야맹증(夜盲症):	_____ 야,	_____ 맹,	_____ 증
각기병(脚氣病):	_____ 각,	_____ 기,	_____ 병
괴혈병(壞血病):	_____ 괴,	_____ 혈,	_____ 병
빈혈(貧血):	_____ 빈,	_____ 혈	

비타민D의 부족은 구루병(佝僂病)을 가져온다고 하는데 '꼽추 구(佝)' '구부릴 루(僂)'의 구루병(佝僂病)은 꼽추처럼 등뼈나 가슴뼈 등이 구부러지는 병을 일컫는다.

비타민E의 부족은 불임(不姙)을 가져온다고 하는데 '아니 불(不)' '아이 밸 임(姙)'으로 아이를 임신하지 못하는 병을 일컫는다.

먹은 음식을 삭이는 일을 소화(消化)라 하는데 '사라지게 할 소(消)' '될 화(化)'로 먹은 음식을 사라지게 되도록 한다는 의미이다.

사람이나 동물의 몸 안 혈관을 돌며 몸에 필요한 산소나 영양분 등을 운반하는 붉은 액체를 '피 혈(血)' '진액 액(液)'을 써서 혈액(血液)이라 하며, 혈구(血球)와 혈장(血漿)으로 구성되어 있다. 혈구(血球)는 '피 혈(血)' '공 구(球)'로 공처럼 움직이는 피라는 의미이고, 혈장(血漿) 속에 떠다니는 세포이며, 적혈구(赤血球) 백혈구(白血球) 혈소판(血小板)으로 나누어진다. 혈장(血漿)은 '피 혈(血)' '미음 장(漿)'으로 미음처럼 액체 상태로 된 피라는 의미이고 혈구를 제외한 액상 성분이다.

혈액순환(血液循環)의 원동력이 되는 두 개의 심방과 두 개의 심장을 가지고 있는 자루 모양의 기관을 '가슴 심(心)' '내장 장(臟)'을 써서 심장

구루병(佝僂病): _____구, _____루, _____병		
불임(不姙): _____불, _____임		
소화(消化): _____소, _____화		
혈액(血液): _____혈, _____액		
혈구(血球): _____혈, _____구		

확인학습

(心臟)이라 하는데 동물의 가슴과 뱃속에 있는 내장 기관이라는 의미이다. 혈액(血液)이 들어오는 크기가 작은 기관을 '가슴 심(心)' '방 방(房)'을 써서 심방(心房)이라 하고, 혈액(血液)을 내보내는 크기가 큰 기관을 '가슴 심(心)' '집 실(室)'을 써서 심실(心室)이라 한다.

'가슴 심(心)' '내장 장(臟)'의 심장(心臟)은 가슴 속의 큰 내장 기관, '가슴 심(心)' '집 실(室)'의 심실(心室)은 가슴 속의 집, '가슴 심(心)' '방 방(房)'의 심방(心房)은 가슴 속의 방이라는 의미이다. 물이 들어오는 상수도는 작고 물을 내려 보내는 하수구는 크다는 사실과 방은 작고 집은 크다는 사실과 연결지어 이해하면 좋을 것 같다.

심방과 심실, 심실과 동맥 사이에 있으면서 혈액의 역류(逆流)를 막는 얇은 꺼풀을 판막(瓣膜)이라 하는데, '꽃잎 판(瓣)' '얇은 꺼풀 막(膜)'으로 꽃잎처럼 한쪽으로만 굽혀지는 얇은 꺼풀이라는 의미이다.

동맥(動脈)과 정맥(靜脈)을 이어주고 조직 속에 그물 모양으로 퍼져 있는 가느다란 혈관을 모세혈관(毛細血管)이라 한다. '털 모(毛)' '가늘 세(細)' '피 혈(血)' '대롱 관(管)'으로 털처럼 가느다란 모양을 한 피를 운반하는 대롱이라는 의미이다. '움직일 동(動)'의 동맥(動脈)은 움직임이 많은 맥박이라는 의미로 심장에서 피를 신체 각 부분에 보내는 혈관이

심방(心房): ＿＿＿＿심, ＿＿＿＿방
판막(瓣膜): ＿＿＿＿판, ＿＿＿＿막
모세혈관(毛細血管): ＿＿＿＿모, ＿＿＿＿세, ＿＿＿＿혈, ＿＿＿＿관
동맥(動脈): ＿＿＿＿동, ＿＿＿＿맥

확인
학습

고, '고요할 정(靜)'의 정맥(靜脈)은 고요한 상태의 맥박이라는 의미로 혈액이 허파 및 신체의 말초 모세관으로부터 심장으로 되돌아올 때 통과하는 혈관이다.

소장(小腸)의 일부로서 위(胃)의 유문(幽門)에서 공장(空腸)에 이르는 말굽 모양의 부위를 십이지장(十二指腸)이라 하는데 '손가락 지(指)' '창자 장(腸)'으로 12개의 손가락을 이은 것과 같은 길이의 창자라는 의미이다. '멀 유(幽)' '문 문(門)'의 유문(幽門)은 멀리 있는 문이라는 의미로, 위와 십이지장까지 연결 부분을 둘러싸고 있는 점막과 근조직을 일컫는데 괄약근이 있어 열렸다 닫혔다 한다. 십이지장 내용물이 중성이나 알칼리성이면 열리고 산성이면 닫힌다. '빌 공(空)' '창자 장(腸)'의 공장(空腸)은 비어있는 창자라는 의미로 소장(小腸)의 일부인데 십이지장과 회장(回腸) 사이를 말하며 복강(腹腔)의 왼쪽 부분을 차지한다.

반투과성(半透過性) 막(膜)을 사이에 두고 농도(濃度)가 낮은 쪽에서 농도가 높은 쪽으로 물이 이동하는 현상을 삼투(滲透) 현상이라 하는데 '흘러나올 삼(滲)' '지나갈 투(透)'로 물이 흘러나와서 지나가는 현상이라는 의미이다.

'공기 기(氣)' '구멍 공(孔)'을 쓴 기공(氣孔)은 공기가 지나다니는 구

정맥(靜脈): _____정, _____맥
십이지장(十二指腸): _____십, _____이, _____지, _____장
유문(幽門): _____유, _____문
공장(空腸): _____공, _____장
삼투(滲透): _____삼, _____투

멍이다. '찔 증(蒸)' '흩을 산(散)'의 증산작용(蒸散作用)은 식물체 안의 수분이 수증기가 되어 밖으로 배출되는 현상, 기공(氣孔)을 통해 물을 수증기 형태로 배출하는 현상을 일컫는데 식물체 안의 수분을 쪄서 공기 속으로 흩어지게 하는 작용이라는 의미다.

녹색식물(綠色植物)이 빛에너지를 이용하여 물과 이산화탄소를 유기물로 만드는 과정을 광합성(光合成)이라 하는데 '빛 광(光)' '합할 합(合)' '만들 성(成)'으로 빛을 이용하여 물과 이산화탄소를 합하여서 유기물을 만든다는 의미이다. 유기물(有機物)은 유기화합물의 준말이다. 유기화합물(有機化合物)은 생명체를 이루면서 기관을 조직하는 물질인데 '있을 유(有)' '기능 기(機)'의 유기(有機)는 생활 기능이 있다는 의미이고, '변화 화(化)' '합할 합(合)' '물질 물(物)'의 화합물(化合物)은 변화시켜 합하여 만든 또 다른 물질이라는 의미이다.

생활 기능을 갖지 않는 물질인 공기, 물, 금, 흙, 광물류와 이들을 원료로 하여 인공적으로 만든 물질을 통틀어 무기물(無機物)이라 하는데 '없을 무(無)' '기능 기(機)' '물질 물(物)'로 기능이 없는, 생명이나 활력 등을 가지지 않는 물질이라는 의미다.

가까운 물체는 보이지만 먼 곳의 물체는 잘 보지 못하는 시력을 근시(近視)라 하고, 멀리 있는 물체는 보이지만 가까운 곳의 물체는 잘 보지

확인 학습

광합성(光合成): _____광, _____합, _____성
무기물(無機物): _____무, _____기, _____물

못하는 시력을 원시(遠視)라 한다. '가까울 근(近)' '볼 시(視)'로 가까운 곳에 있는 사물은 볼 수 있기에 근시(近視)이고, '멀 원(遠)' '볼 시(視)'로 먼 곳에 있는 사물은 볼 수 있기에 원시(遠視)이다. 상(像)이 겹쳐 보이거나 어릿어릿하게 보이는 눈을 '어지러울 난(亂)' '볼 시(視)'를 써서 난시(亂視)라 하는데 어지럽게 보인다는 의미이다.

내이(內耳)의 일부로서, 몸의 운동 감각과 위치 감각을 중추에 전하는 기관을 '앞 전(前)' '뜰 정(庭)'을 써서 전정기관(前庭機關)이라 하는데 앞뜰에 위치한 기관이라는 의미이다. 회전 감각을 느끼는 기관을 반(半)고리 관(管)이라 하는데 반절이 고리 모양인 대롱이라는 의미이다.

신경세포 중에서 짤막하게 가지가 갈라진 돌기, 흥분을 받아들이는 작용을 하는 돌기(突起)를 수상돌기(樹相突起)라 한다. '나무 수(樹)' '모양 상(狀)' '불룩할 돌(突)' '일어날 기(起)'로 나뭇가지 모양으로 불룩하게 일어난 모양이라는 의미다.

목 한가운데에서 앞으로 튀어나온 물렁뼈(갑상연골) 아래쪽 기도(氣道) 주위를 감싸고 있는 내분비선으로, 갑상선 호르몬을 분비하는 기관을 갑상선(甲狀腺) 또는 갑상(甲狀)샘이라 한다. '갑옷 갑(甲)' '모양 상(狀)' '샘 선(腺)'으로 갑옷 모양으로 생긴 샘이라는 의미이다.

근시(近視): _____근, _____시
원시(遠視): _____원, _____시
난시(亂視): _____난, _____시
전정기관(前庭機關): _____진, _____정, _____기, _____관
수상돌기(樹相突起): _____수, _____상, _____돌, _____기

외부 상황에 관계없이 몸 안의 상태를 일정하게 유지하려는 특성을 항상성(恒常性)이라 한다. '언제나 항(恒)' '변하지 않을 상(常)' '성질 성(性)'으로 언제나 변하지 않으려는 성질이라는 의미이다.

생물체를 구성하는 가장 기초적인 단위를 세포(細胞)라 한다. '작을 세(細)' '태(태아를 싸고 있는 막과 태반) 포(胞)'로 작은 태라는 의미이고 아주 작은 생명체를 일컫는다.

하나가 여럿으로 갈라짐을 분열(分裂)이라 하는데 '나눌 분(分)' '찢어질 열(裂)'로 나누어지고 찢어졌다는 의미이다.

세포 분열이 일어날 때 핵 속의 염색사가 응축(凝縮)되어 생긴 굵은 끈이나 막대 모양의 DNA가 들어있는 물질을 '물들일 염(染)' '색 색(色)' '형상 체(體)'를 써서 염색체(染色體)라 하는데 색으로 물들인 형상이라는 의미이다. 염색체(染色體) 연구(研究)를 처음 시작한 1880년대에 보다 쉽게 관찰하려고 염색(染色) 처리를 하였기에 붙여진 이름이다. 염색체를 상염색체, 성염색체, 상동염색체로 분류하기도 한다. 암수 모두에 공통으로 있는 염색체는 상염색체이고, 암수에 따라 다르며 암수의 성을 결정짓는 염색체는 성염색체이며, 체세포에서 모양과 크기가 같은 한 쌍의 염색체는 상동염색체이다.

확인
학습

항상성(恒常性): ＿＿＿＿항, ＿＿＿＿상, ＿＿＿＿성
세포(細胞): ＿＿＿＿세, ＿＿＿＿포
분열(分裂): ＿＿＿＿분, ＿＿＿＿열
염색체(染色體): ＿＿＿＿염, ＿＿＿＿색, ＿＿＿＿체

'보통, 항상 상(常)'의 상염색체(常染色體)는 보통의 염색체, 누구에게 나 있는 염색체라는 의미이고, '성 성(性)'의 성염색체(性染色體)는 남성 (男性) 여성(女性)을 결정하는 염색체라는 의미이며, '서로 상(相)' '같을 동(同)'의 상동염색체(相同染色體)는 서로 같은 염색체라는 의미이다.

생식세포(生殖細胞)인 정자(精子)나 난자(卵子)가 형성될 때 염색체 의 수가 반감(半減)되는 특수한 세포분열을 감수분열(減數分裂)이라 한 다. '줄 감(減)' '숫자 수(數)' '나눌 분(分)' '찢어질 렬(裂)'로 숫자가 줄어 들면서 나누어지고 찢어진다는 의미이다.

생식 세포를 제외한 생물체를 이루고 있는 모든 세포를 '몸 체(體)'를 써서 체세포(體細胞)라 하고, 1개 세포가 2개 딸세포로 나뉘어져 세포의 생장이 이루어지는 것을 체세포분열(體細胞分裂)이라 한다.

생물(生物)이 종족(種族)을 유지하기 위하여 자기와 닮은 새로운 개 체를 만드는 일을 생식(生殖)이라 하는데 '날 생(生)' '번식할 식(殖)'으로 낳아서 번식시킨다는 의미이다.

생식은 유성생식(有性生殖)과 무성생식(無性生殖)으로 나뉘는데 '없 을 무(無)' '성 성(性)'의 무성생식(無性生殖)은 성(性)의 구별 없이, 암수

구별 없이, 암수 생식세포의 결합 없이 자손(子孫)을 번식하는 방법이고, '있을 유(有)' '성 성(性)'의 유성생식(有性生殖)은 성이 있는, 성의 구별이 있는, 암수 생식세포의 수정을 통해 자손을 번식(繁殖)하는 방법을 일컫는다.

무성생식(無性生殖)의 종류에 이분법, 출아법, 포자법, 영양생식이 있는데 두 개로 나누어지기에 '둘 이(二)' '나눌 분(分)'의 이분법(二分法)이고, 몸의 일부에서 싹(돌기)이 나와 새로운 개체를 형성하기에 '날 출(出)' '싹 아(芽)'의 출아법(出芽法)이며, 몸의 일부에서 포자(세포)를 만들어 새로운 개체를 형성하기에 '세포 포(胞)' '자식 자(子)'의 포자법(胞子法)이다. 생물체의 일부가 분리하여 독립된 새로운 개체를 만드는 생식법을 영양생식(營養生殖)이라 하는데 영양 기관(뿌리, 줄기, 잎)의 재생력을 이용한 생식이라는 의미이다.

꽃을 양성화와 단성화로 나누기도 하는데 암술과 수술이 같은 봉오리에 있는 꽃을 두 개의 성(암술, 수술)이 함께 있는 꽃이라는 의미로 '둘 양(兩)' '성 성(性)'을 써서 양성화(兩性花)라 하고 암술과 수술이 각각 다른 봉오리에 있는 꽃을 하나의 성(性)만 있는 꽃이라는 의미로 '홀 단(單)' '성 성(性)'을 써서 단성화(單性花)라 한다.

무성생식(無性生殖):	_____ 무,	_____ 성,	_____ 생,	_____ 식
유성생식(有性生殖):	_____ 유,	_____ 성,	_____ 생,	_____ 식
이분법(二分法):	_____ 이,	_____ 분,	_____ 법	
출아법(出芽法):	_____ 출,	_____ 아,	_____ 법	
포자법(胞子法):	_____ 포,	_____ 자,	_____ 법	

확인
학습

암수 생식기관이 한 몸에 있는 동물은 '암컷 자(雌)' '수컷 웅(雄)' '같을 동(同)' '몸 체(體)'의 자웅동체(雌雄同體)이고, 암수 생식기관이 서로 다른 개체에 있는 동물은 '암컷 자(雌)' '수컷 웅(雄)' '다를 이(異)' '몸 체(體)'의 자웅이체(雌雄異體)이다.

화분(花粉)의 정핵(精核)과 밑씨의 난세포(卵細胞)가 결합하는 현상을 '받을 수(受)' '정자 정(精)'을 써서 수정(受精)이라 하는데 정자(精子)를 받아들였다는 의미이다. 수컷의 생식 세포, 난자(卵子)와 결합하여 새로운 개체를 이루는 바탕이 되는 생식세포를 자식을 만드는 정액이라는 의미로 '정액 정(精)' '자식 자(子)'를 써서 정자(精子)라 하고, 정자가 만들어지는 집을 '정액 정(精)' '집 소(巢)'를 써서 정소(精巢)라 한다. 정자(精子)를 저장하고 숙성(熟成)시키는 역할을 하는 곳을 '버금 부(副)'를 써서 부정소(副精巢)라 하는데 정소(精巢)에 버금가는 역할을 하는, 제2의 정소(精巢)라는 의미이다.

정자(精子)의 이동 통로를 '대롱 관(管)'을 써서 수정관(受精管)이라 하는데 수정이 이루어지도록 돕는 대롱이라는 의미이다. 정액 성분을 저장하고 있다가 필요할 때에 정액 성분을 분비하는 곳을 '쌓을 저(貯)' '품을 장(藏)' '주머니 낭(囊)'을 써서 저장낭(貯藏囊)이라 한다. 이는 정자를 쌓아서 품고 있는 주머니라는 의미이다.

자웅동체(雌雄同體): _____자, _____웅, _____동, _____체
자웅이체(雌雄異體): _____자, _____웅, _____이, _____체
수정(受精): _____수, _____정
정자(精子): _____정, _____자
정소(精巢): _____정, _____소

난자를 만들어내며 여성 호르몬을 분비하는 곳은 '알 난(卵)' '집 소(巢)'의 난소(卵巢)이고, 자식이 있는 집, 수정란(受精卵)이 착상하여 자라는 집은 '자식 자(子)' '집 궁(宮)'의 자궁(子宮)이며, 오줌을 몸 안에서 한동안 모아두는 기관은 '오줌통 방(膀)' '오줌통 광(胱)'의 방광(膀胱)이다.

정자(精子) 운동을 활발하게 만드는 액체를 분비하는 곳을 전립선(前立腺)이라 하는데, '앞 전(前)' '설 립(立)' '샘 선(腺)'으로 요도(尿道)가 시작되는 앞에 서 있는 샘이라는 의미이고, 요도가 시작되는 부위를 둘러싸는 밤톨만한 크기의 장기(臟器)를 일컫는다. '오줌 뇨(尿)' '길 도(道)'의 요도(尿道)는 '오줌이 나오는 길'이라는 의미이다.

성숙기에 이른 포유류(哺乳類) 암컷의 난소(卵巢)에서 성숙한 난자가 배출되는 일을 배란(排卵)이라 하는데, '밀칠 배(排)' '알 란(卵)'으로 알(난자)을 밀쳐낸다는 의미이다.

수정(受精)한 난자가 자궁 점막에 붙어 모체의 영양을 흡수할 수 있는 상태가 되는 것을 착상(着床)이라 한다. '붙을 착(着)' '방 상(床)'으로 (자궁)방에 달라붙었다는 의미이다. 임신(姙娠) 중 모체의 자궁 내벽과 태아와의 사이에서 영양 공급, 호흡, 배출 등의 기능을 맡은 원반 모양의 기관(器官)을 태반(胎盤)이라 하는데 '아이 밸 태(胎)' '소반, 밑받침 반

난소(卵巢): _____난, _____소
자궁(子宮): _____자, _____궁
방광(膀胱): _____방, _____광
전립선(前立腺): _____전, _____립, _____선
요도(尿道): _____요, _____도

확인
학습

(盤)'으로 아이를 임신할 수 있도록 밑받침해주는 기관이라는 의미이다. 태아는 태반을 통하여 영양분과 산소를 공급받고 이산화탄소와 노폐물을 배출한다.

부모의 형질(形質)이 자식에게 전해지는 현상을 '남길 유(遺)' '전할 전(傳)'을 써서 유전(遺傳)이라 한다. 후대(後代)에까지 남겨지도록 전한다는 의미이다. 형질이 표면에 나타나지 않을지라도 유전자가 전해지면 유전이라 한다.

색을 가려내지 못하는 상태, 또는 그러한 증상이 있는 사람을 '색 색(色)' '눈멀 맹(盲)'을 써서 색맹(色盲)이라 하는데 색에 눈멀었다는, 색을 구별하지 못한다는 의미이다. '맛 미(味)' '무지할 맹(盲)'의 미맹(味盲)은 특정한 물질에 대해 맛을 느끼지 못한다는 의미이고, '밤 야(夜)' '눈멀 맹(盲)'의 야맹(夜盲)은 밤에는 눈이 멀어버리는, 밤이 되면 물건을 식별하지 못하는 증상이다. '글월 문(文)' '눈멀 맹(盲)'의 문맹(文盲)은 글에 눈이 멀었다는, 글씨를 모르는 무식함이라는 의미이고, '컴퓨터 컴'에 '무지할 맹(盲)'의 컴맹은 컴퓨터에 대해 알지 못하는, 컴퓨터를 할 줄 모르는 사람을 가리킨다.

성염색체(性染色體)에 있는 유전 인자에 의하여 일어나는 유전 현상,

태반(胎盤): _____태, _____반
유전(遺傳): _____유, _____전
색맹(色盲): _____색, _____맹
미맹(味盲): _____미, _____맹
야맹(夜盲): _____야, _____맹

특정한 성(性)과 연관되어 나타나며 보통 X염색체에 있는 유전자에 의한 유전을 반성유전(伴性遺傳)이라 하는데, '따를 반(伴)' '성 성(性)'으로 성(性)에 따라 나타나는 유전(遺傳)이라는 의미이다.

출혈(出血)하기 쉽고 지혈(止血)이 잘 되지 않는 병적(病的) 체질을 혈우병(血友病)이라 하는데 '피 혈(血)' '벗 우(友)' '병 병(病)'으로 '피가 서로 벗이 되어서 계속 따라 나오는 병'이라는 의미이다.

소장(小腸)과 대장(大腸)의 경계 부분에 달려있는 길이 6cm 정도의, 끝이 막힌 장관(腸管)을 맹장(盲腸)이라 부른다. '어두울, 무지할 맹(盲)' '창자 장(腸)'으로 어두운 창자, 무지한 창자, 중요하지 않는 창자라는 의미이다. 실제로 사람의 맹장은 별다른 기능은 없고 대장의 일부로서 기능을 하고 있을 뿐이라고 한다.

오랜 세월에 걸쳐 몸의 형태나 살아가는 방식 등이 주변 환경에 맞게 적응하여 변화하는 것을 '나아갈 진(進)' '변화할 화(化)'를 써서 진화(進化)라 하는데 보다 나은 상태로 나아가며 변화해 간다는 의미이다.

모양과 기능은 다르나 기본 구조와 발생 기원이 같은 기관을 상동기관(相同機關)이라 한다. '서로 상(相)' '같을 동(同)'으로 기본 구조와 기

과학(科學)

확인
학습

반성유전(伴性遺傳): _____반, _____성, _____유, _____전
혈우병(血友病): _____혈, _____우, _____병
맹장(盲腸): _____맹, _____장
진화(進化): _____진, _____화
상동기관(相同機關): _____상, _____동, _____기, _____관

원이 서로 같다는 의미이다. 기본 구조는 다르지만 모양과 기능이 비슷한 기관을 '서로 상(相)' '닮을 사(似)'를 써서 모양과 기능이 서로 닮았다는 의미로 상사기관(相似機關)이라 한다.

자주 사용하는 기관은 점점 발달하고 사용하지 않는 기관은 퇴화되어 발달된 형질이 자손에게 유전된다는 주장을 용불용설(用不用說)이라 한다. 라마르크가 주장한 진화설(進化說)의 하나인데 '사용할 용(用)' '아니 불(不)' '주장 설(說)'로 사용하느냐, 사용하지 않느냐에 따라 진화가 결정된다는, 사용하면 발달하고 사용하지 않으면 퇴화된다는 주장이다. '설(說)'이 진리일 수도 있지만 언제나 진리인 것은 아니고 개인적인 의견이나 주장일 뿐이다.

적자생존(適者生存)은 '적응할 적(適)' '놈 자(者)' '살 생(生)' '존재할 존(存)'으로 적응하는 놈들만 살아 존재할 수 있게 된다는 의미이다. 강한 자만 살아남는다는 이야기가 절대 아니다. 물론 적응하는 자가 강한 자이기는 하지만.

상사기관(相似機關): _____상, _____사, _____기, _____관
용불용설(用不用說): _____용, _____불, _____용, _____설
적자생존(適者生存): _____적, _____자, _____생, _____존

확인
학습

화학(化學)

◇

물질의 성질(性質)과 구조(構造), 물질들 간의 상호 작용, 그 생성(生成)과 분해(分解)의 반응, 다른 물질과의 반응을 연구하는 학문을 화학(化學)이라 한다. '변화할 화(化)' '학문 학(學)'으로 변화에 대해 연구하는 학문이라는 의미이다.

물체가 갖는 고유의 역학적인 양, 장소에 관계없이 일정한 물질 고유한 양을 질량(質量)이라 한다. '바탕(근본) 질(質)' '양 량(量)'으로 물체의 바탕이 되는 양이라는 의미이다. 한 물질의 질량(質量)을 그 부피로 나눈 값을 밀도(密度)라 하는데, '빽빽할 밀(密)' '정도 도(度)'로 빽빽함의 정도라는 의미이다.

화학(化學): _____화, _____학
질량(質量): _____질, _____량
밀도(密度): _____밀, _____도

한 가지 종류만으로 이루어진 물질을 '순수할 순(純)'을 써서 순물질(純物質)이라 하고, 두 가지 이상의 순물질이 섞여서 합해진 물질을 '섞을 혼(混)' '합할 합(合)'을 써서 혼합물(混合物)이라 한다. 두 가지 이상의 물질(物質)이 섞여서 균질(均質)하게 되어 있는 액체를 질펀하게 녹아서 흐르는 진액이라는 의미로 '질펀히 흐를 용(溶)' '진액 액(液)'을 써서 용액(溶液)이라 하고, 용액(溶液) 속에 녹아있는 물질을 용액 속의 바탕이 되는 물질이라는 의미로 '용액 용(溶)' '바탕 질(質)'을 써서 용질(溶質)이라 한다. 용액(溶液)을 만들 때에, 용질(溶質)을 녹여야 하는데 그 액체를 용매(溶媒)라 한다. '용액 용(溶)' '중매할 매(媒)'로 용질을 녹일 때에 중매하는 용액이라는 의미이다. 녹거나 녹임, 또는 기체 또는 고체가 액체 속에서 녹아 용액이 되는 현상을 '질펀히 흐를 용(溶)' '풀 해(解)'를 써서 용해(溶解)라 하는데 질펀히 흐르도록 풀어낸다는 의미이다.

일정한 온도에서 용매 100g에 최대한 녹을 수 있는 용질의 질량을 g 수로 나타낸 것을 그 용질의 용해도(溶解度)라 하는데 '녹일 용(鎔)' '풀 해(解)' '정도 도(度)'로 녹여서 풀어낼 수 있는 정도(程度)라는 의미이다.

설탕이 물에 녹을 때 눈에 보이지 않을 정도의 작은 알갱이로 나뉘어 물에 고르게 섞이는데 이때에 설탕이 물에 고르게 섞여 들어가는 현상을 용해(溶解)라 하고, 설탕을 용질(溶質)이라 하며, 물을 용매(溶媒)라 하

순물질(純物質): _____순, _____물, _____질
혼합물(混合物): _____혼, _____합, _____물
용액(溶液): _____용, _____액
용질(溶質): _____용, _____질
용매(溶媒): _____용, _____매

확인
학습

는 것이다.

구리, 납, 주석, 철 등과 같이 산화하기 쉬운 질 낮은 금속을 '낮을 비(卑)'를 써서 비금속(卑金屬)이라 하는데 낮은 가치를 지닌 금속이라는 의미이다. 이러한 비금속(卑金屬)을 금(金)이나 은(銀)과 같은 귀금속(貴金屬)으로 변화시키려는 일을 연금술(鍊金術)이라 하며, '단련할 연(鍊)' 금(金)' '기술 술(術)'로 쇠를 단련하여 금으로 변화시키려는 기술이라는 의미이다.

석탄, 흑연, 운모, 유리, 진주 등과 같이 금속의 성질을 가지지 않은 물질은 '아니 비(非)'의 비금속(非金屬)으로 금속(金屬)이 아니라는 의미이다. '낮을 비(卑)'의 비금속(卑金屬)과 구별할 수 있어야 한다.

산소(酸素) 질소(窒素) 수소(水素) 등 화학 변화가 일어나더라도 다른 원소로 변하지 않는, 더 이상 다른 물질로 분해되지 않는 물질을 원소(元素)라 하는데 '근본 원(元)' '바탕 소(素)'로 근본을 이루는 바탕이 되는 것이라는 의미이다.

물, 염화나트륨, 산화은 등 두 종류 이상의 원소가 일정한 비율로 화학적 결합을 하여 성분 원소와 전혀 다른 성질을 갖는 물질을 화합물(化合

비금속(卑金屬):	_____비,	_____물,	_____질
연금술(鍊金術):	_____연,	_____금,	_____술
비금속(非金屬):	_____비,	_____금,	_____속
원소(元素):	_____원,	_____소	

物)이라 하는데 '화학 화(化)' '합할 합(合)' '물질 물(物)'로 화학적으로 합해져 생성된 물질이라는 의미이다.

　더 이상 쪼갤 수 없는 가장 작은 입자(粒子)를 원자(原子)라 하는데 '근원 원(原)' '접미사 자(子)'로 근원을 이루는 물질이라는 의미이다. 또 물질의 성분을 가진 가장 작은 입자를 분자(分子)라 하는데 '나눌 분(分)' '접미사 자(子)'로 화학적 성분을 잃지 않은 상태로 나누어진 물질이라는 의미이다. 물질의 화학적 성분을 잃지 않고 존재하는 최소 입자이다.

　원자모형(原子模型)이라는 것이 있다. 모형(模型)이 '본보기 모(模)' '거푸집 형(型)'으로 본보기로 만든 거푸집, 가상(假想)으로, 가정(假定)하여 생각해 만든 형체라는 의미이기에 원자(原子)가 들어간 원자모형(原子模型)은 눈에 보이지 않는 원자를 이해하기 위하여 눈에 보이는 물체를 이용하여 만들어낸 물건을 일컫는다.

　물질 본래의 성질은 변하지 않고 상태, 모양, 크기만 변하는 현상을 물리변화(物理變化)라 하는데 '물질 물(物)' '다스릴, 이치 리(理)'로 물질의 다스려짐이 변화한다, 물질의 이치가 변화한다는 의미이고, 물체의 역학적 운동의 변화, 물질의 구조 변화를 일컫는다.

원자(原子): _____원, _____자
분자(分子): _____분, _____자
원자모형(原子模型): _____원, _____자, _____모, _____형
물리변화(物理變化): _____물, _____리, _____변, _____화

물질이 처음의 성질과 전혀 다른 새로운 물질로 변하는 현상을 '변화할 화(化)' '학문 학(學)'을 써서 화학변화(化學變化)라 한다. 물질의 구조, 성질, 작용이 고쳐지는 현상의 변화라는 의미로, 물질이 그 자체 또는 다른 물질과의 상호작용으로 원자의 결합에 변화를 일으켜 새로운 물질을 만드는 일을 일컫는다.

두 가지 이상의 물질이 본래의 성질을 잃지 않고 섞여있는 것을 혼합물(混合物)이라 하고, 두 가지 이상의 물질이 화학 반응하여 생성된 새로운 성질의 물질을 화합물(化合物)이라 한다. '섞일 혼(混)' '합할 합(合)' '물질 물(物)'을 쓴 혼합물(混合物)은 단순히 섞여 합해져 있는 물질이라는 의미이고, '변화할 화(化)' '합할 합(合)' '물질 물(物)'을 쓴 화합물(化合物)은 변화를 이루어서 합해져 있는 물질이라는 의미이다.

다른 물질의 화학 변화를 도와주고 자신은 변하지 않는 물질을 '닿을 촉(觸)' '중매할 매(媒)'를 써서 촉매(觸媒)라 하는데 다른 물질에 닿아 변화를 중매해주는 물질이라는 의미이다.

불이 붙어서 타는 현상, 물질이 공기 속의 산소와 화합하여 빛과 열을 내는 현상을 '사를 연(燃)' '불태울 소(燒)'를 써서 연소(燃燒)라 하는데 불을 붙여 사르고 불태웠다는 의미이다.

확인
학습

화학변화(化學變化): _____화, _____학, _____변, _____화
혼합물(混合物): _____혼, _____합, _____물
화합물(化合物): _____화, _____합, _____물
촉매(觸媒): _____촉, _____매
연소(燃燒): _____연, _____소

ㄱ

가감법(加減法) 138
가공(加工) 164
가공무역(加工貿易) 164
가공식품(加工食品) 164
가정법(假定法) 107
가치(價値) 191
가치전도(價値顚倒) 191
각(角) 146
각기둥 148
각기병(脚氣病) 261
각뿔 148
각뿔대 148
간결체(簡潔體) 43
간소화(簡素化) 126
간접목적어 77
간접적(間接的) 방법 36
간접화법(間接話法) 101
간조(干潮) 242
간척(干拓) 163
간척지(干拓地) 163
갈등(葛藤) 37
감각적(感覺的) 21
감금(監禁) 195
감상(感傷) 16
감상(感想) 16
감상(鑑賞) 16
감상적(感傷的) 22

감수(甘受) 106
감수분열(減數分裂) 268
감정(感情) 15
감탄사(感歎詞) 63
갑상(甲狀)샘 266
갑상선(甲狀腺) 266
갑신정변(甲申政變) 227
갑오개혁(甲午改革) 227
갑오경장(甲午更張) 227
강건체(剛健體) 43
강도(强度) 157
강조법(强調法) 68
강조용법(强調用法) 95
강화도조약(江華島條約) 225
강화조약(講和條約) 208
개기월식(皆旣月蝕) 251
개기일식(皆旣日蝕) 251
개발도상국(開發途上國) 189
개발제한구역(開發制限區域) 189
개방화(開放化) 190
개성적(個性的) 35
개신교(改新敎) 226
개연성(蓋然性) 30
개헌(改憲) 234
객관성(客觀性) 46
객관적(客觀的) 22
거중기(擧重機) 226
건조체(乾燥體) 43
격언(格言) 59
격조사(格助詞) 63

결렬(決裂) 176
결말(結末) 34
경국대전(經國大典) 211
경세치용(經世致用) 220
경세치용학파(經世致用學派) 222
경수필(輕隨筆) 43
경시(輕視) 195
경연(經筵) 212
경장(更張) 227
경쟁률(競爭率) 150
경칩(驚蟄) 248
계절풍(季節風) 165, 246
고갈자원(枯渴資源) 188
고기압(高氣壓) 245
고대(古代)소설 38
고도(高度) 157
고랭지(高冷地) 162
고리대금(高利貸金) 187
고백적(告白的) 22
고원(高原) 165
고유명사(固有名詞) 94
고전(古典)소설 38
고정(固定) 192
고정관념(固定觀念) 192
고증학(考證學) 220
고체(固體) 253
곡우(穀雨) 248
골품(骨品) 203
골품제도(骨品制度) 203
공(空) 117

공감각(共感覺) 18
공공(公共) 176
공공사업(公共事業) 128
공공요금(公共料金) 128
공급(供給) 186
공납제(貢納制) 219
공멸(共滅) 176
공배수(公倍數) 127
공법(公法) 179
공사다망(公私多忙) 137
공산주의(共産主義) 182
공손(恭遜) 62
공약수(公約數) 124, 127
공영제(公營制) 183
공장(空腸) 264
공전(公轉) 247
공집합(空集合) 117
공화국(共和國) 176
과거분사(過去分詞) 84
과도정부(過渡政府) 235
과실상규(過失相規) 194
과장법(誇張法) 68
과전법(科田法) 209
과점(寡占) 186
과정(過程) 47
과학(科學) 169
관개(灌漑) 164, 175
관개용수(灌漑用水) 164
관계대명사(關係代名詞) 102
관계부사(關係副詞) 91, 103
관계언(關係言) 63
관념(觀念) 191
관례(冠禮) 197
관사(冠詞) 96

관성(慣性) 256
관용(慣用) 표현(表現) 83
관용(寬容) 84, 192
관용어(慣用語) 59, 109
관용용법(慣用用法) 95
관조적(觀照的) 22
관형사(冠形詞) 62
관혼상제(冠婚喪祭) 96
광복절(光復節) 78
광합성(光合成) 265
괴혈병(壞血病) 261
교류(交流) 121
교섭(交涉) 121, 186
교역(交易) 121
교점(交點) 153
교조신원운동(敎祖伸寃運動) 228
교집합(交集合) 119
교환(交換) 121
교훈적(敎訓的) 22
구(句) 78
구(句)와 절(節) 75
구(區) 183
구개음화(口蓋音化) 56
구루병(佝僂病) 262
구비문학(口碑文學) 39
구석기시대(舊石器時代) 201
구성(構成) 31
구심력(求心力) 256
구전문학(口傳文學) 38
구체(具體) 94
국수주의(國粹主義) 182
국채보상운동(國債報償運動) 232

굴절(屈折) 252
권선징악(勸善懲惡) 38, 194
귀납(歸納) 49
귀납법(歸納法) 50
균역법(均役法) 228
그린벨트 189
극적(劇的) 40
근사(近似) 130
근사(近似)값 130
근시(近視) 266
금욕주의(禁慾主義) 171
금환일식(金環日蝕) 251
기공(氣孔) 264
기단(氣團) 245
기록문학(記錄文學) 38
기압(氣壓) 244
기약분수(旣約分數) 130
기업(企業) 185
기전체(紀傳體) 212
기체(氣體) 254
기화(氣化) 254
기회비용(機會費用) 184

ㄴ

난류(暖流) 241
난소(卵巢) 271
난시(亂視) 266
난이도(難易度) 157
남동계절풍(南東季節風) 246
남북문제(南北問題) 187

남진(南進) 203
낭만(浪漫) 22
낱말 57
내선일체(內鮮一體) 232
내적갈등(內的葛藤) 37
냉대(冷帶) 163
냉소(冷笑) 21
냉전(冷戰) 177
노동3권(勞動三權) 186
노비안검법(奴婢按檢法) 207
논거(論據) 48
논리적(論理的) 23
논문(論文) 47
논설문(論說文) 46, 50
논증(論證) 49
논증적(論證的) 23, 48
농도(濃度) 157
누적도수(累積度數) 156
누적(累積) 156
능동(能動) 64
능동태(能動態) 106
능률(能率) 150
능숙(能熟) 110

ㄷ

다각형(多角形) 145
다면체(多面體) 147
다사다난(多事多難) 137
다상량(多商量) 137
다원화(多元化) 190
다의어(多意語) 58

다항식(多項式) 135
단결권(團結權) 186
단도직입(單刀直入) 137
단성화(單性花) 269
단순부사 91
단어(單語) 77, 109
단일어(單一語) 57
단체교섭권(團體交涉權) 186
단체행동권(團體行動權) 186
단층(斷層) 242
단항식(單項式) 135
당백전(當百錢) 223
대각선(對角線) 145, 154
대구법(對句法) 70
대기(大氣) 239
대기권(大氣圈) 239
대동법(大同法) 219
대명사(代名詞) 60, 94
대물(對物)렌즈 261
대변(對邊) 144
대사(臺詞) 44
대서(大暑) 249
대서양(大西洋) 163
대설(大雪) 250
대유법(代喩法) 67
대입법(代入法) 138
대전(帶電) 257
대조법(對照法) 69
대첩(大捷) 204
대축척지도(大縮尺地圖) 161
대화(對話) 44
덕업상권(德業相勸) 194
도복(倒伏) 79
도산(倒産) 79

도수(度數) 155
도수분포표(度數分布表) 156
도심(都心) 188
도치(倒置) 75, 78
도치법(倒置法) 70
도형(圖形) 143
독과점(獨寡占) 186
독립언(獨立言) 64
독백(獨白) 44
독점(獨占) 186
동도서기론(東道西器論) 224
동맥(動脈) 263
동명사(動名詞) 82
동물(動物) 260
동사(動詞) 60, 82, 87
동시동작 86
동음이의어(同音異意語) 58
동인(動因) 158
동지(冬至) 250
동풍(東風) 165
동학(東學) 221
동학농민혁명(東學農民革命) 221
동화(同化) 56
두음법칙(頭音法則) 53
둔각(鈍角) 146, 147
둔감(鈍感) 147
둔화(鈍化) 147
등고선(等高線) 162
등비수열(等比數列) 139
등식(等式) 133
등압선(等壓線) 162
등온선(等溫線) 162
등위접속사(等位接續詞) 108

등차수열(等差數列) 139

ㄹ

르네상스 168

ㅁ

마름모 145
마찰력(摩擦力) 255
만연체(蔓衍體) 43
만유인력(萬有引力) 169
만조(滿潮) 242
망원경(望遠鏡) 111
망종(芒種) 248
매점매석(買占賣惜) 187
맹장(盲腸) 273
명료성(明瞭性) 46
명명(命名) 150
명사(名詞) 60, 81, 93
명사구(名詞句) 78
명사절(名詞節) 78
명실상부(名實相符) 132
명예(名譽) 171
명예혁명(名譽革命) 171
명예훼손(名譽毀損) 195
명제(命題) 48, 150
모세혈관(毛細血管) 263

모욕(侮辱) 195
모음(母音) 52
모음축약(母音縮約) 57
목가적(牧歌的) 23
목적어(目的語) 75
묘사(描寫) 47
묘사적(描寫的) 23
무관(無冠)의 제왕(帝王) 96
무궁(無窮) 118
무기물(無機物) 265
무료(無聊) 118
무리수(無理數) 129
무성생식(無性生殖) 268
무성음(無聲音) 88
무실역행(務實力行) 132
무안(無顔) 118
무역풍(貿易風) 166
무위자연(無爲自然) 193
무채색(無彩色) 253
무한(無限) 117, 130
무한소수(無限小數) 129
무한집합(無限集合) 117
문답법(問答法) 71
문맹(文盲) 272
문세(門稅) 224
문예부흥운동(文藝復興運動) 168
문장(文章)의 구성(構成) 75
문전성시(門前成市) 98
문체(文體) 32, 42
문화지체(文化遲滯) 187
물리(物理) 252
물리변화(物理變化) 278
물질명사(物質名詞) 93

미각(味覺) 18
미맹(味盲) 272
미생물(微生物) 260
미지수(未知數) 137
미화법(美化法) 69
민담(民譚) 39
민족자결주의(民族自決主義) 176
민주주의(民主主義) 181
밀도(密度) 157, 275

ㅂ

반(半)고리 관(管) 266
반동(反動)인물 35
반복법(反復法) 68
반비례(反比例) 141
반사(反射) 252
반성유전(伴性遺傳) 273
반수(反數) 141
반숙(半熟) 110
반어법(反語法) 71
반증(反證) 49
발단(發端) 33
발췌(拔萃) 234
발췌개헌(拔萃改憲) 234
방곡령(防穀令) 228
방광(膀胱) 271
방백(傍白) 44
방안(方案) 135
방임(放任) 185

방정식(方程式) 133
본기(本紀) 212
부흥(復興)운동 204
방치(放置) 79
봉건제(封建制) 167
북벌론(北伐論) 218
배경(背景) 33
봉토(封土) 167
북서계절풍(北西季節風) 246
배금주의(拜金主義) 195
부가(附加) 105
북풍(北風) 165
배란(排卵) 271
부가의문문(附加疑問文) 105
북학파(北學派) 218
배수(倍數) 123, 124
부교재(副教材) 92
분단(分斷) 119
배수(排水) 175
부대상황(附帶狀況) 86
분모(分母)의 유리화(有理化)
배우자(配偶者) 193
부도심(副都心) 188
152
배전(倍前) 125
부등식(不等式) 138
분사(分詞) 84
백로(白露) 249
부문(部門) 119
분사구문(分詞構文) 85
백범일지(白凡逸志) 45
부분(部分) 118
분산(分散) 252
백의종군(白衣從軍) 217
부분월식(部分月蝕) 251
분열(分裂) 267
벌목(伐木) 165
부분일식(部分日蝕) 251
분자(分子) 278
법정(法定) 183
부분집합(部分集合) 118
분지(盆地) 165
법치주의(法治主義) 179
부사(副詞) 63, 81, 91
분포(分布) 155
변법자강운동(變法自彊運動)
부사구(副詞句) 78
분할(分割) 119
174
부사절(副詞節) 78
분해(分解) 158
변성암(變成巖) 240
부산물(副産物) 92
불완전동화(不完全同化) 55
변증(辨證) 49
부상(副賞) 92
불임(不姙) 262
변증법(辨證法) 50
부식(副食) 92
붕당(朋黨) 218
변화법(變化法) 70
부업(副業) 92
비금속(卑金屬) 277
병자호란(丙子胡亂) 217
부작용(副作用) 92
비금속(非金屬) 277
병참(兵站) 233
부정(否定) 82
비례(比例) 141
병참기지화정책(兵站基地化
부정(不定) 82
비몽사몽(非夢似夢) 131
政策) 233
부정(不正) 82
비문(非文) 76
보국안민(輔國安民) 222
부정(不淨) 82
비밀선거(秘密選擧) 184
보색(補色) 253
부정(不精) 82
비변사(備邊司) 219
보어(補語) 76
부정(不貞) 82
비속어(卑俗語) 65
보조관념(補助觀念) 19
부정관사(不定冠詞) 96
비유(譬喩) 19
보조사(補助詞) 63
부정대명사(不定代名詞) 94
비유법(譬喩法) 66
보통명사(普通名詞) 93
부정사(不定詞) 80
비율(比率) 150
보통선거(普通選擧) 184
부정소(副精巢) 270
비치(備置) 79
복선(伏線) 36
부정합(不整合) 243
비판적(批判的) 23
복지국가(福祉國家) 177
부제(副題) 92
빈도(頻度) 156

빈도부사(頻度副詞) 92
빈혈(貧血) 261

ㅅ

사간원(司諫院) 214
사건(事件) 33
사관(史觀) 231
사교(社交) 121
사다리꼴 144
사대교린정책(事大交隣政策)
213
사대부(士大夫) 211
사대주의(事大主義) 178
사동(使動) 64
사리함(舍利函) 142
사림(士林) 215
사물함(私物函) 142
사민정책(徙民政策) 211
사법(私法) 179
사사오입(四捨五入) 234
사사오입개헌(四捨五入改憲)
235
사색적(思索的) 23
사설(社說) 44, 48
사설시조(辭說時調) 21
사실논거(事實論據) 48
사실적(事實的) 24
사역동사(使役動詞) 89
사이비(似而非) 131
사인(死因) 158

사춘기(思春期) 197
사헌부(司憲府) 214
사화(士禍) 216
사회법(社會法) 179
사회성(社會性) 51
사회주의(社會主義) 183
사후약방문(死後藥方文) 135
산업혁명(産業革命) 172
살수대첩(薩水大捷) 204
삼각주(三角洲) 241
삼권분립(三權分立) 181
삼원색(三原色) 253
삼투(滲透) 현상 264
삼한사온(三寒四溫) 247
상강(霜降) 249
상고(上告) 180
상관접속사(相關接續詞) 108
상대(相對) 129, 157
상대가격(相對價格) 157
상대도수(相對度數) 156
상대성(相對性) 157
상대속도(相對速度) 157
상대주의(相對主義) 178
상동기관(相同機關) 273
상동염색체(相同染色體) 268
상례(喪禮) 197
상부상조(相扶相助) 194
상사기관(相似機關) 274
상소(上訴) 180
상소제도 180
상수(常數) 153
상염색체(常染色體) 268
상온(常溫) 256
상징(象徵) 20

상평창(常平倉) 229
상피제(相避制) 215
상해(傷害) 194
상현(上弦) 250
상호동화(相互同化) 55
색맹(色盲) 272
생명(生命) 150
생물(生物) 260
생식(生殖) 268
서로소(素) 127
서민적(庶民的) 24
서사(敍事) 18, 47
서사적(敍事的) 24
서술(敍述) 85, 91
서술어(敍述語) 75
서술적 용법 90
서정시(抒情詩) 17
서정적(抒情的) 24
서학(西學) 221
석기시대(石器時代) 201
석순(石筍) 241
석주(石柱) 241
선거(選擧) 183
선거공영제(選擧公營制) 183
선거구(選擧區) 법정주의
(法定主義) 183
선민사상(選民思想) 202
선사시대(先史時代) 201
선상지(扇狀地) 241
선어말어미(先語末語尾) 61
선진국(先進國) 189
선행사(先行詞) 103
설득적(說得的) 24
설득적(說得的) 논설문 48

설명문(說明文) 46, 50
설명적(說明的) 24
설의법(設疑法) 70
설화(說話) 39
성단(星團) 242
성리학(性理學) 216
성염색체(性染色體) 268
성운(星雲) 242
세계화(世界化) 189
세포(細胞) 267
소만(小滿) 248
소박(素朴) 117, 126
소복(素服) 117, 126
소서(小暑) 249
소설(小說) 29
소설(小雪) 250
소수(少數) 126
소수(素數) 125
소수(小數) 126, 130
소인수(素因數) 125
소인수분해(素因數分解) 125
소재(素材) 126
소질(素質) 126
소찬(素饌) 126
소축척지도(小縮尺地圖) 162
소한(小寒) 250
소화(消化) 262
속(屬) 116
속담(俗談) 59
속도(速度) 156, 256
속력(速力) 256
수강(受講) 107
수교(修交) 121
수단의 전치사 97

수동태(受動態) 106
수락(受諾) 106
수사(數詞) 60
수사법(修辭法) 65
수상(受賞) 107
수상돌기(樹相突起) 266
수수(授受) 107
수식언(修飾言) 63
수신(受信) 107
수여동사(授與動詞) 77
수열(數列) 139
수요(需要) 186
수용(受容) 106
수정(受精) 270
수정관(受精管) 270
수정자본주의(修正資本主義) 182
수직선(垂直線) 152
수필(隨筆) 42
수험생(受驗生) 106
수혜(受惠) 107
수호(修好) 225
숙과(熟果) 110
숙달(熟達) 110
숙련(熟練) 110
숙면(熟眠) 110
숙어(熟語) 59, 84, 109, 111
순물질(純物質) 276
순수비(巡狩碑) 203
순장(殉葬) 202
순행동화(順行同化) 54
순환소수(循環小數) 130
순환자원(循環資源) 188
습곡(褶曲) 242

승정원(承政院) 214
승화(昇華) 254
시(詩) 15
시각(視覺) 18
시간부사 91
시간의 전치사 97
시민혁명(市民革命) 172
시일야방성대곡(是日也放聲大哭) 231
시점(視點) 35
시제(時制) 100
시제의 일치 100
시제일치(時制一致) 99
식물(植物) 260
식민(植民) 231
식민주의(植民主義) 231
식민주의사관(植民主義史觀) 231
식민지(植民地) 173
신문고(申聞鼓) 229
신변잡기적(身邊雜記的) 24
신석기시대(新石器時代) 201
신탁(信託) 234
신탁통치(信託統治) 234
실사구시(實事求是) 132, 220
실수(實數) 131
실천궁행(實踐躬行) 132
실학(實學) 220
심급제도(審級制度) 180
심방(心房) 263
심사숙고(深思熟考) 109
심상(心象) 17
심실(心室) 263
심장(心臟) 262, 263

심화(深化)	230	억양법(抑揚法)	69	열대야(熱帶夜)	246
십시일반(十匙一飯)	196	억제(抑制)	101	열전(列傳)	45, 176, 213
십이지장(十二指腸)	264	엇시조(時調)	21	열전(熱戰)	177
십중팔구(十中八九)	154	여가(餘暇)	122	열차(列車)	176
십진법(十進法)	154	여념(餘念)	122	염색체(染色體)	267
		여론(與論)	184	영양생식(營養生殖)	269
		여성화(女性化)	56	영탄법(詠嘆法)	68
		여집합(餘集合)	119	예각(銳角)	146, 147
		여파(餘波)	122	예속상교(禮俗相交)	194
		역동적(力動的)	25	예시적(例示的)	25
		역사성(歷史性)	51	예절(禮節)	78
아관파천(俄館播遷)	230	역사시대(歷史時代)	201	예증(例證)	49
아량(雅量)	196	역설법(逆說法)	71	예찬적(禮讚的)	25
아열대(亞熱帶)	163	역성혁명(易姓革命)	172, 210	오차(誤差)	130
암행어사(暗行御史)	220	역지사지(易地思之)	192	온대(溫帶)	163
애상적(哀傷的)	24	역행동화(逆行同化)	54	온도(溫度)	156
액체(液體)	253	연결어미(連結語尾)	61	완전동화(完全同化)	55
액화(液化)	254	연금술(鍊金術)	277	왕권신수설(王權神授說)	169
야경국가(夜警國家)	177	연립(聯立)	138	왕도정치(王道政治)	211
야맹(夜盲)	272	연립방정식(聯立方程式)	137	왜구(倭寇)	208
야맹증(夜盲症)	261	연립부등식(聯立不等式)	139	외국어(外國語)	64
약분(約分)	124	연상(聯想)	138	외래어(外來語)	64
약수(約數)	123	연소(燃燒)	279	외부(外部)	119
약취(掠取)	195	연속동작	86	외적갈등(外的葛藤)	38
양무운동(洋務運動)	174	연쇄법(連鎖法)	70	요도(尿道)	271
양보(讓步)	85	연시조(連詩調)	21	요소(要素)	31
양성화(兩性花)	269	연안(沿岸)	165	요약(要約)	124
양요(洋擾)	224	연역(演繹)	49	요인(要因)	158
양태부사(樣態副詞)	92	연역법(演繹法)	50	용매(溶媒)	276
어간(語幹)	61	연좌제(緣坐制)	222	용법(用法)	81
어근(語根)	58	연합(聯合)	138	용불용설(用不用說)	274
어말어미(語末語尾)	61	열강(列强)	176, 230	용수(用水)	175
어원(語源)	110	열거법(列擧法)	69, 176	용수철(龍鬚鐵)	258
어절(語節)	57	열대(熱帶)	163	용액(溶液)	276

용언(用言) 61
용질(溶質) 276
용해(溶解) 276
용해도(溶解度) 276
우각호(牛角湖) 241
우둔(愚鈍) 147
우수(雨水) 247
우연적(偶然的) 25
우유체(優柔體) 43
우의적(寓意的) 25
우화소설(寓話小說) 41
우화적(寓話的) 25
운명(運命) 150
운율(韻律) 17
운집(雲集) 116
운하(運河) 175
원(圓) 146
원관념(元觀念) 19
원금(元金) 116
원기(元氣) 116
원납전(願納錢) 224
원단(元旦) 116
원뿔 148
원소(元素) 115, 116, 277
원수(元首) 116
원순모음(圓脣母音) 53
원시(遠視) 266
원심력(遠心力) 256
원인(原因) 158
원자(原子) 278
원자모형(原子模型) 278
원주(圓周) 146
원형부정사(原形不定詞) 80

원흉(元兇) 116
월식(月蝕) 251
위기(危機) 34
위성도시(衛星都市) 189
위정척사(衛正斥邪) 225
위축(萎縮) 185
위화도회군(威化島回軍) 208
유구무언(有口無言) 118
유기(有機) 265
유기화합물(有機化合物) 265
유동(流動) 254
유력자(有力者) 118
유리수(有理數) 128
유명무실(有名無實) 132
유목(遊牧) 164
유문(幽門) 264
유민(流民) 205
유성생식(有性生殖) 269
유성음(有聲音) 88
유음(流音) 53
유인(誘引) 195
유전(遺傳) 272
유치(留置) 79
유한(有限) 117, 130
유한소수(有限小數) 129
유한집합(有限集合) 117
융해(融解) 254
유행어(流行語) 65
육십갑자(六十甲子) 227
육풍(陸風) 246
융기(隆起) 243
은어(隱語) 65
은유(隱喻) 20, 66
은하(銀河) 242

음복(飮福) 197
음서(蔭敍) 208
음운(音韻) 52
음절(音節) 57
음절 끝소리 규칙 53
응결(凝結) 244
응고(凝固) 254
의견논거(意見論據) 48
의관(衣冠) 96
의금부(義禁府) 214
의문문(疑問文) 105
의문부사 91
의인법(擬人法) 67
의정부(議政府) 213
의지적(意志的) 25
이권(利權) 230
이분법(二分法) 269
이사(理事) 131
이성(理性) 170
이실직고(以實直告) 132
이양선(異樣船) 223
이용후생(利用厚生) 220, 218
이유기(離乳期) 196
이주(移住) 204
이차방정식(二次方程式) 134
이촌향도(離村向都) 188
이치(理致) 131
이항(移項) 153
이합집산(離合集散) 121
이해(理解) 131
익명(匿名) 195
인과(因果) 47, 158
인구공동화(人口空洞化) 188
인내천(人乃天) 196, 221

인도양(印度洋) 163
인력(引力) 255
인물(人物) 32
인수(因數) 123, 157
인수(引受) 106
인수분해(因數分解) 158
인용(引用) 49
인용법(引用法) 70
인척(姻戚) 193
인칭대명사(人稱代名詞) 94
일대기(一代記) 38
일선동조론(日鮮同祖論) 232
일식(日蝕) 251
일제(日帝) 233
일차방정식(一次方程式) 134
일차부등식(一次不等式) 138
일치(一致) 100
임오군란(壬午軍亂) 226
임진왜란(壬辰倭亂) 216
입동(立冬) 249
입체(立體) 147
입체적(立體的) 34
입추(立秋) 249
입춘(立春) 247
입하(立夏) 248
입헌정치(立憲政治) 175

ㅈ

자궁(子宮) 271
자기력(磁氣力) 258

자기장(磁氣場) 259
자동사(自動詞) 89
자본주의(資本主義) 182
자서전(自敍傳) 45
자연수(自然數) 128
자웅동체(雌雄同體) 270
자웅이체(雌雄異體) 270
자유(自由) 185
자유방임(自由放任) 185
자유화(自由化) 56
자음(子音) 52
자음동화(子音同化) 54
자음축약(子音縮約) 56
자의성(恣意性) 51
자전(自轉) 247
자주성(自主性) 178
작가 관찰자(作家 觀察者)
  시점 36
장소부사 91
장소의 전치사 97
재귀대명사(再歸代名詞) 95
재귀용법(再歸用法) 95
재판(裁判) 180
저기압(低氣壓) 245
저장낭(貯藏囊) 270
적운형(積雲形) 244
적자생존(適者生存) 274
전개(展開) 34
전기(傳記) 39, 45
전기(傳奇) 39
전기(電氣) 257
전기력(電氣力) 257
전기문(傳記文) 45
전기저항(電氣抵抗) 258

전동기(電動機) 259
전례(前例) 97
전류(電流) 258
전립선(前立腺) 271
전무후무(前無後無) 98
전선(前線) 245
전선면(前線面) 245
전설(傳說) 39
전설모음(前舌母音) 52
전성어미(轉成語尾) 61
전시과(田柴科) 207
전압(電壓) 257
전야제(前夜祭) 98
전원적(田園的) 26
전위차(電位差) 257
전인미답(前人未踏) 98
전임자(前任者) 98
전정기관(前庭機關) 266
전제(專制) 174
전제정치(專制政治) 174
전지(電池) 258
전지적 작가(全知的 作家)
  시점 36
전체주의(全體主義) 177
전치사(前置詞) 79, 97
전치사구(前置詞句) 97
전통적(傳統的) 26
전하(電荷) 257
전형적(典型的) 34
전화(電話) 111
전후소설(戰後小說) 40
절(節) 78
절개(節槪) 78
절기(節氣) 247

절대(絕對)	129	제례(祭禮)	197	중수필(重隨筆)	43
절대(絕對)값	129	제유법(提喩法)	67	중의법(重義法)	67
절대왕정(絕對王政)	168	제자백가(諸子百家)	166	중의적(重意的)	64
절대주의(絕對主義)	178	제정(制定)	101	증가율(增加率)	150
절약(節約)	78	제정일치(祭政一致)	166, 202	증명(證明)	151
절정(絕頂)	34	제폭구민(除暴救民)	222	증발(蒸發)	244
절제(節制)	196	제후(諸侯)	167	증산작용(蒸散作用)	265
절지동물(節肢動物)	78	조경수역(潮境水域)	241	지(志)	213
점층법(漸層法)	68	조동사(助動詞)	87	지각(地殼)	239
접두사(接頭辭)	58	조륙운동(造陸運動)	243	지각동사(知覺動詞)	89
접미사(接尾辭)	58	조사(助詞)	63, 79	지방자치제(地方自治制)	184
접속(接續)	108	조산운동(造山運動)	243	지수(指數)	136
접속사(接續詞)	108	조석(潮汐)	242	지시대명사(指示代名詞)	94
접속조사(接續助詞)	63	조약(條約)	225	지진(地震)	239
접안(接眼)렌즈	261	종결어미(終結語尾)	61	직각(直角)	146, 147
정관사(定冠詞)	96	종속절(從屬節)	99, 100	직립보행(直立步行)	166
정도부사	91	종속접속사(從屬接續詞)	108	직사각형(直四角形)	145
정돈(整頓)	128	종유석(鐘乳石)	241	직유(直喩)	20, 66
정맥(靜脈)	264	좌표(座標)	153	직접목적어	77
정묘호란(丁卯胡亂)	217	주객전도(主客顚倒)	79	직접선거(直接選擧)	184
정변(政變)	226	주관적(主觀的)	26	직접적(直接的) 방법	36
정비례(正比例)	141	주동(主動)	64	직접화법(直接話法)	101
정사각형(正四角形)	145	주동(主動)인물	35	진격(進擊)	155
정사면체(正四面體)	147	주어(主語)	75	진급(進級)	155
정삼각형(正三角形)	144	주의(主義)	181	진대법(賑貸法)	203
정수(整數)	128	주절(主節)	99, 100	진로(進路)	155, 193
정유재란(丁酉再亂)	217	주정적(主情的)	26	진보(進步)	155
정육면체(正六面體)	147	주제(主題)	17, 31	진상(進上)	155
정자(精子)	270	주종(主從)	100	진언(進言)	155
정전기(靜電氣)	257	주지적(主知的)	26	진일보(進一步)	155
정지(整地)	128	준동사(準動詞)	80	진화(進化)	155, 273
정체성(正體性)	191	중건(重建)	223	진화론(進化論)	155
제국주의(帝國主義)	175, 233	중력(重力)	255	질량(質量)	275
제도(制度)	101	중상주의(重商主義)	169	질풍노도(疾風怒濤)	196

집대성(集大成) 116
집약(集約) 163
집약농업(集約農業) 164
집합(集合) 115
집합명사(集合名詞) 93
집현전(集賢殿) 211

ㅊ

차기(次期) 139
차석(次席) 139
차수(次數) 136
차집합(差集合) 120
착상(着床) 271
참여적(參與的) 26
창씨개명(創氏改名) 233
창조론(創造論) 155
처방(處方) 135
처서(處暑) 249
처음 명제의 역(逆) 151
척력(斥力) 255
척화비(斥和碑) 224
천도(遷都) 203
천명(天命) 151
천부인권사상(天賦人權思想)
181
철학(哲學) 170
첨예(尖銳) 147
청각(聽覺) 18
청교도혁명(淸敎徒革命) 171
청명(淸明) 248

체계성(體系性) 47
체계적(體系的) 27
체세포(體細胞) 268
체세포분열(體細胞分裂) 268
체언(體言) 60
체험적(體驗的) 27
촉각(觸覺) 18
촉매(觸媒) 279
최대공약수(最大公約數) 127
최소공배수(最小公倍數) 127
추론(推論) 49
추보식(追步式) 구성 40
추분(秋分) 249
추상(抽象) 94
추상명사(抽象名詞) 94
추상적(抽象的) 27
추행(醜行) 195
축도(縮圖) 161
축약(縮約) 56
축척(縮尺) 161
춘분(春分) 248
출아법(出芽法) 269
층운형(層雲形) 244
치외법권(治外法權) 225
치중(置重) 79
치환(置換) 79
친명배금정책(親明背金政策)
217
친척(親戚) 193
침강(沈降) 243
침식(侵蝕) 240, 243
침탈(侵奪) 230

ㅋ

칼럼 48
컴맹 272

ㅌ

타동사(他動詞) 89
탄성력(彈性力) 255
탐미적(耽美的) 27
태반(胎盤) 271
태평양(太平洋) 163
태평천국운동(太平天國運動)
174
통상(通商) 223
통신어(通信語) 65
통치(統治) 234
퇴적(堆積) 243
퇴적암(堆積巖) 240
투표함(投票函) 142

ㅍ

파생어(派生語) 57, 58, 110

판막(瓣膜) 263
판소리계 소설 41
패도정치(覇道政治) 211
편년체(編年體) 213
편서풍(偏西風) 165
평각(平角) 146, 147
평등선거(平等選擧) 184
평론(評論) 43, 48
평면(平面) 143
평면도형(平面圖形) 143
평면적(平面的) 34
평소(平素) 117
평순모음(平脣母音) 53
평시조(平時調) 21
평이성(平易性) 47
평전(評傳) 45
평행(平行) 144
평행사변형(平行四邊形) 144
포물선(抛物線) 153
포자법(胞子法) 269
포화(飽和) 244
폭행(暴行) 194
표(表) 213
품사(品詞) 60
풍속(風速) 245
풍유(諷諭) 66
풍자(諷刺) 20
풍자적(諷刺的) 27
풍전등화(風前燈火) 98
풍향(風向) 245
프랑스혁명 172
피동(被動) 64
피의자(被疑者) 151
필연적(必然的) 27

ㅎ

하지(夏至) 248
하현(下弦) 250
한계(限界) 118
한로(寒露) 249
한류(寒流) 241
한정(限定) 84, 90, 117, 118
한정적 용법 90
한정치산자(限定治産者) 118
함수(函數) 140
함축(含蓄) 17
함축적(含蓄的) 27
합리(合理) 122
합리성(合理性) 170
합리주의(合理主義) 169
합병(合倂) 121
합성(合成) 253
합성어(合成語) 57, 58, 110
합세(合勢) 121
합집합(合集合) 119
항등식(恒等式) 133
항상성(恒常性) 267
항소(抗訴) 180
해결(解決) 176
해동성국(海東盛國) 205
해류(海流) 241
해륙풍(海陸風) 246
해설적(解說的) 28
해풍(海風) 246
해학(諧謔) 20
해학적(諧謔的) 28

향신료(香辛料) 173
향약(鄕約) 194, 216
향토적(鄕土的) 28
허구(虛構) 30
허구적(虛構的) 28
허수(虛數) 131
혁명(革命) 170
현(弦) 146
현무암(玄武巖) 240
현미경(顯微鏡) 260
현재분사(現在分詞) 84
혈구(血球) 262
혈액(血液) 262
혈우병(血友病) 273
혈장(血漿) 262
혈족(血族) 193
협박(脅迫) 195
형용사(形容詞) 61, 81, 87
형용사구(形容詞句) 78
형용사절(形容詞節) 78
형태소(形態素) 57
호(弧) 146
호족(豪族) 206
호헌(護憲) 235
혼례(婚禮) 197
혼합물(混合物) 276, 279
홍건적(紅巾賊) 208
홍문관(弘文館) 215
홍익인간(弘益人間) 196, 202
화(逸話) 45
화강암(花崗巖) 240
화려체(華麗體) 43
화법(話法) 101
화석(化石) 244
화성암(火成巖) 240
화전(火田) 165

화학(化學) 275
화학변화(化學變化) 279
화합물(化合物) 265, 277, 279
확고부동(確固不動) 150
확률(確率) 149
확신(確信) 149
확실(確實) 150
확인(確認) 150
환난상휼(患難相恤) 194
환유법(換喩法) 67
환율(換率) 150
환태평양(環太平洋) 지역 163
활유법(活喩法) 67
활자(活字) 212
황국신민(皇國臣民) 232
황국신민서사(皇國臣民誓詞) 232
황금만능주의(黃金萬能主義) 195
회고록(回顧錄) 45
회고적(回顧的) 28
회원(會員) 배가운동(倍加運動) 124
회유(懷柔) 204
회전체(回轉體) 148
회화적(繪畫的) 28
후각(嗅覺) 18
후설모음(後舌母音) 52
훈구(勳舊) 216
훈몽자회(訓蒙字會) 215
흑백논리(黑白論理) 192
희곡(戱曲) 44

기타

1인칭 35
1인칭 관찰자 시점 35
1인칭 주인공 시점 35
3인칭 35
4.13 호헌조치(護憲措置) 235
4.19 혁명 172
6조(六曹) 213
8조금법(八條禁法) 202
10간(干) 12지(支) 227
60갑자 227
complementary set 121
greenbelt 189
n(A) 117
to부정사의 명사적 용법 81
to부정사의 부사적 용법 81
to부정사의 형용사적 용법 81
Universal 120

하나를 알면 열을 깨치는 **초등원리한자**
박홍균 지음, 유재헌 그림 / 456쪽 / 16,000원

하나를 알면 열을 깨치는 **원리한자 쓰기 노트**
박홍균 지음 / 239쪽 / 7,000원

하나를 알면 열을 깨치는 **원리한자1 부수글자편**
박홍균 지음 / 500쪽 / 15,000원

하나를 알면 열을 깨치는 **원리한자2 소리글자편**
박홍균 지음 / 360쪽 / 13,000원

이야기로 배우는 **부수한자**
손인욱, 김원, 정영자 / 168쪽 / 12,000원

자원풀이로 깨치는 **부수한자2000**
조대산 지음 / 447쪽 / 13,000원

자원풀이로 깨치는 **통하는 한자3000**
조대산 지음 / 471쪽 / 13,000원

자원풀이로 깨치는 **가나다순 한자3500**
조대산 지음 / 480쪽 / 15,000원

자원풀이로 깨치는 **급수 한자3500**
조대산 지음 / 512쪽 / 15,000원

스토리텔링 **연상한자1800**
백락영 지음 / 384쪽 / 13,000원

원리로 깨치는 **한국사 암기노트**
박홍균 지음 / 368쪽 / 13,000원

한눈에 꿀꺽! **한중일 한자**
황영오 차영현 장혜정 지음 / 695쪽 / 20,000원

세상과 통하는 고사성어
김용기 지음 / 284쪽 / 13,000원

공부의 기본기 **한자 어휘력**
권승호 지음 / 416쪽 / 15,000원

도서출판 이비컴의 실용서 브랜드 **이비락**®은 더불어 사는 삶에 긍정의 변화를
줄 유익한 책을 만들기 위해 노력합니다.

원고 및 기획안 문의 : bookbee@naver.com